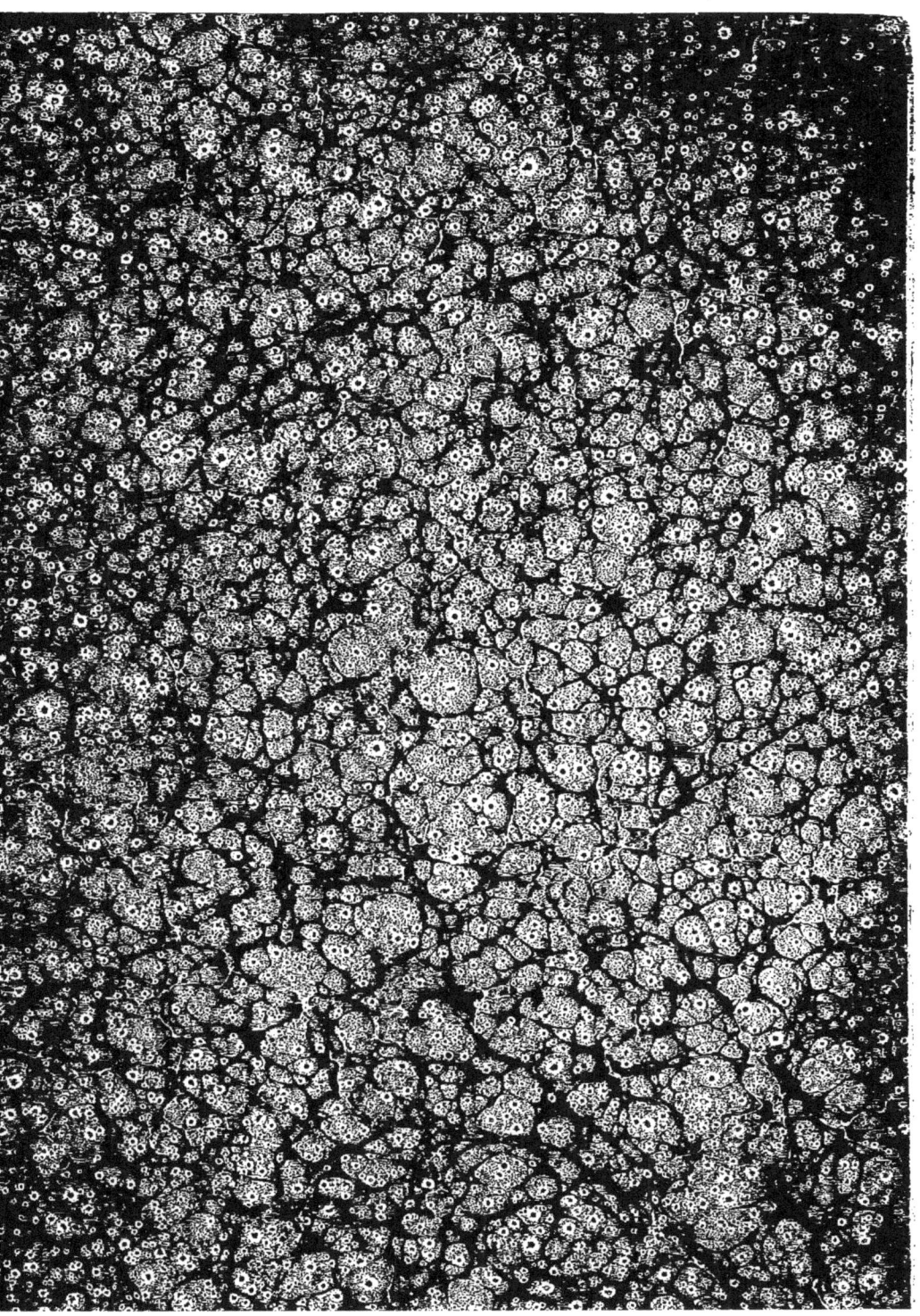

SOUVENIRS MILITAIRES.

IMPRIMERIE DE COSSE ET J. DUMAINE,
rue Christine, 2.

SOUVENIRS MILITAIRES

DE LA

RÉPUBLIQUE ET DE L'EMPIRE

PAR

LE BARON BERTHEZÈNE,

LIEUTENANT GÉNÉRAL,

PAIR DE FRANCE, GRAND-CROIX DE LA LÉGION D'HONNEUR, ETC.

PUBLIÉS PAR SON FILS

ET

DÉDIÉS A S. M. L'EMPEREUR NAPOLÉON III.

TOME PREMIER.

PARIS,
LIBRAIRIE MILITAIRE,
J. DUMAINE, LIBRAIRE-ÉDITEUR DE L'EMPEREUR,
Rue et Passage Dauphine, 30.

1855

Tout exemplaire non revêtu de la signature du fils de l'auteur sera réputé contrefait.

A SA MAJESTÉ L'EMPEREUR
NAPOLÉON III.

SIRE,

Votre Majesté a bien voulu honorer d'un regard de bienveillance ces Souvenirs militaires, destinés à rappeler une partie des hauts faits d'armes qui ont illustré le règne de l'auguste fondateur de Votre Dynastie.

A l'époque où mon Père s'est occupé de les retracer, des écrivains mercenaires et passionnés répandaient de toutes parts d'odieuses calomnies contre la Grande Armée et son glorieux chef. Ancien soldat du camp de Boulogne et profondément dévoué à l'Empereur, qu'il avait suivi pendant vingt ans sur les champs de bataille, il a eu pour but principal de combattre ces relations mensongères et, en même temps, de consacrer à la mémoire du grand Empereur le travail de ses loisirs pendant la paix, comme une faible expression de sa pieuse reconnaissance.

Animé des sentiments les plus dévoués envers Votre Majesté, j'ai cru de mon devoir de lui offrir la dédicace de cet ouvrage; Elle a daigné l'accepter. Je sens tout le prix de cette haute faveur, et mon Père eût été comme moi fier d'une telle distinction, s'il avait eu le bonheur de voir sur le trône de France le digne héritier de Napoléon Ier.

Je suis avec le plus profond respect,

Sire,

De Votre Majesté,

Le très-obéissant et très-fidèle serviteur et sujet,

Baron BERTHEZÈNE.

Paris, 10 décembre 1854.

NOTICE BIOGRAPHIQUE

SUR L'AUTEUR.

Pierre Berthezène, Baron de l'Empire, Lieutenant général, Pair de France, Grand-Croix de la Légion d'honneur, naquit, le 24 mars 1775, à Vendargues, petite commune du département de l'Hérault, voisine de Montpellier.

Il n'avait pas encore dix-huit ans et demi, lorsqu'il fut compris dans la levée en masse, et partit avec le 5ᵉ bataillon de l'Hérault, pour l'armée des Pyrénées-Orientales. Au bout d'une semaine, il fut nommé sergent-major et ne tarda pas à être envoyé au siége de Toulon. A l'attaque de la fameuse redoute de l'Éguillette, dont la prise décida l'évacuation de la ville, il enleva à un sous-officier anglais son fusil, et cette arme, qu'il rapporta comme son premier trophée, lui valut le grade de sous-lieutenant. Sa nomination date du 19 juin 1794. Il se trouvait alors à l'armée d'Italie, où ses bons services et le choix de ses camarades le firent nommer lieutenant, le 18 novembre 1795, à l'âge de vingt ans. L'année suivante, il fut incorporé avec son bataillon dans la 11ᵉ demi-brigade de ligne, et fit dans ses rangs les immortelles campagnes d'Italie.

À la reprise des hostilités, en 1799, il fut attaché à l'état-major du général Grenier. Le 23 juin, il fut nommé capitaine sur le champ de bataille de San-Giuliano, et le 25 juillet 1800, il fut élevé au grade de chef de bataillon, à la suite de l'enlèvement des redoutes de Sette-Pani et de Ronchi-di-Maglia, où il avait été blessé d'un coup de feu à la tête ; il avait alors vingt-cinq ans et il était aide de camp du général Compans. Par suite de cet avancement, il passa à la 72ᵉ demi-brigade de ligne et se trouva au combat de Pozzolo, sur le Mincio, où il reçut à la jambe gauche une blessure très-grave, qui le força pendant deux ans à marcher avec des béquilles.

Il était au camp de Boulogne, lorsque l'Empereur le comprit dans la grande promotion de la Légion d'honneur du 14 juin 1804. Le 10 juillet 1806, il fut promu major du 65ᵉ régiment de ligne (le grade de major était à cette époque l'équivalent de celui de lieutenant-colonel), et enfin, le 10 février 1807, n'ayant pas encore trente-deux ans, il fut nommé colonel du 10ᵉ régiment d'infanterie légère. En lui confiant ce commandement, Napoléon lui dit qu'il lui donnait un régiment qui valait sa Garde ; et en effet, le 10ᵉ léger jouissait de la plus haute renommée militaire. Trois mois après, jour pour jour, le nouveau colonel justifiait sa nomination au sanglant combat de Heilsberg, où il gagnait la croix d'officier de la Légion d'honneur. Le

19 mars 1808, il reçut le titre de baron de l'Empire et une dotation en Westphalie.

En 1809, il était avec son régiment dans l'île de Rügen, sur les côtes de la Poméranie, lorsque les armements de l'Autriche appelèrent nos armées sur le Danube. En vingt jours, le 10e léger franchit la distance qui le séparait de Ratisbonne, et prit une part brillante aux affaires qui signalèrent le début de la campagne. Blessé au genou à la bataille d'Eckmühl, le colonel Berthezène fut nommé, le lendemain, à la revue passée par l'Empereur, commandeur de la Légion d'honneur, récompense d'autant plus honorable, qu'à cette époque elle semblait être réservée aux officiers généraux. A peine rétabli de sa blessure, il reçut deux coups de feu, le 6 juillet, à la bataille de Wagram, l'un aux reins et l'autre à la main droite.

Promu général de brigade le 6 août 1811, il alla commander dans l'île de Walcheren; mais l'Empereur, qui avait apprécié sa bravoure et sa fermeté, ne le laissa pas longtemps dans ce poste; dès le 6 décembre de la même année, il l'attacha à la Garde impériale, en qualité d'adjudant général. Le 1er janvier 1812, il l'envoya commander les troupes de la Garde qui étaient à Bruxelles, et, quand la guerre de Russie éclata, il mit sous ses ordres trois régiments de la Jeune Garde. Lors de l'évacuation de Moscou, le général Berthezène fit l'extrême arrière-garde et soutint intrépidement la retraite au milieu des rigueurs du froid et de la faim, jusqu'à ce que le corps du duc de Bellune vînt le relever dans ce glorieux service. A la Bérésina, au milieu de la panique universelle, il réunit quelques troupes désorganisées et, aidé par le prince Emile de Hesse-Darmstadt, il attaqua la droite des Russes et leur fit 1,400 prisonniers, qui défilèrent près du pont, sous les yeux mêmes de l'Empereur. Ce beau fait d'armes contribua puissamment au succès des manœuvres du maréchal Ney.

Au début de la campagne de 1813, et avant l'arrivée du général Roguet, il commanda ce qui restait de la Vieille Garde à l'armée. Le jour de la bataille de Lutzen, ce fut à lui que Napoléon envoya au crayon cet ordre aussi bref qu'énergique : *La Garde au feu !* La Garde se rendit au feu, et la Couronne de fer devint la récompense de la conduite de son brave chef. Élevé au grade de général de division, le 4 août 1813, à l'âge de trente-huit ans, et après la bataille de Bautzen, où, par d'habiles dispositions, il avait réussi à faciliter le débouché du corps du général Bertrand, il servit en cette nouvelle qualité sous les ordres du maréchal Gouvion-Saint-Cyr, dont sa division fit l'avant-garde et dont il sut se concilier l'estime et la bienveillance. Le 14e corps, dont il faisait partie, et les débris du 1er corps, ayant été laissés à Dresde, furent forcés à capituler, par le manque de vivres et de munitions. On sait de quelle honteuse manière cette capitulation fut violée par les armées coalisées.

Le général Berthezène avait été conduit prisonnier en Hongrie. A sa rentrée en France, après la Restauration, il fut d'abord mis en non-activité, le 1er septembre 1814 ; mais, au mois de décembre, le maréchal Soult l'appela au comité de la guerre. Il avait reçu la croix de Saint-Louis le 29 juillet de la même année.

A la suite du retour de l'Empereur en 1815, il fut chargé du placement des officiers en demi-solde, et le 7 juin, au moment de l'ouverture de la campagne, il fut mis à la tête d'une division du 3e corps de l'armée du Nord. Il combattit avec elle à Fleurus, où son cheval fut tué sous lui. A

Wavre, il prit le commandement de la division du général Habert, qui avait été grièvement blessé; il la réunit à la sienne, puis il chassa des hauteurs de Bierge huit bataillons prussiens, qui s'étaient maintenus jusque-là dans cette position formidable. Deux jours après le désastre de Waterloo, le général Vandamme mit sous ses ordres deux autres divisions d'infanterie et le chargea d'arrêter l'ennemi, pour donner le temps au maréchal Grouchy de prendre position à Dinant; il en résulta un combat très-vif sous Namur, dans lequel il eut encore un cheval tué sous lui.

Lorsque le Gouvernement provisoire fit semblant de vouloir se battre sous Paris, le général Berthezène fut envoyé au 4e corps, pour en prendre le commandement; mais l'armistice ayant été conclu, il rentra à sa division et la conduisit derrière la Loire. Au mois d'août, il fut chargé d'opérer le licenciement du 4e corps, et revint ensuite à Paris; mais le duc de Feltre, ministre de la guerre, lui intima l'ordre de se rendre dans ses foyers. Sur l'observation qu'il fit, que ce serait chercher une mort certaine, le ministre lui dit de choisir une autre résidence. Il choisit successivement Lyon, Strasbourg et Rouen, qu'on lui refusa; il demanda aussi inutilement la permission d'aller en Italie ou en Prusse, et fut enfin obligé de se rendre en Belgique. Au surplus, son exil ne dura que peu de mois, et le même ministre, qui l'avait forcé de quitter la France, lui écrivit de rentrer sans délai, sous peine d'être rayé des contrôles de l'armée.

A la fin de 1818, le maréchal Saint-Cyr le comprit dans le cadre des inspecteurs généraux d'infanterie; en 1828, il commanda une division au camp d'instruction de Saint-Omer, et fut nommé grand officier de la Légion d'honneur, le 29 octobre. Au commencement de 1830, il fit partie du comité consultatif d'infanterie; le 21 février de la même année, il fut désigné pour commander la 1re division de l'armée expéditionnaire d'Afrique. Il débarqua le premier et s'empara, le même jour, de la forte position occupée par les Turcs et défendue par 18 pièces de canon.

Le 16 juin, deux jours après le débarquement, l'armée fut assaillie par un orage épouvantable, qui la fit beaucoup souffrir et qui avaria tellement ses munitions, que le général en chef, M. de Bourmont, craignant une attaque dans ces graves circonstances, donna l'ordre aux troupes de rentrer à Sidi-Ferruch. Mais le général Berthezène lui fit remarquer que ce mouvement en arrière ranimerait la confiance de l'ennemi et serait peut-être fatal au succès de l'expédition. Il ajouta que, quand bien même ses soldats ne pourraient se servir que de leurs baïonnettes, il répondait encore de conserver sa position. M. de Bourmont se rendit à ce sage avis, et le général Berthezène se maintint à son poste avancé. Peu de temps après, il s'empara du camp de Staouëli et du Boujareah.

Il rentra en France au mois de novembre, et fut nommé grand-croix de la Légion d'honneur, le 27 décembre; un mois après, et sans l'avoir demandé, il était renvoyé en Afrique par le maréchal Soult, pour y commander en chef. Toute sa conduite à Alger tendit à faire aimer et respecter le nom français; il y réussit, et les Arabes le surnommèrent LE MARABOUT (le Saint). Alger lui doit la création de son môle, le camp de Moustapha, un abattoir hors de la ville et une caserne. Forcé de se rendre à Médeah, au milieu des chaleurs ardentes de l'été, pour défendre le bey que nous y avions installé, il battit les tribus soulevées et leur fit éprouver de grandes pertes. Mais à son retour, et au passage du col de Teniah, une panique s'empara de l'arrière-garde, qui se rejeta sur le centre de la colonne; il en résulta momentanément un grand désordre, et cependant à peine eûmes-nous huit ou dix hommes blessés. Le général Berthezène prit sa revanche de ce petit échec, dès qu'il eut gagné la plaine, et, grâce à des avantages répétés, il recula de plus d'une lieue la ligne de nos postes.

Remplacé, au mois de décembre 1831, par le duc de Rovigo, il revint en France et fut élevé à la dignité de pair de France, le 11 janvier 1832. Il ne fut plus employé en service actif à dater de cette époque, mais, le 23 mars 1840, au moment où il venait d'atteindre la limite d'âge de soixante-cinq ans, une ordonnance royale le maintint dans la première section du cadre de l'état-major général, comme ayant commandé en chef.

Il mourut à Vendargues, le 9 octobre 1847, dans sa soixante-treizième année.

Le lieutenant général baron de Feuchères, un de ses bons amis, et qui avait servi avec distinction sous ses ordres, à l'époque de la conquête d'Alger, où il commandait le 37e régiment de ligne, prononça sur sa tombe les paroles suivantes :

« Quoique mon âme, profondément affligée, ait peine à
« contenir son émotion, je ne saurais me séparer de toi,
« mon digne ami, sans t'adresser le dernier adieu de tes
« compagnons d'armes, de tous ces soldats qui t'aimaient
« comme un père.

« Ta vie, cher Berthezène, a été belle et glorieuse.
« Amour sacré de la famille, dévouement à la patrie, mo-
« destie et loyauté, c'étaient là tes vertus; elles t'hono-

« raient et tu savais les honorer...... Je m'arrête. Ce n'est
« pas un panégyrique que j'entreprends, ce soin appar-
« tient à un autre ; mais je me rends ici l'écho de tous, en
« proclamant que la France perd en toi un excellent ci-
« toyen, l'armée un vaillant général et ta famille un noble
« et vertueux chef.

« Adieu, mon ami, adieu ! ton souvenir vivra toujours
« dans nos cœurs. »

SOUVENIRS MILITAIRES.

AN VI, VII, VIII ET IX

DE LA RÉPUBLIQUE FRANÇAISE.

AN VI.

(du 22 septembre 1797 au 11 septembre 1798.)

Les victoires du général Bonaparte avaient forcé la Péninsule italique à subir nos lois; l'Autriche elle-même, consternée de la défaite de ses armées et menacée dans sa capitale, s'était enfin décidée à signer la paix ; un congrès, réuni à Rastadt, était chargé de régler les divers intérêts de l'Empire germanique, et tout paraissait nous promettre un long repos, à l'abri de nos triomphes. Il n'en fut pourtant pas ainsi ; bientôt l'horizon politique s'obscurcit : les Gouvernements, que nous avions laissés debout, les nobles et les prêtres, que nous avions protégés, recommencèrent à conspirer; encouragés par les promesses secrètes de l'Autriche, soudoyés par l'or de l'Angleterre, ils cherchèrent, dans toute l'Italie, à agiter les populations et à les soulever contre nous.

Le principal foyer de ces intrigues était à Rome ; des correspondances interceptées ne laissaient aucun doute à cet égard. La mort du général français Duphot, tué, le 8 nivôse (28 décembre 1797), dans une émeute, par les soldats du Pape, vint révéler la complicité du Gouvernement romain, et força notre ambassadeur à quitter la ville. Tant d'outrages ne pouvaient rester impunis ; Berthier fut chargé de les venger. Il marcha sur Rome avec une partie de l'armée d'Italie, et ne trouva ni obstacles, ni résistance. Il entra, le 22 pluviôse (10 février 1798), dans cette capitale du monde chrétien. Le Pape, qui s'était d'abord retiré à Saint-Jean-de-Latran, fut, peu de jours après, conduit en Toscane et de là en France.

L'armée avait été reçue avec enthousiasme par les classes élevées de la population, et les officiers, logés dans les maisons riches, avaient été l'objet de la plus touchante hospitalité; mais cet accueil bienveillant ne fut pas récompensé comme il aurait dû l'être par tous nos compatriotes. Certains agents du Gouvernement français et quelques officiers d'état-major n'y répondirent que par des actes honteux de spoliation : ils poussèrent la rapacité jusqu'à vouloir s'approprier des vases sacrés d'un grand prix, appartenant à une famille princière, sous le seul prétexte qu'ils étaient des vases sacrés.

L'armée fut indignée de ces déprédations et les officiers, qui sentaient vivement les injures faites aux Romains, et qui pensaient que l'honneur national serait terni s'ils toléraient ces exactions, se réunirent au Panthéon pour délibérer entre eux à ce sujet (6 ventôse-24 février). Ils décidèrent qu'une députation se rendrait auprès du général Berthier, pour lui exposer que, malgré les contributions de toute espèce que Rome payait journellement, l'armée était sans solde depuis cinq mois, que le nom français était déshonoré par les concussions les plus criantes, et qu'il était instant de subvenir aux besoins de l'armée et de punir les coupables. Berthier promit tout, mais dans l'unique but de gagner du temps et de laisser arriver le général Masséna, qui venait le remplacer dans le commandement en chef ; aussi se borna-t-il à faire une proclamation, qui ne remédia à aucun des maux dont on se plaignait.

A son arrivée, Masséna fut circonvenu par les hommes accusés de ces vols, ils lui peignirent les officiers comme des factieux, que la faiblesse de Berthier avait enhardis ; aussi reçut-il avec indignation la députation que ceux-ci lui adressèrent et les menaça-t-il de marcher contre eux et de les faire mitrailler dans le lieu de leurs séances, s'ils ne se séparaient sur-le-champ. Il faut se reporter à cette époque, ou avoir connu l'esprit qui régnait dans l'armée, pour se faire une juste idée de l'explosion de colère que causa cette menace. Les officiers, furieux, s'écrièrent qu'ils ne reconnaissaient plus Masséna pour leur général, et qu'il était nécessaire de lui intimer l'ordre de quitter Rome, où sa présence devenait dangereuse.

Ces divisions intestines n'étaient point ignorées de la basse population de Rome ; elle voulut en profiter, et les Transtévérins, animés par le fanatisme et excités par les agents de la cour de Naples, massacrèrent, aux cris de *Vive Marie!* quelques soldats isolés, égorgèrent un poste et s'emparèrent du pont Sixte et des routes qui y aboutissent. Dans une circonstance aussi critique, Masséna ne vit d'autre parti à prendre que de faire battre la générale (7 ventôse) : il espérait ainsi atteindre le double but de dissoudre l'assemblée des officiers et *de réunir des forces pour exterminer les satellites du despotisme*, ainsi qu'il s'exprimait dans une proclamation qu'il fit paraître pour se justifier, avant de quitter le pays. Il fut trompé dans son attente ; les troupes se réunirent, les Transtévérins furent punis, mais les officiers refusèrent de recevoir ses ordres, et, après avoir châtié les rebelles, ils continuèrent à se réunir pour suivre le cours de leurs délibérations.

La nouvelle s'étant répandue que l'on massacrait les Français à Rome, les paysans des environs se soulevèrent à la voix des prêtres, au nombre de 5 à 6,000 (on crut que le cardinal Albani ne fut point étranger à ce mouvement); ils marchèrent sur la ville pour se joindre aux insurgés, mais Murat s'étant porté à leur rencontre, les mit en déroute près d'Albano et de Castel-Gandolfo, qu'il abandonna au pillage.

Berthier et Masséna avaient quitté successivement l'armée. Cependant, malgré l'absence des généraux en chef, et quoique l'autorité de ceux qui étaient restés à Rome fût méconnue, le service se faisait toujours avec une grande exactitude. Je remarquerai ici, à l'honneur de nos soldats, puisque l'occasion s'en présente, qu'au milieu des nombreuses insurrections militaires dont j'ai été témoin dans ces temps difficiles, j'ai toujours vu le bon ordre régner parmi les troupes, les personnes et les propriétés des habitants respectées et les brouillons sévèrement punis.

Cependant les officiers ne voulaient pas être considérés comme rebelles, et, pour se justifier auprès du Gouvernement français, ils députèrent quatre d'entre eux pour lui expliquer les raisons de leur conduite. Dans le mémoire qu'ils publièrent à ce sujet, outre les plaintes dont nous avons parlé plus haut, ils alléguaient qu'ils s'étaient trouvés dans la nécessité d'agir comme ils l'avaient fait, pour prévenir une insurrection plus dangereuse, celle des soldats eux-mêmes, que le manque de solde et le mécontentement universel, causé par le choix de Masséna, rendaient inévitable et imminente. Le Directoire exécutif fit arrêter ces quatre officiers et les livra à un conseil de guerre; mais ils furent absous.

Le général Gouvion-Saint-Cyr ne tarda pas à prendre le commandement de l'armée de Rome, où il arriva le 8 germinal. Sa présence rétablit l'ordre, et la discipline reprit son cours; mais le pays n'en fut pas moins le théâtre de scènes sanglantes (1). Avant la fin de l'année, Macdonald remplaça Gouvion-Saint-Cyr.

Au milieu de ces événements, l'armée d'Égypte avait quitté Toulon et les ports de la Méditerranée (30 floréal-19 mai). Le départ de cette expédition, composée de troupes d'élite et commandée par le général Bonaparte, affaiblissait considérablement notre puissance militaire en Italie, et avait le grave inconvénient de ranimer les espérances de nos ennemis; aussi ne tarda-t-on pas à remarquer un changement complet dans les relations des Gouvernements étrangers avec nous; l'arrogance succédait à l'humilité.

Le cabinet de Naples fut le premier à lever le masque. Au mépris du traité de l'an v, et en violation du texte formel et précis de ses dispositions, l'escadre anglaise, commandée par Nelson, fut reçue dans les ports des Deux-Siciles, après la bataille d'Aboukir, et Nelson lui-même fut fêté par le roi, en présence de notre am-

---

(1) Plusieurs parties des États du Pape se révoltèrent : Pérouse, Férentino, Frosinone, Terracine, furent emportées l'épée à la main, livrées au pillage et aux flammes.

bassadeur. Cette démonstration hostile nous obligea à renforcer l'armée de Rome, à la tête de laquelle fut mis le général Championnet (brumaire an VII). De son côté, le Gouvernement napolitain fortifia Gaëte, augmenta ses armements et confia le commandement de ses troupes au général autrichien Mack, qui jouissait alors d'une grande réputation.

En attendant que la guerre avec Naples éclate ouvertement, jetons un coup d'œil sur ce qui se passe dans le Nord de l'Italie. Pendant le cours de cette année, diverses insurrections partielles, provoquées encore par le défaut de solde, avaient eu lieu dans l'armée d'Italie; elles avaient justement préoccupé nos généraux, et ce n'avait pas été sans peine et sans efforts qu'ils étaient parvenus à les calmer et à faire rentrer les soldats dans le devoir. Mais ces désordres intérieurs et ce mécontentement momentané des troupes n'étaient pas l'objet des plus sérieuses inquiétudes pour nos chefs : ce qui les préoccupait d'une manière bien autrement grave, c'était les dispositions secrètes de la cour de Turin. Tout le monde prévoyait la guerre, et personne ne doutait qu'au premier coup de canon avec l'Autriche, le Piémont ne tournât ses armes contre nous. Aussi était-ce aux moyens de prévenir cette fâcheuse éventualité, que tendaient toutes les mesures de nos généraux, que s'appliquaient toutes leurs méditations.

Brune avait remplacé Berthier dans le commandement de l'armée d'Italie; il trouva le Piémont agité par les menées des mécontents, dont les espérances étaient entretenues par notre présence en Lombardie ; à chaque instant des rassemblements de soi-disant patriotes, formés sur les confins de la Cisalpine ou de la Ligurie, se ruaient sur quelques points des Etats Sardes. L'appui secret, dont ils se croyaient sûrs, leur donnait une grande audace, et l'on en vit qui, sortis de Carrosio, vinrent escarmoucher jusque sous les murs d'Alexandrie. Pour les chasser de ce lieu de refuge, les troupes piémontaises furent obligées de passer sur le territoire de Gênes ; aussitôt le Gouvernement de la République ligurienne se plaignit de la violation de ses frontières, et déclara la guerre au roi de Sardaigne. Cette guerre fut de très-courte durée ; la France la fit cesser presque aussitôt et rétablit la paix entre les deux États. Mais l'occupation de la citadelle de Turin par nos troupes et une amnistie pour les insurgés furent exigées comme conditions de notre intervention en faveur du Piémont.

Malgré ces sacrifices, ce malheureux pays ne fut pas plus tranquille ; bientôt de nouveaux rassemblements de patriotes reparurent et se jetèrent sur ses campagnes ; plusieurs furent tués, d'autres furent pris et mis en prison. Le général Brune saisit cette occasion d'affaiblir encore notre douteux allié ; il exigea que la citadelle de Turin fût approvisionnée pour deux mois, que les milices fussent licenciées, et que le comte de Solar, commandant à Alexandrie, fût rappelé. « A ces
« conditions seulement, écrivait-il, on pourra croire

« à la fidélité du roi de Sardaigne. » Nous verrons bientôt à quoi aboutirent tant de concessions arrachées à ce prince.

A la fin de l'an vi, des troubles éclataient en Suisse, la Romagne était en proie à l'anarchie, le roi de Naples complétait ses préparatifs, une armée russe se rassemblait en Gallicie, l'Autriche renforçait ses troupes sur l'Adige, en Tyrol et sur le Rhin ; enfin le congrès de Rastadt était près de se dissoudre, et tout annonçait une guerre imminente.

AN VII.

(du 22 septembre 1798 au 21 septembre 1799.)

Cette année, si fertile en événements importants, s'ouvrit, du côté de la France, par un message du Directoire au Corps législatif (2 vendémiaire-23 septembre). Dans ce message, le Gouvernement faisait connaître les difficultés qu'il éprouvait à conclure la paix avec l'Allemagne; il terminait par une demande de 200,000 hommes et d'un crédit de 90,000,000 de francs. Mais on avait attendu trop longtemps pour prendre ces mesures ; les armées ne purent être recrutées en temps utile, et ce retard ne contribua pas peu aux malheurs qui pesèrent sur nous dans le cours de cette campagne.

Pendant que notre Gouvernement pensait enfin aux moyens de renforcer ses armées, les Napolitains, qui s'étaient de longue main préparés à la guerre, envahirent tout à coup les États romains, sans déclaration de guerre préalable et pendant que notre ambassadeur était encore à Naples. (Ils étaient partis de leur camp de San-Germano et avaient attaqué nos avant-postes, le 3 frimaire.) Le général Championnet s'étant plaint de cette violation du droit des gens, Mack ne lui répondit que par l'insolente sommation d'évacuer en quatre heures le territoire romain, et de se retirer dans la Cisalpine, en respectant la Toscane. Cette invasion subite, personne ne s'y trompa, était le prélude de la guerre générale qui allait éclater contre la France. Il était évident que l'Autriche avait poussé à une diversion utile à ses projets, et qu'avant de se déclarer, elle avait voulu que les forces françaises en Italie se trouvassent divisées en deux corps, trop éloignés l'un de l'autre pour pouvoir se soutenir mutuellement.

La force de l'armée napolitaine était évaluée à environ 60,000 hommes, dont 20,000 de cavalerie ; on la disait munie de cent pièces de canon, et pourvue de tous les approvisionnements de bouche et de guerre nécessaires pour une campagne active. Pour résister à un ennemi aussi formidable, l'armée française de Rome ne comptait, au moment de l'invasion, que 12 ou 15,000 combattants; son artillerie était peu nombreuse et ses approvisionnements presque nuls. Elle reçut bientôt après des renforts tirés de l'armée d'Italie, mais celle-ci en fut affaiblie, et l'Autriche obtint de cette manière un des résultats qu'elle s'était promis.

Le général Mack envoya une ou deux de ses colonnes dans la Marche d'Ancône, et, se mettant avec le roi à la tête de ses principales forces, s'avança sur Rome, que nous avions évacuée; il y entra le 9, et le même jour, il fit sommer le fort Saint-Ange, en ajoutant la menace barbare de mettre à mort autant de nos soldats malades, restés dans les hôpitaux, qu'il serait tiré de coups de canon par le fort. Les opérations de son armée se trouvaient favorisées par les populations romaines, qui, conduites par les prêtres, s'insurgeaient de toutes parts contre nous; elles se distinguaient par une férocité implacable; Otricoli, Terni, Ascoli, Calvi, furent les témoins de leurs cruautés.

A la nouvelle de la marche de l'ennemi, nos troupes étaient sorties de Rome et avaient pris position à Civita-Castellana, occupant Népi comme avant-poste. Persuadé qu'il obtiendrait une victoire facile, grâce à la grande supériorité de ses forces, Mack était venu camper à Bocano, d'où il partit pour nous attaquer; mais ses dispositions trop décousues n'eurent pas le succès qu'il en attendait, ses diverses colonnes, agissant sans ensemble, furent défaites et repoussées ; celle qui s'avançait par Monte-Rossi, battue par Kellermann, perdit 2,000 prisonniers et quinze pièces de canon, et fut poursuivie jusqu'à Monte-Rossi, qui fut saccagé. Les Napolitains n'étaient pas plus heureux sur les autres points du théâtre de la guerre; vaincus à Porto-Fermo et à Terni, comme à Civita-Castellana, ils se mirent partout en retraite ; chaque jour ils perdaient du monde et leur armée se désorganisait. Le 19 frimaire, à Calvi, un corps de 5,000 hommes se rendait à discrétion.

Autant Mack et nos ennemis avaient paru vouloir rendre la guerre cruelle et atroce, autant Championnet cherchait à en diminuer les malheurs. Il rappelait dans leurs foyers les habitants qui les avaient quittés par crainte de notre vengeance ; il ordonnait aux soldats le respect des personnes et des propriétés, et il punissait deux régiments pour avoir violé ses ordres à ce sujet.

Le roi de Naples avait abandonné Rome furtivement et s'était enfui dans ses Etats, suivi par son armée, où l'indiscipline était portée à son comble, et qui était presque entièrement détruite. Désespérant bientôt de pouvoir défendre sa capitale, il passa le détroit et se retira en Sicile, mais avant de partir, il avait mis les armes aux mains des lazzaroni. Ils en firent un triste usage, et Mack lui-même, accusé par eux de trahison, fut forcé, pour sauver sa tête, de chercher un refuge dans notre camp. Cependant, au milieu des excès de tout genre auxquels ils se livraient, les lazzaroni tentèrent de défendre Naples contre nous; ils s'emparèrent du fort Neuf et du fort de l'OEuf, et, quoique le fort Saint-Elme fût tombé entre nos mains, ils osèrent nous tenir tête pendant trois jours.

Une fois maître de Naples, Championnet s'occupa d'abord à rétablir l'ordre, à maintenir une discipline rigoureuse parmi ses troupes, et à veiller à la sécurité des citoyens; il y réussit complétement. Bientôt, par l'affabilité de ses manières et l'accès facile qu'on trouvait auprès de lui, il sut gagner jusqu'aux lazzaroni eux-mêmes, qui finirent par nous regarder comme les élus du ciel, lorsque le miracle de Saint Janvier se fut opéré en notre faveur.

Championnet venait de terminer heureusement et en peu de jours une guerre fâcheuse et très-inquiétante dans la situation où se trouvait l'Europe; il avait bien mérité de la France, mais il avait contrarié les vues du commissaire civil près de l'armée, et, au lieu d'être récompensé comme il le méritait, il fut destitué et livré à un conseil de guerre. Nous le verrons bientôt à la tête de l'armée d'Italie.

Revenons sur nos pas et voyons ce qui se passait en Piémont et en Lombardie. Brune venait d'être appelé au commandement de l'armée gallo-batave et remplacé en Italie par Joubert. Celui-ci ne fut pas longtemps à pénétrer les vues secrètes de la cour de Turin; l'exaltation des esprits, et les rixes fréquentes et meurtrières qui avaient lieu entre les soldats piémontais et ceux des nôtres qui occupaient la citadelle de Turin, lui révélaient assez l'imminence du danger qui menaçait l'armée ; il ne crut pouvoir le conjurer que par l'abdication volontaire ou forcée du Roi. On me pardonnera de donner quelques détails sur un événement aussi important.

Malgré les traités de paix et d'alliance qui existaient entre la République française et le roi de Sardaigne, il était impossible de compter sur les promesses de ce monarque et de se faire illusion sur ses véritables sentiments. Faible et pusillanime, il dissimulait et temporisait, espérant tout d'un changement de circonstances. Moins politique, le duc d'Aoste, son frère, ne prenait pas la peine de cacher la haine qu'il nous portait, et d'ailleurs tous ceux qui, dans le pays, passaient pour nous être attachés, étaient l'objet des persécutions de l'autorité. Dans cet état de choses, Joubert sentait facilement combien sa position serait critique, si la guerre venant à s'allumer, il avait à combattre à la fois les Autrichiens sur l'Adige et les Piémontais sur ses derrières. Il importait donc essentiellement à la sûreté de l'armée qu'une amitié sincère avec le Piémont ne lui laissât plus aucune inquiétude. Mais si, d'un côté, en présence des mauvaises dispositions dont je viens de parler, il paraissait impossible d'obtenir ce résultat, sans changer la forme du gouvernement, d'un autre côté il semblait fort difficile de décider le roi à renoncer à son autorité, de son propre mouvement et sans que l'on fût obligé d'user de violence envers lui. Cette condition était cependant nécessaire pour ne pas compromettre le général vis-à-vis du Directoire, et surtout pour ne pas donner aux puissances étrangères un prétexte aussi plausible de s'armer contre la République.

Pour atteindre ce but et pour forcer le Cabinet sarde à découvrir ses intentions, Joubert lui fit demander par l'adjudant général Meusnier, de fournir sur-le-champ le contingent de 10,000 hommes stipulé dans le traité d'alliance; en même temps il envoya (7 frimaire an VII-27 novembre), le général Grouchy prendre le commandement de la citadelle de Turin, avec l'ordre de la mettre dans un état de défense respectable et surtout manaçant contre la ville. Ce général avait en outre pour instruction secrète de gagner quelque personnage important de la cour, et particulièrement le confesseur du Roi, dans le double but, de connaître au juste les desseins secrets de ce prince, et de lui inspirer la résolution à laquelle on voulait l'amener. Cette partie des instructions de Grouchy fut plus facilement remplie qu'il n'avait osé l'espérer d'abord.

La réponse du Cabinet sarde à la demande du contingent ayant été, comme on s'y attendait, évasive et dilatoire, Joubert manda au général Grouchy (13 frimaire-3 décembre) que le moment d'agir était arrivé; alors Grouchy mit en mouvement tous les ressorts qu'il avait disposés à l'avance : il fit entrer à la citadelle l'ambassadeur de France et l'envoyé de la Cisalpine, ainsi que les sujets des deux États, qui étaient à Turin;

il écrivit ensuite au gouverneur qu'il le rendait personnellement responsable de la sûreté des Français et des patriotes piémontais, menaçant d'incendier la ville, si on attentait à la liberté d'un seul. Cette lettre obtint tout le succès qu'il s'en était promis. Mais il ne s'en tint pas à ces mesures; afin de faciliter la marche des troupes que Joubert amenait de Milan, il fit surprendre Chivasso, et désarmer la garnison; Novare et Suze éprouvèrent le même sort, de manière que rien ne pouvait plus s'opposer à la marche de nos colonnes.

Toutes ces nouvelles fâcheuses, grossies par la renommée, parvinrent à la fois à la cour et la frappèrent de stupeur. Cependant le conseil parut un moment décidé à faire tête à l'orage; des troupes furent mandées et une proclamation de Priocca appela la population à la défense du souverain. Mais cette velléité d'énergie fut de courte durée, et bientôt, la crainte reprenant le dessus, on fit au général Grouchy des offres d'accommodement qu'il rejeta bien loin; ce refus accrut encore les alarmes de la cour, elle ne tarda pas à envoyer de nouvelles propositions par l'avocat B***. Mais celui-ci était un homme vénal qui fut promptement acheté par Grouchy, et qui, feignant un vif intérêt pour la famille royale, parvint à l'effrayer encore davantage sur les dangers qu'elle courait.

La proclamation du général Joubert (15 frimaire-5 décembre), par laquelle il déclarait la guerre au roi de Sardaigne, arrivant sur ces entrefaites, porta l'épouvante à son comble et l'on ne s'occupa plus que du seul moyen qui semblait rester de sauver le Roi et sa famille. Le lendemain, 16 frimaire, après neuf heures d'allées et de venues, car Joubert était encore à douze lieues de Turin, le Roi signa l'acte de son abdication ; la proclamation de Priocca fut désavouée, Priocca lui-même fut remis en ôtage et les troupes reçurent l'ordre de prendre la cocarde française et de prêter serment de fidélité à la République. Le soir même, à 9 heures, le Roi quitta la capitale, où l'acte de son abdication était publié et affiché partout.

Ces graves changements émurent peu la population, préparée d'avance aux plus grands événements et qui redoutait d'ailleurs les malheurs de la guerre ; sur beaucoup de points même, la nouvelle en fut reçue aux cris de, *Vive la liberté!* L'armée piémontaise ne parut pas en être affligée, et, chose bien plus étrange, les gardes du corps ambitionnèrent la faveur d'en porter l'avis aux troupes éloignées, et s'acquittèrent avec exactitude de cette mission. Ainsi fut terminée en quelques heures, sans trouble, sans effusion de sang et sans porter aucune atteinte aux transactions commerciales et aux relations ordinaires de la vie dans une grande ville, la révolution politique la plus complète qu'il soit possible d'imaginer.

Le jour même où ce grand drame se dénouait à Turin, le Directoire annonçait au Corps législatif que l'armée napolitaine avait attaqué nos troupes et que le souverain du Piémont, également perfide, faisait cause commune avec nos ennemis. Cette coïncidence semblerait prouver que, contrairement à l'opinion de beaucoup de personnes dans l'armée, Joubert n'avait fait que suivre les instructions de son Gouvernement. Quoi qu'il en soit, il fut rappelé peu de temps après, et remplacé par le général Schérer.

A l'époque où nous sommes arrivés, on ne pouvait plus douter de la guerre avec l'Autriche, et il ne restait plus aux amis de la paix la moindre espérance. De part et d'autre on faisait les derniers préparatifs, on prenait les dernières mesures. Il était facile de voir que la lutte serait particulièrement vive en Italie ; aussi le Directoire, comprenant que la réunion de toutes nos forces était nécessaire pour ouvrir la campagne avec succès, investit le général Schérer du commandement supérieur des armées d'Italie et de Naples. On assure que Schérer donna immédiatement à Macdonald l'ordre d'évacuer Naples pour le rejoindre, et l'on reproche à ce dernier de n'avoir pas mis à l'exécution de cet ordre toute la célérité qu'exigeaient les circonstances. Ce reproche est-il mérité ? Je n'en ai pas la preuve ; ce qu'il y a de certain, c'est que Macdonald n'opéra sa jonction que longtemps après, et que, si l'armée de Naples eût été sur l'Adige à l'ouverture de la campagne, nos succès eussent été décisifs et Suwarow ne fût arrivé que pour recueillir les débris de l'armée autrichienne.

Dans les premiers jours de germinal, Schérer transféra son quartier général à Mantoue; il y appela les officiers généraux et leur donna ses instructions. L'armée était concentrée sur le Mincio et partagée en six divisions, commandées par les généraux Hatry, Serrurier, Grenier, Delmas, Victor et Montrichard, tous hommes d'expérience ; on évaluait sa force à 50,000 hommes, et elle était pourvue d'une artillerie suffisante.

L'armée autrichienne, qui lui était opposée, comptait environ 65,000 hommes ; elle avait d'avance établi des ponts sur l'Adige et couvert de redoutes la rive droite de cette rivière. L'armée russe, réunie en Gallicie, avait levé son camp et marchait sur l'Italie en deux colonnes. La renommée élevait sa force à 180,000 hommes, mais je crois ce calcul fort exagéré, même en y comprenant les corps battus plus tard à Zurich ; d'après les rapports les plus probables, les deux colonnes qui s'avançaient contre nous, formaient un total de 35,000 hommes de troupes d'élite, accoutumées à combattre sous les ordres de Suwarow.

Schérer sentit combien il lui importait d'entrer en action et d'entamer fortement l'ennemi, avant qu'il n'eût reçu un si puissant renfort ; comment en effet, si les Autrichiens avaient conservé toutes leurs forces intactes, eût-il pu se flatter d'obtenir des succès, ou même de lutter à armes égales après leur jonction avec les Russes ? En conséquence, dans la nuit du 5 au 6 germinal-25 mars 1799, il quitta ses positions et marcha contre l'armée autrichienne, réunie en avant de Vérone et dans son camp retranché de Pastrengo, entre l'Adige et le lac de Garda. Les divisions Grenier et Delmas furent chargées de l'attaque du camp ; celles de

Victor et de Hatry, durent marcher sur Vérone; Serrurier fut dirigé sur les hauteurs de Garda, et Montrichard contre Legnago. L'ennemi, battu devant Vérone, se réfugia dans la ville; son camp retranché fut enlevé, et, avant le jour, les vingt-deux redoutes qui le couvraient étaient tombées entre nos mains, ainsi que les deux ponts établis sur l'Adige, l'un de pontons, près de Polo et l'autre vis-à-vis d'Alboni.

Ce succès était beau; malheureusement on ne sut pas en profiter. Il est probable que, si notre armée eût passé l'Adige ce jour-là, et qu'elle eût poursuivi les Autrichiens en désordre, Vérone eût été prise et la victoire complétement décidée. Mais l'insuccès de Montrichard devant Legnago arrêta notre mouvement offensif; Schérer hésita, il perdit en mouvements indécis un temps précieux que l'ennemi sut mettre à profit pour rallier ses troupes et les réunir sur les points menacés.

Le 10, la division Serrurier, profitant du pont de Polo, passa sur la rive gauche de l'Adige; elle devait attaquer Pescantina et y prendre position dans le double but d'être maîtresse de la grande route de Trente à Vérone et de menacer cette dernière ville. Schérer se flattait ainsi d'attirer de ce côté toute l'attention des Autrichiens et de trouver, grâce à cette diversion, une occasion favorable de passer la rivière entre Vérone et Legnago.

Pour mener à bonne fin cette entreprise, Serrurier fit occuper Saint-Ambroise et d'autres points propres à faciliter son attaque et à couvrir sa retraite en cas de besoin. En même temps, un des ponts de Polo devait descendre jusqu'à Bussolengo, pour mettre sa division en communication directe avec le reste de l'armée. Malheureusement, cet ordre ne fut pas exécuté. Serrurier trouva l'ennemi en position à Sainte-Sophie, la droite à Settimo et la gauche s'étendant sur les hauteurs qui dominent Vérone. Il l'attaqua avec résolution et le força d'abord à reculer; mais nos tirailleurs s'étant emportés trop loin, il fallut les soutenir, et nos forces se trouvèrent désunies. L'ennemi, s'en étant aperçu et ayant reçu des renforts, reprit l'offensive ; son attaque fut si vive, que nos troupes n'en soutinrent pas le choc et plièrent à leur tour; pendant leur mouvement de retraite, les positions occupées pour le couvrir ayant été abandonnées sans ordre, il en résulta une grande confusion; les soldats prirent l'épouvante et ne purent être ralliés que sur la rive droite de l'Adige, dont on fit rompre les ponts. Dans cette circonstance critique, la division Serrurier dut son salut aux bonnes dispositions et à la contenance ferme de l'artillerie et de la cavalerie. Au milieu de la déroute et tandis que la majeure partie des troupes s'abandonnait à la terreur, un petit détachement de 300 hommes, de la 18e demi-brigade légère, donna un bel exemple de ce que peuvent la résolution et l'audace. Séparé du reste de la division et enveloppé par un corps considérable, il se fit jour au travers de cette masse, remonta l'Adige et réussit à gagner Rivoli.

Après cet événement, peu important en soi, mais qui avait le fâcheux résultat de rendre la confiance à l'ennemi, l'armée prit les positions suivantes : Delmas, sa droite à Sanguinetto, sa gauche à Aspare ; Grenier, sa droite à Aspare, sa gauche à Isola Porcarizza; Victor, sa droite à Isola Porcarizza et sa gauche à Valeggio ; Serrurier à Bevoleno; Montrichard et Hatry, leur droite à Butta-Preda, leur gauche aux sources du Tartaro, et communiquant avec Victor à Valeggio. Ces deux dernières divisions avaient ordre d'éclairer les routes de Villafranca à Vérone et celles qui mènent à Bussolengo. L'armée française se trouvait ainsi placée parallèlement à l'Adige, à l'exception des divisions Hatry et Montrichard qui, formant l'équerre, menaçaient Vérone.

Après avoir forcé la division Serrurier à repasser sur la rive droite, l'ennemi avait concentré ses forces en avant de Vérone, à Sonna et à Somma-Campagna, entre Bussolengo et Villafranca, occupant cette dernière ville comme avant-poste. Le 14, il fit une forte reconnaissance sur toute notre ligne; ce mouvement obligea le général Victor à se porter sur Bagnolo, pour être à la hauteur de la division Montrichard. Tout se préparait, comme on voit, pour une bataille décisive; elle eut lieu le 16 germinal-5 avril 1799.

Le général français, plein de confiance dans la valeur de ses soldats et dans l'habileté de ses lieutenants, avait conçu l'espoir de couper aux troupes sorties de Vérone leur retraite sur cette ville. Dans ce but, il ordonna que la division Victor se portât devant Vérone et prit position, la gauche à Saint-Massimo et la droite à Sainte-Lucie, et que la division Delmas s'établit à la droite de celle de Victor. Quant aux divisions Hatry, Montrichard et Serrurier, placées sous les ordres du général Moreau, elles furent chargées d'emporter, les deux premières, les camps ennemis de Sonna et Campagna, et celle de Serrurier, Villafranca. Enfin, la division Grenier fut envoyée sur la route de Villafranca à Vérone, entre Dossobono et Sainte-Lucie, afin de servir de réserve, suivant le besoin, aux divisions Victor et Delmas ou aux trois divisions de gauche. Les pluies et les boues rendaient ces dispositions lentes et difficiles : quelques corps même ne purent remplir les rôles qui leur avaient été assignés. Ainsi, le général Grenier dut exécuter les mouvements qui avaient été ordonnés au général Delmas.

Vers dix heures, les troupes reçurent l'ordre d'attaquer; de son côté, l'ennemi s'était mis en marche dans la même intention, et les divisions Hatry et Montrichard le rencontrèrent en débouchant de leur camp ; il fut défait et mené battant jusque sous le canon de Vérone; Serrurier, repoussé d'abord devant Villafranca, finit par s'emparer de cette ville et y fit 900 prisonniers. Pendant que cela se passait à la gauche, notre droite obtenait aussi des avantages. Les divisions Victor et Grenier, côtoyant l'Adige pour se porter sur San-Giacomo, battirent les corps qui leur étaient opposés, les poursuivirent durant l'espace de trois milles, et enlevèrent à la baïonnette le village de Saint-Jean, où ils essayèrent de tenir ferme; mais ce fut là le terme de nos succès.

Battu jusqu'ici sur tous les points et sentant combien sa position devenait critique, l'ennemi renforça son aile gauche d'un corps de 12,000 hommes. Reprenant alors l'offensive, il attaqua en flanc les divisions Victor et Grenier; celles-ci n'étant pas appuyées à propos par la division du centre, ne purent soutenir l'effort de troupes fraîches et très-supérieures en nombre ; elles furent rompues et, après un combat opiniâtre, elles durent se retirer à Isola-Della-Scala : elles emmenaient, toutefois, 1,500 prisonniers et laissaient le champ de bataille couvert d'Autrichiens. Ce mouvement rétrograde, qui s'était fait avec quelque désordre, décida de la journée; non-seulement, il rendait inutiles les succès de notre gauche, mais il découvrait son flanc et permettait à l'ennemi de réunir ses efforts contre elle ; sa position devenait trop dangereuse, et, pour ne pas l'exposer à une défaite complète, le général en chef lui donna l'ordre de la retraite ; elle se replia sans être inquiétée et en ramenant encore 1,400 prisonniers.

Dans cette journée, dont les conséquences nous furent si funestes, les pertes de l'ennemi avaient été plus fortes que les nôtres, mais il était au centre de ses places et pouvait facilement appeler ses renforts, tandis que nous, isolés en Italie, nous ne pouvions nous flatter de recevoir aucun secours en temps opportun. Ce fut là, sans doute, le vrai motif qui décida Schérer à se retirer sur Mantoue. Cette résolution, dont l'effet immédiat fut d'accroître l'orgueil des ennemis (1) et de décourager nos soldats, fut vivement critiquée par toute l'armée; elle acheva d'enlever au général Schérer la confiance des troupes déjà fort ébranlée par la perte de la bataille, dont on le rendait responsable. Le champ de bataille, disait-on, était mal choisi, il était trop étendu; le général en chef n'avait pas conservé un corps de réserve, pour venir au secours des points sur lesquels l'ennemi aurait porté ses efforts, etc. Parmi ces reproches, dont quelques-uns pouvaient être mérités, il en était d'exagérés et d'injustes : ainsi, on ne tenait pas compte du mauvais état des routes et du terrain coupé et inondé; on ne faisait pas attention non plus que la position assignée à la division Grenier, entre Dossobono et Sainte-Lucie, en avait fait un véritable corps de réserve, et que si cette division avait été engagée, dès le commencement de l'action, à la place de la division Delmas, il était du moins impossible de rendre le chef de l'armée responsable de l'inexécution de ses ordres.

Le 18, l'armée se trouva réunie autour de Mantoue. La division Delmas fut dissoute et fondue dans les autres; bientôt après il en fut de même de celle du

---

(1) J'eus occasion d'en être témoin : envoyé en parlementaire, je fus reçu par le général d'Aspre, qui me parla de ce succès inespéré avec tant de jactance, que je crus devoir lui répondre : « qu'il devait « en être d'autant plus heureux qu'il y était moins accoutumé. »

général Hatry. En même temps qu'il réorganisait ses troupes, Schérer s'occupait du soin d'assurer la conservation des places fortes qu'il allait laisser derrière lui, et surtout celle de Mantoue. Il y fit entrer une forte garnison, la pourvut de vivres pour un an, afin qu'elle pût faire une longue résistance, et en confia le commandement au général Foissac-Latour. Le choix de cet officier, connu par des ouvrages sur la défense des places fortes, mais peu estimé dans l'armée, fut désapprouvé généralement, et la reddition de la place considérée comme prochaine : l'événement ne justifia que trop cette triste prévision.

Ces opérations préliminaires terminées, l'armée commença sa retraite sur l'Adda, que le général en chef parut vouloir défendre; elle y arriva le 24, sans que l'ennemi eût fait aucun mouvement pour l'inquiéter. Elle fut ainsi répartie : la division Serrurier à Lecco et Brivio, se liant à Cassano avec la division Grenier ; Victor à Lodi ; Hatry à Pizzighitone et Montrichard à Plaisance, d'où il marcha ensuite sur les Légations. Mais, soit que Schérer fût honteux d'avoir abandonné si précipitamment tant de pays si riches et si propres à la guerre de chicane, soit qu'il voulût apaiser le mécontentement de l'armée et regagner sa confiance, il essaya, deux jours après, un mouvement offensif et se porta par Crema et Calcio sur Chiari. Quatre divisions y furent réunies le 28 ; il les harangua, mais le morne silence qui accueillit son discours, lui prouva qu'il n'avait plus d'action sur les troupes.

Au milieu de ces mouvements continuels, le service des approvisionnements se faisant avec peine, l'irrégularité et la rareté des distributions avaient peu à peu relâché les liens de la discipline et servaient de motifs ou du moins de prétexte à la maraude. Des ordres sévères furent donnés pour la réprimer, et deux jeunes soldats ayant été arrêtés, porteurs d'une poule qu'ils avaient prise dans une ferme, furent jugés et fusillés en présence de l'armée. Avant de subir son sort, le plus jeune, s'adressant à ses camarades, leur dit : « Mes « amis, c'est la première fois que j'ai violé les lois de « la discipline; voyez ce qui m'arrive! plaignez-moi, et « que ma mort vous serve d'exemple. » La résignation de ce jeune homme, sa fermeté d'âme et ses sentiments honorables émurent tous les soldats, et même, parmi les généraux, plusieurs regrettèrent que le général en chef ne pût pas ou ne voulût pas lui faire grâce. Après quelques jours de repos, l'armée retourna paisiblement derrière l'Adda, où elle arriva le 5 floréal-24 avril.

C'est ici, ce me semble, le lieu d'examiner la conduite de Schérer. Nous avons vu qu'après la bataille du 16 germinal, il s'était hâté de ramener son armée derrière l'Adda ; le but de ce mouvement était sans doute de protéger le Milanais, et pour le faire avec plus de succès, il voulait se donner le temps d'assurer sa position sur cette rivière ; ce n'est que de cette manière qu'on peut expliquer la précipitation de sa retraite. Mais on se demande d'abord pourquoi, son intention étant de défendre la Lombardie, il ne commençait pas par disputer pied à pied le pays en arrière de l'Adige, pourquoi il ne mettait pas à profit pour retarder la marche de l'ennemi, les nombreux accidents de terrain qui s'y rencontrent, ainsi que les différents cours d'eau, plus ou moins marécageux, plus ou moins encaissés, qui le traversent. Mais du moment qu'il renonçait à cette guerre de chicane et qu'il cherchait une bonne ligne défensive, on comprend encore moins pour quel motif il préférait la ligne de l'Adda à celle du Mincio, car cette dernière, beaucoup plus courte que l'autre, lui était infiniment supérieure ; elle avait, avant tout, le mérite de couvrir une grande moitié de la Lombardie, que l'on abandonnait complétement en se repliant derrière l'Adda ; en second lieu, appuyée sur les places fortes de Peschiera, Mantoue et Borgo-Forte, elle offrait, grâce aux rives escarpées et aux abords marécageux du Mincio, une foule de positions faciles à défendre. L'ennemi n'aurait pu vaincre ces obstacles naturels, aidés de ceux que l'art aurait pu y joindre, qu'au prix de beaucoup de temps et avec le sacrifice d'un nombre considérable d'hommes : ce qui aurait eu pour premier résultat, sinon de rétablir l'équilibre entre les deux armées, au moins de diminuer la disproportion numérique qui existait entre elles. Et d'ailleurs, quoi qu'il arrivât dans cette hypothèse, on gagnait du temps, et l'on ne risquait pas de compromettre le salut de l'armée, puisqu'elle avait toujours un passage assuré et commode sur la rive droite du Pô, par Borgo-Forte, où, dans cette vue, il était à propos de conserver une tête de pont puissante, qui obligeât l'ennemi à une attaque régulière. Enfin, même après s'être retiré derrière le Pô, on était encore dans une bonne condition défensive; par cette position, sur le flanc de l'ennemi et à proximité de Mantoue, on avait l'avantage de donner de la confiance à la garnison ; de rendre les opérations du siège plus lentes et plus difficiles et, en même temps, la marche des Autrichiens sur la Lombardie presque impossible. Toutes ces assertions sont si évidentes, qu'elles n'ont pas besoin de démonstration. Il y a plus : couverte par le fleuve, l'armée se trouvait à l'abri de toute inquiétude pendant plusieurs jours, et l'on pouvait profiter de ce répit pour raffermir le moral des troupes, rappeler les détachements disséminés dans les États romains, en grossir nos forces, et tendre la main à l'armée de Naples, dont il fallait hâter la réunion.

Il est probable que Schérer avait apprécié tous les avantages que je viens d'énumérer, la marche de Montrichard sur Bologne semblerait le prouver; mais peut-être avait-il, pour agir comme il l'a fait, des ordres précis du Gouvernement; peut-être sacrifia-t-il seulement à un préjugé trop commun, même parmi les militaires, préjugé qui consiste à croire qu'on ne défend bien un pays qu'en se plaçant parallèlement à l'ennemi; c'est une erreur toujours grave et qui devient souvent funeste; un peu de réflexion devrait pourtant faire comprendre qu'en prenant, au contraire, une position sur un de ses flancs, on obtient beaucoup mieux ce résultat, puisqu'on l'oblige à manœuvrer et à perdre du temps, et qu'on est en mesure d'agir contre lui s'il en donne l'occasion, en s'affaiblissant sur quelque point.

Revenons à la suite des événements. L'armée diminuée par les garnisons jetées dans les places fortes et réduite à moins de 20,000 combattants, se trouva hors d'état de tenir la campagne. On en forma trois divisions, qui furent commandées par les généraux Serrurier, Grenier et Victor; elle fut établie, ainsi que je l'ai déjà dit, derrière l'Adda, depuis Lecco jusqu'à son embouchure dans le Pô. Cette longue ligne n'était point tenable, et les troupes, trop disséminées ne pouvaient, ni la bien défendre, ni se soutenir mutuellement. Une négligence impardonnable vint encore accroître le danger de cette position. Un officier de la division Serrurier, chargé de la facile opération de détruire les bacs et les barques qui se trouvaient sur l'Adda et sur les canaux qui s'y embranchent, depuis Lecco jusqu'à Vaprio, au lieu de les brûler ou tout au moins de les détruire et de les mettre en pièces, se contenta de les couler bas, sans faire attention que, les eaux n'étant pas profondes, il manquait totalement le but de sa mission. En effet, quelques jours après, ces embarcations servirent à l'ennemi pour son passage.

Je n'ai pas besoin d'avertir que je ne m'occuperai plus que de la partie de l'armée qui était aux prises avec les Autrichiens. Les opérations de la division Montrichard me sont trop peu connues pour que j'en puisse parler avec détail. Ce général, qui s'était rendu à Plaisance et dans les Légations, se trouvait naturellement chargé de ravitailler les places, de maintenir les pays d'outre-Pô dans la subordination et de nous lier avec l'armée de Naples.

Depuis la bataille du 16 germinal, et pendant plus de quinze jours, nous n'avions vu aucun soldat ennemi; enfin, le 3 floréal, quelques troupes légères et des Cosaques (1) vinrent insulter nos postes à Urago, près de Calcio sur l'Oglio. C'était un indice sûr de l'approche des deux armées réunies; leurs mouvements, couverts par ces troupes légères, s'opéraient en toute sûreté et à notre insu. Tandis que, le 6 et le 7, elles faisaient mine de menacer à la fois Cassano et la basse Adda, elles réussissaient à passer cette rivière sans obstacle, au-dessous de Brivio, entre les divisions Serrurier et Grenier. Celle-ci fut attaquée à l'improviste le 8, à la pointe du jour, par un corps d'environ 16,000 hommes.

Le général Schérer, accablé du poids de son insuffisance, quittait l'armée et en laissait le commandement à Moreau, le jour même (2) où l'ennemi surpre-

---

(1) L'avant-garde russe était arrivée à Vérone le 27 germinal 16 avril.

(2) L'arrêté du Directoire qui nommait Moreau général en chef des armées d'Italie et de Naples, est du 2 floréal; Schérer le lui transmit le 7, mais sans lui donner aucun renseignement, ni sur la position des troupes, ni sur celle de l'ennemi, en un mot sur rien de ce qui inté-

nait le passage de l'Adda. Moreau vint en personne, au milieu du feu, annoncer aux troupes cet heureux changement ; il en fut reçu avec acclamation (1). Après avoir parcouru la ligne, reconnu la force et les dispositions de l'ennemi, et donné ses ordres au général Grenier, il le quitta pour aller joindre la division Serrurier ; il prévoyait le malheur dont l'armée était menacée dans le cas où cette division serait surprise, et voulait le prévenir s'il en était encore temps. Mais il lui fut impossible de percer le cordon de cavalerie légère, qui avait intercepté toutes les communications et peu s'en fallut que, son cheval s'étant abattu, il ne tombât lui-même au pouvoir de l'ennemi ; il dut son salut au courage et au dévouement d'un soldat de son escorte,

---

ressait l'armée. Moreau fut réduit à en prendre auprès du chef de bataillon Lemarrois, attaché à l'état-major, jeune et bon officier, qui fut trop tôt enlevé à son pays.

(1) Moreau avait les mœurs les plus douces et les plus simples. Je me souviens qu'après le combat de Vaprio, ayant été envoyé auprès de lui pour recevoir des ordres, je le trouvai à Marignano, dans une chaumière, couché sur un peu de paille, sans qu'il y eût même une sentinelle à sa porte, et, comme à une heure aussi avancée (il était une heure du matin), personne ne pouvait m'indiquer le logement du chef d'état-major, à qui il me renvoyait, il prit la peine de m'y conduire lui-même.—Moreau aimait les officiers qui montraient du zèle; il prenait plaisir à développer leur intelligence, soit en leur faisant des questions, soit en leur permettant de lui en adresser ; quelquefois aussi, il leur mettait des cartes sous les yeux et leur faisait faire des dispositions militaires.

frère du général Grandjean. Les craintes de Moreau n'étaient que trop fondées ; le général Serrurier avait été attaqué à Lecco et contraint à quitter cette ville ; poursuivi par les Austro-Russes, il s'était retranché dans le village de Verderio, où sa division, cernée de tous côtés par des forces supérieures, fut réduite à capituler, le 9 floréal.

La réputation de Serrurier souffrit de cet événement. En vain ses amis dirent-ils, pour le justifier, qu'il avait été laissé sans ordres; on leur répondit avec raison qu'il devait connaître le passage de l'Adda par l'ennemi, que la position de celui-ci entre sa division et le reste de l'armée rendait les communications impossibles, que le canon lui indiquait suffisamment qu'on se battait au centre ; que, dans cette situation, il ne devait prendre conseil que de lui-même pour sauver ses troupes, et que le moyen le plus naturel de le faire était de manœuvrer sans retard pour se réunir aux autres divisions, avant que les corps qui avaient attaqué le général Grenier n'eussent le temps de se retourner contre lui..... Au reste, cette faute si grave du général Serrurier, officier de mérite et plein de loyauté, ne saurait être imputée en aucune façon à l'incapacité et encore moins au mauvais vouloir; elle avait, au contraire, sa source dans l'excès d'une des premières vertus militaires, l'obéissance passive. Mais souvent, à la guerre, les extrêmes se touchent, et c'est là surtout qu'il faut être à la hauteur de sa position et savoir quelquefois s'élever au-dessus des règles ordinaires.

3.

Quoiqu'en jetant sans obstacle et à notre insu un pont sur l'Adda, l'ennemi eût obtenu l'avantage d'attaquer la division Grenier avec des forces très-supérieures en nombre, il éprouva une résistance à laquelle il ne devait pas s'attendre, de la part de moins de 6,000 hommes, dispersés en partie dans des cantonnements assez étendus ; mais la présence du général Moreau avait doublé leur énergie et le combat fut opiniâtre et sanglant. Toutes les haies, tous les buissons, tous les accidents de terrain étaient mis à profit par nos soldats et leur servaient de retranchements naturels, sur vingt points différents, les combattants étaient pêle-mêle, sans qu'aucun des deux partis voulût céder un pouce de terrain. Parmi les faits d'armes les plus remarquables de cette journée, il convient de citer la charge d'un bataillon de la 17ᵉ demi-brigade d'infanterie légère contre un bataillon de grenadiers hongrois ; ces deux corps marchaient l'un sur l'autre, mais au moment où les baïonnettes se croisèrent, les Hongrois cédèrent à l'impétuosité française, et mirent bas les armes. Je ne saurais oublier non plus le dévouement patriotique d'une compagnie de sapeurs du génie; elle était en marche sur Milan, mais les soldats, ayant entendu le canon, demandèrent à leur capitaine d'abandonner sa route et de les conduire au feu. Ils se hâtèrent de revenir et, à leur arrivée, ils voulurent relever des troupes fatiguées ; placés dans un poste fort périlleux, ces braves gens y périrent tous.

Enfin, après sept heures de lutte acharnée et d'efforts extraordinaires, le général en chef, jugeant que la division Serrurier avait été attaquée et contrainte à se retirer, ou qu'elle restait immobile dans sa position, ordonna au général Grenier de commencer sa retraite ; ce mouvement s'opéra, couvert par la brigade du général Argaud, qui fut tué, en entrant en ligne. L'adjudant général Becker, officier également distingué sur le champ de bataille et dans les travaux du cabinet, fut grièvement blessé et tomba au pouvoir de l'ennemi. Nous comptâmes encore, parmi les blessés, quelques autres officiers de marque, tels que le général Kister et le colonel Brennier-Montmorand. Nous avions fait 1,500 prisonniers et enlevé une pièce de canon à l'ennemi.

Il n'est point de militaire, qui, à la première inspection de la carte, ne sente combien était défectueuse la disposition des troupes sur l'Adda ; en les disséminant sur une aussi longue ligne, il devenait presque impossible de s'opposer à l'établissement d'un pont et de réunir assez vite des forces suffisantes pour tomber à temps sur les premiers corps qui auraient franchi la rivière, les écraser et les jeter à l'eau, manœuvre indispensable si l'on voulait réussir à empêcher le passage. Il semble que ces inconvénients auraient été évités, si le général en chef eût choisi deux points centraux, où toutes les troupes eussent été rassemblées sous sa main, et s'il se fût contenté de garder par des petits postes, et de surveiller, par des patrouilles volantes, le reste de la ligne. Toutefois, ces fautes dans les dispositions générales ne sauraient justifier la coupable négligence de ceux qui laissèrent l'ennemi exécuter, à leur insu, une opération aussi importante et d'où pouvait dépendre le salut de toute l'armée.

A la suite de la défaite de Serrurier et du combat de Vaprio, l'armée réduite à 12,000 combattants environ, se vit forcée de se rapprocher des Apennins, tant pour y attendre les secours qui lui venaient de France, que pour couvrir la rivière de Gênes et trouver dans l'avantage des positions qu'offrait un pays de montagnes, le moyen de paralyser une partie des forces de l'armée austro-russe ; elle marcha donc sur le Tessin, d'un côté par Pavie et de l'autre par Buffalora. Arrivé sur ce dernier point, le général Moreau se hâta de faire passer la rivière à un parc nombreux d'artillerie qui était à la suite de la division Grenier ; le manque de ponts rendait cette opération lente et difficile : heureusement, elle ne fut pas troublée par l'ennemi et s'acheva sans dommage. Le mouvement de retraite se continua ensuite sur Alexandrie, l'armée s'y porta, partie directement par Tortone, et partie en faisant un long détour par Turin ; elle y fut réunie le 19 floréal ; pendant sa marche, elle avait été renforcée par la 20.ᵉ demi-brigade légère qui arrivait de France.

La grande et belle réputation dont jouissait le général Moreau le rendait partout l'objet de la curiosité publique. Lorsque nous passâmes à Turin, une bonne partie de la population, curieuse de le voir, s'était dirigée vers la porte du Pô, par où nous arrivions, et il était déjà passé qu'elle s'obstinait à l'attendre encore, ne pouvant imaginer et se refusant à nous croire, quand nous le lui affirmions, que l'officier le plus simplement vêtu du groupe de l'état-major, que celui qui portait une simple capote bleue et un chapeau couvert de toile cirée, fût le *célèbre Moreau!*

Le général en chef savait que l'armée austro-russe, évaluée à 60,000 hommes, marchait par les deux rives du Pô, et s'avançait à la fois sur Valence et dans les plaines de San-Giulano, entre Tortone et Alexandrie. Il fallait, avec environ 14,000 soldats, faire face à ces nombreux adversaires; il se flatta d'y réussir et même de les battre, s'ils se compromettaient. Il espéra que les Russes lui en fourniraient bientôt l'occasion, et que Suwarow, impatient de montrer la valeur de ses troupes et de justifier la réputation colossale dont nos ennemis intérieurs et extérieurs avaient eu soin de le faire précéder, se laisserait aller à commettre quelque imprudence. Pour être à même d'en profiter, s'il y avait lieu, il plaça la division Grenier vers Saint-Salvador, laissant à Alexandrie celle de Victor, qui devait défendre la Bormida et, au besoin, porter secours à Grenier.

Les événements ne tardèrent pas à justifier la sagesse de ces mesures. Le 22, une colonne autrichienne tenta le passage du Pô, à Ponte-Stura; six compagnies de la 106e demi-brigade l'attaquèrent, lui firent 500 prisonniers, et punirent Casal qui venait de se révolter. Le 23, les Russes, au nombre de 7 à 8,000 hommes, couverts par une nuée de Cosaques, jetèrent un pont à Bassignana, à l'embouchure du Tanaro dans le Pô. Aussitôt qu'il en fut instruit, Moreau, dans le but de les envelopper et de les détruire tous, défendit de les inquiéter dans leur opération, afin de leur inspirer une plus grande sécurité. Si le succès ne répondit pas à son attente, on verra bientôt à qui en fut la faute.

Les Russes avaient donné dans le piége ; ils s'étaient avancés au delà de leur pont et avaient attaqué Pecetto, village et hauteur qui avaient déjà joué un rôle considérable dans la guerre de 1745. Ils s'en emparèrent après en avoir chassé la 18e demi-brigade d'infanterie légère. Aussitôt que Moreau vit les Russes engagés, il commanda au général Grenier de marcher contre eux et transmit au général Victor l'ordre de le rejoindre en toute hâte, avec une partie de sa division. Il fit en même temps attaquer le poste important de Pecetto ; l'adjudant général Compans, chargé de cette opération difficile, mit tant d'habileté dans ses dispositions et tant de résolution dans son attaque, que le général en chef l'en complimenta sur le champ de bataille et le nomma général de brigade ; les Russes opposèrent une résistance désespérée, et trois ou quatre cents hommes se renfermèrent dans l'église et s'y firent tuer plutôt que de se rendre.

Dès que ce point fut entre nos mains, Moreau arrêta le mouvement et se contenta d'amuser les Russes, en tiraillant avec eux ; il voulait par là donner le temps d'arriver aux troupes de Victor, dont il avait besoin pour envelopper l'ennemi et le couper de son pont. Victor ne tarda pas à paraître sur les hauteurs qui bordent la rive gauche du Tanaro; il reçut immédiatement l'ordre de filer le long d'un bois, qui était à sa droite, de masquer autant que possible son mouvement et de se porter avec rapidité sur les derrières des Russes, sans s'amuser à tirailler, tandis que Moreau en personne les attaquerait vivement de front, avec la division Grenier. Cette sage et habile combinaison devait avoir pour résultat la prompte et totale destruction de l'ennemi; malheureusement elle fut exécutée avec lenteur et, je puis l'assurer, avec mauvais vouloir, ce qui donna le temps aux Russes d'apercevoir le danger qu'ils couraient et de songer à la retraite. Pour la couvrir, ils eurent recours à une manœuvre désespérée : ils lancèrent contre nous un corps d'environ 1,500 hommes d'élite; ce corps, après avoir mis bas sacs et capotes, nous chargea avec une rare intrépidité; nos soldats, étonnés de son audace, plièrent d'abord, mais ils reprirent bientôt l'offensive et cette courageuse troupe écrasée paya de sa vie son instant de succès; mais elle avait atteint le but que s'étaient proposé les généraux ennemis, celui d'assurer la retraite du reste de leurs forces.

Les Russes laissèrent entre nos mains environ 2,000 prisonniers, presque tous blessés, 5 pièces de canon, plusieurs caissons, et 1,500 manteaux neufs à capuchon; c'était la dépouille du corps qui avait été sacrifié. Ils perdirent aussi le général Subow ou Subrow ; monté sur un cheval gris-pommelé, ce brave officier se tenait toujours en avant du front de bandière et devint le point de mire de nos tirailleurs, qui ne cessaient de crier : *au cheval blanc !* Notre perte fut peu considérable : elle ne s'éleva pas au delà de 80 morts et de 400 blessés. Après l'action, Moreau ne négligea aucun des soins que réclame l'humanité ; il fit enlever tous les blessés du champ de bataille et les fit soigner dans les hôpitaux de Valence.

Tel fut le résultat de notre première rencontre avec les Russes. Ces nouveaux ennemis, dont on avait voulu nous faire peur, fixèrent naturellement toute notre attention. Nous les trouvâmes peu manœuvriers, mais très-braves ; nous fûmes, toutefois, surpris et presque scandalisés du désordre que les obus portaient dans leurs rangs ; ils se couchaient à plat ventre (1) pour se garantir des éclats. Si c'était une manœuvre, elle pouvait offrir du danger en notre présence ; si c'était de la

---

(1) A la vue de ce mouvement, inexplicable pour lui, Moreau appliqua aux Russes une épithète exagérée et d'une énergie toute militaire (c'est de la f.... canaille). Qui eût pensé alors qu'il mourrait un jour dans leurs rangs ! — Il fit traiter avec beaucoup d'égards les officiers prisonniers : on donna à plusieurs d'entre eux des chevaux, qu'ils devaient renvoyer et qu'ils gardèrent. Presque à la même époque (10 thermidor an VII-28 juillet), l'amiral russe violait la capitulation de Fano, et, au mépris du droit des gens, retenait prisonnier un parlementaire (le colonel Alix). Telle était, à cette époque, la civilisation des Russes.

pusillanimité, elle était bien étrange dans des hommes dont nous venions d'éprouver la valeur. Du reste, ils nous parurent féroces, insensibles à la douleur, et fort étonnés de nous voir, au lieu de les massacrer, panser leurs blessures comme celles de nos propres soldats. Des officiers russes nous expliquèrent la cause de leur étonnement et de leur obstination à ne point se rendre. Pour exalter le courage de leurs troupes et doubler leur énergie, les généraux et les popes avaient eu soin de répandre parmi elles le bruit que les Français pendaient les prisonniers de guerre. Cette croyance, qu'il était facile d'inspirer à des hommes aussi ignorants et habitués d'ailleurs à se battre avec les Turcs, pouvait sans doute animer leur ardeur, mais elle était bien propre à doubler les horreurs de la guerre.

J'ai entendu plusieurs fois des militaires distingués reprocher à Moreau de n'avoir pas anéanti le corps russe entier à Bassignana. Comment, disaient-ils, a-t-il pu en échapper un seul homme? Il était si facile de l'envelopper et de le mettre dans un cercle de feu, qu'il fallait n'avoir point d'yeux pour ne pas s'en apercevoir. Ces reproches sont justes et fondés : mais Moreau les mérite-t-il ? J'ose affirmer que non. Il est évident que pour cerner les Russes, et leur fermer la retraite, il fallait de toute nécessité le concours du général Victor, car les troupes qui se trouvaient aux prises avec eux étaient en trop petit nombre pour suffire à la double tâche de les attaquer de front et de les envelopper. Or, il est sûr que le général Victor reçut à temps les ordres nécessaires, mais qu'il hésita à les exécuter, ou plutôt qu'il ne les exécuta pas ; il fallut que Moreau allât lui-même mettre les troupes en mouvement, mais il s'était écoulé un temps précieux pendant ces hésitations, et l'occasion était perdue (1). Cette désobéis-

---

(1) Voici les détails de cet incident. En attendant l'arrivée des troupes de Victor, on usait, comme on dit, le feu de l'ennemi. Dès qu'elles parurent sur les hauteurs, le général Moreau dit à un officier d'état-major (le lieutenant Berthezène) : « Vous voyez cette tête de co-
« lonne, ce sont les troupes de la division Victor ; partez au galop, et
« allez dire au chef qui la commande, quel que soit son grade, qu'il
« se porte en toute hâte, par la lisière de ce bois, sur les derrières de
« l'ennemi et qu'il l'attaque sans hésiter, parce que, de mon côté, je
« vais le faire attaquer vivement de front. » L'officier arrive auprès des troupes et s'adresse au général de brigade Grandjean, qu'il rencontre le premier ; celui-ci lui montre du doigt le général Victor, l'officier court alors à ce dernier et lui transmet les ordres dont il est porteur. Victor les écoute, et, sans répondre un seul mot, commande à Grandjean de se former en bataille. L'officier, surpris, craint de s'être mal expliqué, il répète les ordres que lui a donnés le général en chef et insiste sur l'importance qu'il attache à leur exécution. « Citoyen ! vous avez rendu vos ordres ! » est la seule réponse qu'il peut obtenir. — Désespéré d'un tel résultat, il supplie le général Grandjean et le chef d'état-major d'engager leur supérieur à obéir. « Vous connaissez le général Victor ! lui répondent-ils, rien n'y fera. » Legué, premier aide de camp du général Moreau, étant passé par hasard sur ce point, est aussi prié de parler à Victor, mais il s'y refuse. « Vous savez quel est l'homme ! dit-il à l'officier, vous avez tort
« de perdre votre temps ici ; hâtez-vous d'aller rendre compte de
« votre mission. » Moreau, indigné en apprenant ce refus d'obéissance, se rendit au galop sur les lieux, et fit exécuter le mouvement. Mais deux heures s'étaient écoulées, et l'occasion était manquée.

sance du général Victor, qui pouvait faire battre la division Grenier, était peut-être la suite des rivalités jalouses qui avaient partagé l'armée en deux écoles opposées, celle du Rhin et celle d'Italie. La première se croyait plus savante, ses chefs, venus de l'armée du Rhin, avaient la réputation de mieux entendre ce qu'ils appelaient la grande guerre ; ils parlaient avec assez de dédain des généraux de l'ancienne armée d'Italie, qu'ils traitaient de sabreurs. Ceux-ci leur rendaient volontiers la pareille, et cachant leur amour-propre blessé sous le beau nom de patriotisme, les accusaient de n'être pas assez républicains, et de dire : *Monsieur*, au lieu de *Citoyen*.

Après que les Russes eurent été repoussés, nos troupes furent réunies autour d'Alexandrie. Le 27, la division Victor fut chargée de reconnaître les forces ennemies, campées dans les plaines, en avant d'Alexandrie, vers San-Giuliano ; elle fut ramenée vivement sur la Bormida, mais Moreau avait pu se convaincre qu'il lui était impossible de gagner Gênes par Novi. Cependant il attachait la plus grande importance à conserver ce débouché, pour donner la main à l'armée de Naples, et faciliter sa jonction avec la nôtre. Dans ce but, il détacha la division Victor sur Acqui, afin de rendre sa marche plus légère et plus expéditive à travers les montagnes, il garda son artillerie, et resta devant Alexandrie pendant vingt-quatre heures, après son départ, pour en dérober la connaissance à l'ennemi. La réussite de ce mouvement fut entière, et Victor, après avoir surmonté beaucoup d'obstacles, fit sa jonction avec les troupes qui venaient de Naples. Le reste de l'armée se dirigea vers Ceva par Coni, qu'il fallait approvisionner et rassurer.

A cette époque désastreuse, il arrivait de toutes parts au général en chef de fâcheuses nouvelles. Lahoz, général au service de la république Cisalpine, ancien officier déserteur de l'armée autrichienne, en devenait aujourd'hui l'auxiliaire, il avait levé contre nous, au centre de l'Italie, le drapeau de la révolte; à la voix de ses prêtres, la Romagne s'était soulevée, et enhardie par la présence de l'escadre turco-russe, se livrait à tous les excès imaginables. Dans cette croisade universelle contre nous, le clergé romain marchait sous l'étendard de Mahomet et invoquait le secours d'un peuple schismatique. Enfin, sur nos derrières, ce qui était bien plus grave et bien plus important, tout le Piémont était en armes, et déjà Ceva, forteresse qui commande un des principaux passages des Apennins, avait été lâchement livrée aux paysans insurgés, qui s'étaient hâtés de la remettre aux Autrichiens.

Cette insurrection du Piémont avait pour cause première, ou au moins pour prétexte, l'abdication ou l'expulsion du roi de Sardaigne dont nous avons parlé plus haut. Soulevée par les nobles, par les prêtres, par les émissaires de l'Autriche, et plus encore par l'espoir du pillage, la population de ce pays belliqueux avait pris les armes. Des partis nombreux, commandés par des officiers expérimentés, se montraient sur beaucoup de points et osaient même attaquer les détachements isolés; partout nos communications étaient coupées, et nous devions marcher avec la plus grande précaution. Cet état de choses obligea le général en chef à des mesures très-rigoureuses, et, dans nos marches, nous fîmes quelques exemples de sévérité, devenus nécessaires, tant pour intimider les habitants que pour raffermir la discipline.

Dans les premiers jours de prairial, un corps d'environ 2,000 hommes, aux ordres du général de brigade Garreau, fut expédié d'Alexandrie vers Ceva, pour tâcher de la réduire et de faire rentrer le pays environnant dans le devoir; on ignorait alors qu'un parti d'Autrichiens, d'environ 300 hommes, avait pénétré à travers les montagnes jusqu'à cette place et y avait été reçu par les insurgés. Le 3, Garreau trouva en position, à la Margarita, sur la route de Mondovi, le général piémontais Vidal, avec de l'artillerie et un corps de paysans qu'on disait fort de 12,000 hommes : il le battit et le poursuivit jusqu'à Breo. Margarita et plusieurs autres villages sur cette route furent livrés aux flammes. Cependant les insurgés s'étaient ralliés; ils firent ferme pour disputer le passage de l'Elero et pour défendre Breo. Ce village est situé au bord de la rivière et au pied de la montagne sur laquelle est bâti Mondovi; une longue rue très-étroite le traverse et en forme les deux seules issues. Au lieu de faire les dispositions nécessaires pour le prendre à revers et le brûler, le général Garreau y pénétra étourdiment en colonne serrée. L'ennemi, retranché dans les maisons, l'accueillit par un feu meurtrier qui partait de tous côtés, des toits et des fenêtres ; tout coup portait, on était tué sans pouvoir se défendre, et, en peu d'instants, nous perdîmes 500 hommes, dont 442 morts. Enfin, forcé de se retirer, Garreau finit par où il aurait dû commencer; Breo fut brûlé, les insurgés y perdirent environ 2,000 hommes et disparurent sans oser tenter de défendre Mondovi. Quelques jours après, Moreau, en voyant cette position, gémit sur la perte de tant de braves gens sacrifiés inutilement, et s'écria : « Il n'y « avait pas là vingt hommes à perdre ! »

Quoique ce combat, peu important par lui-même, n'ait été qu'un incident particulier au milieu de la campagne, j'ai cru néanmoins utile d'en faire mention, parce qu'il offre une leçon intéressante, qui, par malheur, est trop souvent oubliée. Il arrive fréquemment à la guerre, que des officiers, chargés d'opérations isolées, se persuadent qu'il est plus glorieux pour eux de les exécuter de vive force que d'en assurer la réussite par de sages dispositions; ils ne réfléchissent pas qu'en agissant ainsi, ils peuvent compromettre le salut de l'armée, et que, tout au moins, ils sacrifient inutilement des hommes précieux qu'on ne saurait trop ménager pour les occasions essentielles.

Au milieu de ces événements, l'armée continuait assez paisiblement sa marche vers Coni ; elle reçut en route un renfort de 2,000 hommes, et tandis que l'avant-garde bloquait Ceva, l'arrière-garde, postée à

Fossano et à Savigliano, protégeait l'approvisionnement de Coni, et en assurait la défense.

Nous étions obligés de passer sous le canon de Ceva, pour pénétrer dans la rivière de Gênes ; il paraissait impossible, sans être maîtres de cette place, de sauver notre parc d'artillerie, et toutes nos tentatives pour intimider la garnison autrichienne avaient été infructueuses. D'un autre côté, le temps pressait, et, pour n'en pas perdre davantage, le général Moreau ordonna de tourner la montagne et d'y ouvrir un chemin pour l'artillerie. Toute difficile que fût cette entreprise, on en vint à bout rapidement et heureusement, et notre convoi, composé de 200 voitures, arriva le 19 prairial à Loano, dans la rivière de Gênes, en passant par Saint-Bernard et Balestrino. La route entre ces deux points était regardée jusqu'alors comme impraticable aux voitures et même aux chevaux, à peine les piétons y trouvaient-ils un passage ; pour la rendre accessible à de lourds équipages, il fallut employer la mine, rompre des masses de rochers, en réunir d'autres par des ponts, établir des garde-fous au bord des précipices. Tous ces ouvrages, qui présentaient tant de difficultés par leur nature et par le défaut des matériaux nécessaires, furent exécutés en six jours. La présence du général en chef animait tout le monde, et le noble enthousiasme du soldat ne trouvait rien au-dessus de ses forces. Dès que l'artillerie se trouva en sûreté, l'infanterie quitta les montagnes où elle avait pris position, pour couvrir les travaux, et descendit dans la rivière de Gênes ; la cavalerie l'avait précédée de quelques jours. Sans s'arrêter, elle se porta par Finale, Savone, San-Pietro d'Arena, la Bocchetta et Voltaggio, à Gavi, où l'armée fut réunie le 30 prairial. En passant à Savone, nous y trouvâmes la flotte franco-espagnole, qui nous remit quelques vivres et 800 hommes de nouvelles levées.

Il tardait à Moreau de rentrer dans les plaines du Piémont, pour favoriser les mouvements de l'armée de Naples et pour soutenir le courage des garnisons de Tortone et d'Alexandrie. Car, à cette époque funeste, les commandants des places fortes trouvaient tous des motifs pour se rendre; celui qui détermina le général Fiorello à livrer la citadelle de Turin est trop curieux pour le passer sous silence. Pourra-t-on le croire? *C'est qu'il avait trop de munitions de guerre!*

Le général en chef n'ignorait pas que Suvarow avait marché au devant de Macdonald, dont l'approche l'inquiétait, et que Bellegarde, resté devant les places de Tortone et d'Alexandrie, avait l'ordre d'en presser la reddition : « *Si vous ne vous hâtez,* lui disait le général russe dans une lettre interceptée, *je ferai chanter un* Te Deum *avant vous!* » Pour se mettre en mesure d'entraver ces opérations, Moreau commença par réorganiser sa petite armée; il la divisa en deux corps, l'un de 4 à 5,000 hommes, dont il donna le commandement au général Grouchy (1), l'autre de 7 à 8,000, qu'il

---

(1) Grouchy inspirait peu de confiance ; on l'accusait d'avoir favo-

laissa sous les ordres du général Grenier. Ensuite, portant la division Grouchy par Novi sur San-Giuliano, et la division Grenier sur Tortone par Cassano-Spinola, il obligea les Autrichiens à lever le blocus de Tortone et à se concentrer devant Alexandrie. Enfin, préoccupé de la marche de Suvarow, et ne perdant pas de vue le salut de l'armée de Naples, il calcula qu'à cette époque son avant-garde pouvait être arrivée à Castel-San-Giovanni, et fit occuper Voghera, ainsi qu'il en avait déjà prévenu Macdonald.

Le 2 messidor, la division Grouchy n'était pas encore établie à San-Giuliano, lorsqu'elle fut attaquée par environ quatorze bataillons d'infanterie, 1,200 chevaux et une nombreuse artillerie. Le général Bellegarde, qui surveillait ses mouvements et qui avait reconnu sa faiblesse, se flattait de l'accabler avant qu'elle pût être secourue : il se trompa. Au premier coup de canon, le général Grenier mit ses troupes en mouvement et se porta sur le champ de bataille. L'action fut vive et le feu très-nourri sur toute la ligne ; l'ennemi, que

---

risé le parti contraire à la France pendant qu'il commandait à Turin, et d'avoir ainsi facilité l'insurrection du Piémont. Ce reproche n'était pas sans quelque fondement, mais le caractère honorable de Grouchy et l'ensemble de toute sa conduite prouvaient de reste qu'il cédait uniquement, dans cette circonstance, à sa facilité naturelle et à la bonté de son cœur : il ne pouvait croire que des hommes qui le caressaient et qui s'appuyaient sur lui fussent capables d'ourdir, sous sa protection, des complots d'assassinat contre les Français.

nous avions d'abord eu peine à contenir, finit par perdre du terrain et par se replier sur Cassina-Grossa. Il y tint ferme jusque vers quatre heures du soir; mais alors le général en chef le fit attaquer par une partie de la division Grenier; il ne put résister au choc, il fut culbuté et contraint à repasser la Bormida dans le plus grand désordre. Il se rallia sous le canon d'Alexandrie. Nous lui fîmes 2,000 prisonniers et lui prîmes 5 pièces de canon. On évalua sa perte à environ 4,000 hommes, et la nôtre à 900 hommes, dont 300 prisonniers.

Le succès de ce combat fut dû, en grande partie, au dévouement patriotique du général Grenier : j'en fais la remarque parce que cette vertu, que plus tard beaucoup de nos généraux mirent en oubli, commençait déjà à devenir rare parmi eux. Il eût pu, sans se compromettre, laisser battre Grouchy, mais un égoïsme aussi coupable était bien éloigné de son noble cœur. Pendant sa longue carrière militaire, dont les utiles services n'ont pas été assez récompensés, il n'eut jamais en vue que la France, sa gloire et la conservation de ses soldats. Ce jour-là, il était si pénétré de la nécessité d'arriver promptement sur le lieu de l'action, que, le général Partouneaux lui ayant demandé du pain pour sa brigade, il sortit de son caractère éminemment doux et bienveillant et répondit avec indignation : « Le ca-
« non tire, et vous demandez du pain ! C'est au feu
« qu'il faut en aller prendre ! »

Dans cette journée, Moreau eut deux chevaux tués

sous lui, il passa même pour mort. En arrivant sur le terrain, Grenier avait reçu cette triste nouvelle. Consterné d'un aussi funeste événement, d'où pouvait dépendre le salut de l'armée, il ordonna d'en dérober la connaissance aux soldats. Heureusement que cette mesure ne fut pas longtemps nécessaire : bientôt nous vîmes venir vers nous le général Moreau lui-même, portant à la main la bride de son cheval. Il fut promptement entouré de tous les officiers ; Grenier l'embrassa et lui reprocha affectueusement de s'exposer à trop de dangers. Moreau, touché de l'intérêt qu'il inspirait et dont il voyait l'expression dans les yeux et sur la physionomie de tous ceux qui l'environnaient, nous remercia et calma nos inquiétudes. Quelqu'un ayant fait ensuite l'observation qu'il était fort sujet à ce genre d'accident, il répliqua en riant : « Il est « sûr que je ne voudrais pas être mon cheval un jour « de bataille ! » Après ce combat glorieux, l'armée fut établie à Salé, Castel-Novo-di-Scrivia et Voghera, les avant-postes à Marengo. Dans cette position, Moreau attendit avec impatience des nouvelles de l'armée de Naples ; mais, aucune ne lui étant parvenue, il soupçonna que Macdonald avait été battu, et, pour ne pas être surpris par les événements, il se resserra sur la Scrivia et fit ses dispositions de retraite. Enfin, confirmé dans ses craintes par le rapport de quelques muletiers, il commença, le 7 messidor, à se retirer sur Gênes et prit position à la Bocchetta, à Campo-Freddo et aux autres débouchés sur la rivière du Ponent. Pendant que nous exécutions ce mouvement, l'armée de Naples, battue à la Trebbia, poursuivie par les Austro-Russes et presque sans espoir de salut, fuyait précipitamment dans les montagnes, pour atteindre la rivière du Levant.

Un ouvrage, publié par un officier distingué, ne balance pas à rejeter sur Moreau la cause de ce désastre; il va plus loin, il veut faire admirer l'habileté que Macdonald a déployée dans cette circonstance. Je ne crains pas d'avancer à mon tour que, si l'auteur de cet ouvrage eût fait alors partie de l'armée d'Italie, il aurait pensé bien différemment sur ces deux généraux. Sans examiner si son jugement n'a pas été influencé par la reconnaissance pour un ancien patron, par de vieux préjugés et enfin par le blâme mérité qui s'attache aux derniers moments de Moreau, je dirai seulement, et je ne crains pas d'être démenti par les militaires qui ont fait cette guerre, que l'écrivain dont je parle a propagé des erreurs pleines d'injustice. Il n'est pas difficile, en effet, de prouver que la bataille de la Trebbia ne devait pas être livrée, que l'unique but de Macdonald devait être sa réunion avec Moreau, que celui-ci la facilita de tous ses moyens et que, si elle n'eut pas lieu, la faute en fut tout entière à Macdonald, qui ne fit point, comme subordonné, ce que son devoir lui prescrivait, et qui, comme général, ne montra pas, ce semble, dans ses dispositions et dans le choix de son champ de bataille, l'habileté que sa réputation faisait espérer. Je crois toutes ces assertions justes et vraies, et je peux dire que telle était, à l'époque même des événements, l'opinion générale de l'armée, où tout le monde savait quel accueil Moreau avait fait à Macdonald, quand il avait ramené ses débris. Si, plus tard, Moreau écrivit une lettre où il semblait démentir sa première conduite, personne n'ignora que ce fut par déférence pour le Premier Consul qui, dans l'intérêt général, voulait éteindre tous les dissentiments particuliers ; et cependant, malgré le motif bien connu qui l'avait dictée, je me souviens parfaitement que cette lettre étonna fort tous ceux qui avaient vu de près ce qui s'était passé en Italie. Reprenons les choses de plus haut (1).

---

(1) Macdonald était journellement accusé par la presse d'avoir causé la perte de l'armée de Naples ; il se tut jusqu'après la révolution du 18 brumaire. Alors, profitant des circonstances, il écrivit à Moreau une lettre où, affectant une grande intimité, et *tutoyant* Moreau, il lui demandait s'il ne lui avait pas donné l'ordre de déboucher par Modène et Plaisance sur Tortone. Moreau lui répondit, et sans le *tutoyer*, que, pour fermer la bouche à ses détracteurs, il n'avait qu'à leur montrer ses ordres des 16 et 23 prairial, etc. — J'en demande bien pardon à ces Messieurs, mais ce n'est pas là la question ; mieux que personne, Macdonald savait quel était le but que voulait atteindre le général Moreau : si donc il survenait quelque événement majeur qui empêchait l'exécution littérale des mesures prescrites, n'était-il pas du devoir de Macdonald d'y parer et de prendre les moyens les plus propres pour parvenir à la même fin ? La question est donc celle-ci : Macdonald fit-il tout ce qu'il put et tout ce qu'il dut pour atteindre le résultat désiré ?

J'ai déjà dit qu'on assurait que Schérer, au commencement de la campagne, avait donné l'ordre à Macdonald d'évacuer le royaume de Naples et de le rejoindre ; j'ai ajouté que je n'en avais pas la preuve ; je crois pourtant que cet ordre a été donné, parce qu'il y avait nécessité de le faire. Au surplus, depuis près de trois mois, on ignorait absolument ce que Macdonald était devenu, lorsque, vers la fin de prairial, Moreau apprit qu'il approchait de nous et qu'il avait obtenu, vers Reggio, un succès remarquable contre un détachement de l'armée autrichienne, qui avait quitté le siége de Mantoue pour s'opposer à sa marche. Cette nouvelle, et surtout la crainte *de perdre de réputation un de ses camarades,* ce furent les propres expressions de Moreau, le firent renoncer au projet qu'il avait eu d'abord de laisser au général Grenier le commandement des troupes qui étaient dans les plaines d'Alexandrie, tandis qu'il irait se mettre lui-même à la tête de l'armée de Naples. Il avait eu là une heureuse inspiration, et il dut regretter de ne l'avoir pas écoutée. Quoi qu'il en soit, il se contenta d'adresser à Macdonald ses ordres, portant en substance qu'il devait se réunir à l'armée d'Italie sur Tortone. Tout devait tendre évidemment vers ce but, car c'était l'unique moyen d'amener la concentration de forces assez considérables pour permettre au général en chef de tenter contre l'ennemi une opération décisive, dont le succès nous fît regagner le terrain que nous avions perdu. Pour faciliter à Macdonald cette réunion, qui n'était pas sans difficulté, Moreau mit à ses ordres, comme nous l'avons déjà dit, la division Victor, et de plus les troupes de la rivière du Levant ; il prit ensuite lui-même, auprès de Tortone, une position par laquelle il faisait une diversion utile, et la garda jusqu'à ce que la perte de la bataille de la Trebbia lui fût connue.

Le général Suvarow, dès qu'il avait eu connaissance de l'approche de l'armée de Naples, avait quitté les plaines d'Alexandrie et s'était porté à sa rencontre ; il trouva son avant-garde, le 29 prairial, vers Castel-San-Giovanni. Si Macdonald eût été bien pénétré de l'importance des ordres qu'il avait reçus, il aurait cherché à éviter une affaire générale, et cela lui eût été facile. Rien ne pouvait le forcer à combattre, ni empêcher sa jonction avec notre armée, car il avait en son pouvoir les débouchés des Apennins dans la rivière du Levant pour son artillerie et pour ses équipages, et les montagnes lui offraient un moyen certain de nous donner la main, soit sur Tortone, soit sur Serra-Valle, soit sur un autre point plus en arrière. Mais il est permis de penser, quand on connaît le cœur humain et l'ambition naturelle à l'homme, que Macdonald avait d'autres vues ; fier des succès qu'il avait récemment obtenus, séduit par l'espoir d'en obtenir de plus décisifs encore, et regardant le général Moreau comme suspect au Directoire, il calcula peut-être qu'une victoire remportée contre Suvarow le couvrirait de gloire, le ferait proclamer sauveur de l'Italie, et lui assurerait un commandement qui était l'objet de ses vœux secrets. Il continua donc à s'avancer directement le long du Pô, au risque de se heurter contre la masse des Austro-Russes, ce qui ne manqua pas d'arriver.

La division Victor, que Moreau lui avait envoyée pour le renforcer au besoin et pour faciliter ses opérations, formait son avant-garde ; elle soutint les premiers efforts de l'ennemi. Établie dans le lit du Tidone, dont les bords élevés lui servaient de retranchements, elle repoussa toutes ses attaques et lui fit éprouver des pertes considérables. Victor eût bien voulu continuer à se battre dans cette position, mais les ordres précis de Macdonald le forcèrent à se replier sur le reste de l'armée. Elle était formée en bataille dans le lit de la Trebbia, la droite au Pô, et la gauche aux Apennins. C'était une mauvaise position sous tous les rapports : car le lit presque à sec du torrent, excessivement large et caillouteux, n'offrait aucun obstacle au développement des forces russes; il laissait, au contraire, une libre carrière à leur cavalerie, si supérieure en nombre à la nôtre, et présentait encore un autre inconvénient fort grave, car tous les boulets qui ne portaient pas dans nos rangs produisaient, en frappant sur les cailloux, l'effet de la mitraille. Aussi, malgré des efforts inouïs de bravoure, l'armée française, réduite à rien, après trois jours d'un combat sanglant et acharné, dut céder le champ de bataille et abandonner ses blessés et son artillerie.

Puisque Macdonald se décidait à faire autre chose que ce qui lui avait été prescrit, puisqu'il voulait livrer une bataille inutile et dangereuse, il aurait dû au moins se donner toutes les chances de succès qui étaient en son pouvoir ; c'est ce qu'il semble avoir trop oublié. D'abord, il devait prendre la position du Tidone; dans l'opinion des généraux de la division Victor, elle avait d'immenses avantages sur celle de la Trebbia; elle était plus rapprochée du point où se trouvait le général en chef; elle était voisine de Tortone que nos troupes occupaient, et elle offrait des moyens faciles de communication avec cette place. Il y a plus, le terrain de la rive gauche sur lequel il se serait placé, étant montueux et planté de vignes, aurait paralysé en partie l'action de la cavalerie, tandis que l'artillerie aurait eu peu d'effet contre des troupes à l'abri d'un retranchement naturel. En second lieu, soit qu'il choisît le Tidone, soit qu'il préférât la Trebbia, il aurait dû s'établir face au Pô et le dos aux montagnes ; il se serait donné ainsi une excellente position sous tous les rapports. S'agissait-il de combattre, placé à mi-côte, il annulait, pour ainsi dire, la cavalerie ennemie, et faisait perdre à l'artillerie une partie de sa supériorité. Etait-il vainqueur, il mettait l'ennemi dans une situation critique, car il l'acculait à un grand fleuve et le forçait à défiler devant lui, pour faire sa retraite vers Plaisance. Etait-il battu, il gagnait les hauteurs sans aucun obstacle, et son mouvement de retraite couvrait précisément les débouchés de la rivière de Gênes, si favorables à l'évacuation de ses blessés et à la conservation de son matériel. Malheureusement, la position qu'il choisit ne lui offrait aucun de ces avantages : aussi, après la perte de la bataille, se trouva-t-il dans la situation la plus critique et fut-il heureux de s'échapper avec quelques débris. Soit que, pressé dans sa retraite, il n'eût pas trouvé le temps de prévenir le général en chef de sa défaite, soit qu'il eût éprouvé quelque honte à en faire l'aveu, soit que les ennemis eussent intercepté l'avis qu'il avait pu en donner, toujours est-il certain que Moreau n'en fut point informé officiellement, et qu'il ne dut qu'à sa sagacité d'échapper au danger d'être écrasé à son tour sous les coups de l'armée victorieuse.

Je viens de discuter avec impartialité et sincérité cette partie importante des événements qui se sont passés alors en Italie ; c'est au lecteur à juger maintenant à qui doit être accordé l'éloge ou le blâme.

La situation de nos affaires était fort triste, comme on le voit ; elle excitait les plus sérieuses alarmes de tous les gens de bien, dans l'armée et dans l'intérieur de la France ; Moreau s'en préoccupait vivement et cherchait un remède pour conjurer les malheurs dont le pays était menacé. Il pensa que, pour se mettre en état de reconquérir en Italie l'ascendant qu'exigeait la sûreté de nos frontières, un des moyens les plus efficaces était la formation d'une armée de réserve au pied des Alpes. En soumettant ce projet au Directoire, il insistait sur la nécessité de réunir le commandement de cette armée à celui de l'armée d'Italie et d'accorder une confiance entière au général qui en serait investi (1). Ces avis, aussi sages qu'habiles, ne furent pas écoutés; bientôt, au contraire, on forma l'armée des Alpes, dont on donna le commandement au général Championnet, et Joubert fut envoyé pour remplacer Moreau.

Cependant l'armée d'Italie avait reçu quelques renforts : son nouveau général voulut en profiter pour signaler son arrivée par quelque opération décisive. En conséquence, après avoir fait reprendre Sarzane, afin d'être maître de la rivière du Levant, il s'occupa à rassembler ses troupes aux environs de Gavi. Joubert était fort loin de partager les préjugés du Directoire contre Moreau (2) : déjà, à l'époque où il avait com—

---

(1) A cette même époque, et pendant qu'il était sur les Apennins, Moreau reçut d'un certain nombre de membres du Conseil des Anciens l'invitation de venir à Paris et de se mettre à la tête d'un mouvement politique, dans le but de délivrer la France du gouvernement inhabile et corrupteur qui pesait sur elle; il s'y refusa et désigna Bonaparte, comme plus propre que lui à diriger de pareilles entreprises.

(2) Le Directoire suspectait la bonne foi de Moreau et ses sentiments politiques. Il ne le croyait pas étranger aux intrigues de Pichegru, mises au jour par la correspondance trouvée dans le fourgon du général Klinglin ; on prétendait qu'il avait fait insérer dans les journaux du temps que le général Moreau n'allait en Italie que pour inspecter les *boutons de guêtres*. — Je ne sais si les soupçons du Directoire étaient fondés, mais ce qui est bien sûr, c'est que, depuis la Restauration, le maréchal Pérignon se trouvant un jour chez le prince de Condé, on annonça madame Moreau, que le prince la présenta au maréchal en lui disant : « *Le général Moreau était une*

mandé une première fois, il avait écrit au Gouvernement : « Je vous déclare, sur ma conscience, que, de « tous les généraux de l'armée, Moreau est celui qui la « commandera le mieux. » Aussi le pria-t-il, par une espèce de pressentiment, de différer son départ de quelques jours, et d'attendre le résultat des événements qui allaient avoir lieu.

Tant que les places de Mantoue, Tortone, Alexandrie, Gavi et Serra-Valle, avaient été entre nos mains, notre position dans le pays de Gênes présentait un débouché excellent. Gavi et Serra-Valle couvraient nos mouvements, et nous assuraient, en tout cas, une bonne retraite; nous avions, en débouchant, le très-grand avantage de marcher vers Alexandrie et Tortone; ces places, que l'ennemi assiégeait, gênaient ses derrières et l'auraient mis dans une fâcheuse situation, s'il avait perdu une bataille dans les plaines de Novi, où il lui fallait nécessairement se maintenir pour couvrir ses deux siéges. Appuyés sur ces forteresses, nous pouvions facilement passer le Pô, secourir Mantoue, faire évacuer le Piémont ou couper en deux l'armée austro-russe, et communiquer en Suisse avec celle de Masséna. Enfin, l'ennemi était obligé de concentrer

---

« *vieille connaissance, nous avons été bien longtemps en corres-*
« *pondance !* » que le maréchal ne savait s'il devait en croire ses oreilles, et que, dès lors, il ne douta plus de la culpabilité de Moreau.

ses forces devant nous, et ne pouvait, sans se compromettre, faire des détachements pour conquérir l'Italie méridionale. Mais les choses étaient bien changées au moment où nous sommes parvenus : Mantoue, Serra-Valle, Alexandrie, étaient perdues ; Tortone allait être prise, et notre position, n'offrant plus aucun avantage pour agir offensivement, devenait même très-dangereuse pour la défensive, car l'ennemi pouvait s'avancer par Finale à travers les Apennins, nous couper la retraite en France et nous affamer dans la Ligurie, en couvrant la mer de ses vaisseaux, ainsi qu'il le fit dans la campagne suivante.

Dans cette nouvelle situation, Joubert crut devoir tenter le sort des combats, ou plutôt faire quelques démonstrations pour donner le change aux Austro-Russes, les engager à diviser leurs forces, et, à la faveur des circonstances, nous fournir l'occasion de ravitailler Tortone, de reprendre Serra-Valle, de vivre dans le Piémont et de nous établir plus solidement. A cet effet, un détachement de 6,000 hommes fut envoyé sur Bobbio, et le reste de l'armée fut divisé en deux corps de 20,000 hommes chacun, qui se réunirent, l'un à Acqui, aux ordres du général Pérignon, et l'autre à Gavi, sous ceux de Gouvion-Saint-Cyr.

Ces mouvements firent croire à l'ennemi que notre intention n'était pas seulement de délivrer Tortone, mais aussi de jeter un corps sur le Pô, pour donner la main au général Championnet qui, avec l'armée des Alpes, était sur le point de déboucher dans le Haut-

Piémont par Saluces, Pignerol et la vallée de la Stura. Le général Suvarow, pour s'y opposer et pour nous observer de plus près, porta sa droite, commandée par Mélas, sur la Bormida, son centre à Novi, et étendit sa gauche jusqu'à Voghera. Nous aurions pu alors faire une fausse attaque à Novi, et, portant toute notre armée en Piémont, battre Mélas et opérer notre réunion avec Championnet ; nous aurions pu encore, en faisant une démonstration sur la Bormida, transporter toute l'armée au delà de la Scrivia, délivrer Tortone, la ravitailler et nous établir dans un pays montueux, où nous aurions trouvé des positions avantageuses et un champ de bataille favorable. On ne sut faire ni l'un ni l'autre, on prit un moyen terme.

Le 27, l'armée quitta ses positions d'Acqui et de Gavi et vint se placer entre le Lemmo et la Scrivia, le centre à Novi, la droite en avant de Serra-Valle, et la gauche devant Pasturana. Ces deux rivières étant guéables, nos flancs pouvaient être facilement tournés, surtout du côté de Serra-Valle, qui était au pouvoir de l'ennemi. Nos chemins de retraite étaient ceux de Pasturana, de Novi et de Serra-Valle à Gavi : au delà de Novi commence la grande plaine.

Nos troupes s'élevant à 40,000 hommes, dont 2,000 de cavalerie, furent établies par brigades, sur une chaîne de monticules, praticables partout et précédant des hauteurs plus élevées. Chaque brigade, formée en bataille et couverte par un rideau de tirailleurs, avait une réserve sur les hauteurs en arrière. L'artillerie, au nombre d'environ 36 bouches à feu, était répartie dans les vallons qui séparaient les brigades les unes des autres; enfin la cavalerie, disposée sur les deux flancs, devait servir à tomber sur les troupes qui entreprendraient de nous tourner pendant que nous serions attaqués de front. Par cette disposition et par les avantages qu'offraient les localités, le général en chef espérait suppléer à l'infériorité de nos forces, dans chacune des armes qui composaient notre armée. Le général Saint-Cyr, commandant la droite, avait placé la division Watrin entre la Scrivia et Novi; la seconde division de son corps, commandée par Laboissière, occupait Novi et s'étendait jusqu'à Belvédère. La première division du corps de Pérignon, sous les ordres du général Lemoine, avait sa droite à Belvedère et sa gauche au plateau de la Maison-Rouge; la seconde, commandée par le général Grouchy, tenait par sa droite à la Maison-Rouge, par sa gauche au Lemmo, en avant de Pasturana, et couvrait ce village.

Le 27 se passa en reconnaissance. L'ennemi, voyant notre ligne de bataille déterminée, se décida à resserrer la sienne; il rappela tous les détachements qu'il avait faits sur la Bormida et la Scrivia, et se rangea en ordre parallèle devant nous. Des hauteurs où nous étions, on découvrait parfaitement une ligne de 8,000 hommes de cavalerie, s'étendant de la Scrivia à l'Orba, en avant de Bettole di Villa, Pozzolo et Bassaluzzo. Derrière ces villages, on voyait en bataille environ 35,000 hommes d'infanterie, avec 60 pièces de canon, et, entre Rivalta et Bosco, une réserve de 18,000 hommes, formée par les troupes qui venaient de repasser les deux rivières. La supériorité de l'ennemi en cavalerie et en artillerie rendait la plaine de Pozzolo très-désavantageuse pour nous : battu, il aurait toujours fait une bonne retraite ; vainqueur, il aurait totalement enveloppé notre armée, et notre déroute aurait été désastreuse.

Dès que le général Joubert eut bien reconnu les forces de l'ennemi, la crainte de compromettre l'armée et la France avec elle, dans un combat aussi inégal, le décida à ne point attaquer ; il préféra abandonner Tortone, dont la conservation devenait pour nous d'une moindre importance, depuis que Mantoue avait succombé ; mais il lui fallait alors changer de plan ; on discutait sur ce point essentiel dans la nuit du 27, lorsque, vers cinq heures du matin, on entend de Novi une vive fusillade : c'était l'ennemi qui attaquait sur toute la ligne, avec toutes ses forces. Joubert accourt à la tête de son état-major, nos camps étaient couverts de feu et de fumée ; il se porte au centre où le combat était le plus engagé ; à peine arrivé, il est tué. Moreau lui succède et prend de lui-même le commandement avec l'approbation de toute l'armée ; on se bat de part et d'autre avec bravoure ; les plateaux sont pris et repris plusieurs fois sur différents points de la ligne ; la présence de Moreau et des autres généraux rétablit souvent le combat et raffermit les troupes. Le feu continue jusqu'à midi ; le sol était couvert de cadavres; nous avions conservé ou repris partout notre terrain.

L'ennemi dégarnit alors et refuse sa gauche; il se jette en force sur le centre pour couper notre ligne. Il était difficile de parer à ce mouvement; le général Saint-Cyr le tente néanmoins; il donne l'ordre à la division Watrin d'avancer en bataille le long de la Scrivia, de culbuter la gauche des Autrichiens et de tomber ensuite à revers sur leur centre. Watrin avance avec succès, renverse tous les obstacles et mène battant l'ennemi; mais, emporté par son impétuosité, il pousse trop loin son avantage et s'éloigne trop de sa position et de notre ligne. Les Autrichiens s'aperçoivent de cette faute et se disposent à en profiter : à cet effet, ils font passer en toute hâte la Scrivia à 12,000 hommes de leur réserve qui, gagnant de vitesse le chemin de Cassano-Spinola à Serra-Valle, enveloppent notre droite et menacent de lui couper la retraite; sur le point d'être débordée, la division Watrin se retire avec quelque désordre, l'ennemi la serre de près et monte avec elle sur nos plateaux; après une mêlée sanglante et des efforts extraordinaires, on réussit à le repousser, et le sang-froid du général Saint-Cyr rétablit le combat. Il était six heures du soir et l'on continuait, à notre droite, à se battre de front et de flanc. Mais le général Moreau qui, depuis le commencement de la bataille, s'était mis à la tête de l'aile gauche, ayant été informé du désavantage que nous avions eu à la droite, craignit que Saint-Cyr ne finît par être entiè-

5.

rement forcé, et que toute l'armée ne se trouvât compromise ; il se décida alors à ordonner la retraite. Il était près de huit heures.

Ce mouvement de notre gauche, en présence d'un ennemi supérieur en nombre et qui la pressait vivement, s'exécuta avec précipitation ; bientôt il y eut du désordre, et le village de Pasturana ne tarda pas à être encombré de troupes de toutes armes. Cependant le général en chef apprenait que nos affaires étaient rétablies à la droite ; il eût bien voulu contremander ses ordres, mais la retraite était commencée, une partie des positions était abandonnée, et il était impossible de s'arrêter. On se borna donc à réunir à la hâte quelques troupes en avant de Pasturana, pour en couvrir l'évacuation ; mais ce fut avec peu de succès : la cavalerie ennemie, tombant rapidement sur ces troupes mal assurées, les renversa sans peine. On se rallia enfin sur les hauteurs en arrière de ce village, mais le champ de bataille était perdu, ainsi que notre artillerie et nos blessés, parmi lesquels se trouvaient les généraux Colli, Grouchy, Pérignon et Partouneaux. L'aile droite fut plus heureuse ; presque entourée par des forces considérables, elle parvint à se dégager et à se retirer en bon ordre, grâce à la fermeté inébranlable du général Saint-Cyr.

L'armée se replia dans la nuit sur Gavi et le lendemain elle reprit les positions qu'elle avait avant la bataille. Notre perte fut de 6,000 hommes, tout compris. Les Austro-Russes, constamment repoussés dans leurs attaques, pendant quatorze heures de combat, perdirent, de leur aveu, 10,000 hommes et 2,000 prisonniers, parmi lesquels le général Lusignan. Ils se retirèrent de leur côté, évacuèrent Novi et allèrent se refaire à Mondovi. Cette journée fut belle pour Moreau; toutes les ambitions rivales se turent devant son mérite, et le seul titre qu'il eût pour commander l'armée fut la confiance qu'il lui inspirait. Comment et pourquoi a-t-il jamais pu l'oublier?

Si le lecteur a pesé attentivement les circonstances de mon récit, il en aura conclu sans peine que cette bataille était inutile, qu'elle n'avait pas de but déterminé, et que, par conséquent, il eût été à propos de l'éviter. Aussi est-il vraisemblable que le général Joubert se serait borné à assurer les débouchés des Apennins et à jeter une partie de son armée dans le Haut-Piémont, pour donner la main à celle des Alpes, si, au milieu de ses hésitations, l'attaque de l'ennemi n'était pas venue le forcer à combattre. D'un autre côté, on ne voit pas trop la raison qui obligea les Austro-Russes à livrer la bataille, ni les avantages qu'ils pouvaient s'en promettre, à moins qu'ils n'aient regardé comme une chose importante de faire le siége de Tortone plus tranquillement, et sans avoir à craindre désormais d'être inquiétés. Il semble que, dans ces plaines, leur grande force et surtout leur nombreuse cavalerie devaient les mettre à l'abri de toute inquiétude, et que ce qu'ils acquirent en plus de sécurité ne valait pas la peine d'être acheté par le sacrifice de 10,000 hommes.

Les manœuvres des généraux ennemis, pendant l'action, ne les montrent pas sous un point de vue très-avantageux. S'ils eussent été plus habiles, ils auraient dû réussir, avec la supériorité de leurs forces, à envelopper une de nos ailes, et à rendre de cette façon la lutte plus courte et plus décisive. C'était sur l'aile droite qu'ils auraient dû porter, dès le matin, tous leurs efforts, en profitant de l'avantage que leur offrait la possession de Serra-Valle. Quoique, par cette manœuvre, ils tendissent à rejeter notre armée vers celle des Alpes, je crois qu'ils ne devaient pas balancer à l'exécuter, parce qu'ils nous auraient ainsi privés de toutes les ressources de la ville de Gênes et nous auraient enlevé un des principaux débouchés en Italie. Qu'on calcule ensuite les pertes que nous aurions inévitablement éprouvées dans une retraite longue et difficile, sans vivres, sans munitions, à travers un pays pauvre, dépourvu de grandes routes, coupé de rivières presque toutes profondes ou escarpées, et au milieu d'une population ennemie et insurgée. Il est très-probable que nous ne serions arrivés qu'en bien petit nombre dans les plaines de Savigliano. Ils ne pensèrent point à tout cela, ou, s'ils y songèrent, leurs efforts, beaucoup trop tardifs, furent repoussés par les talents de nos généraux et par la valeur de nos troupes. Quoi qu'il en soit, on les voit se former timidement en ordre parallèle et combattre pendant dix heures, sans oser entreprendre aucune manœuvre décidée. Quant à celle qu'ils exécutèrent à la fin du jour, pour forcer notre gauche, elle n'eût vraisemblablement pas réussi et ils n'eussent même pas eu le stérile honneur de coucher sur le champ de bataille, sans l'ordre de retraite du général Moreau, ordre qu'il se reprocha d'avoir donné si vite, quoiqu'on ne puisse le lui imputer à faute. Au reste, et pour le dire en passant, cette retraite désastreuse est une nouvelle preuve de l'importance de l'axiome si connu : qu'il ne faut faire à la guerre, autant qu'il est possible, aucun mouvement décisif, en présence d'un ennemi qui vous presse.

Il n'est pas inutile de remarquer les deux causes principales qui amenèrent les malheurs de cette journée : la première fut la reddition prématurée de Mantoue, qui donna 20,000 hommes de plus à l'ennemi, et la seconde fut la création de l'armée des Alpes, qui nous en enleva 25,000. Tous les militaires éclairés avaient regardé cette mesure du Directoire comme une calamité, parce qu'en privant notre armée des renforts qui lui étaient destinés elle lui ôtait les moyens de vaincre. La bataille de Novi ne justifia que trop tôt cette fâcheuse prévision. Je profiterai de cette occasion pour faire observer combien sont dangereuses certaines erreurs accréditées. Les peuples du Dauphiné, épouvantés de l'approche des Austro-Russes, demandaient instamment la formation d'une armée, pour les protéger contre toute invasion, et le Gouvernement, croyant, selon le préjugé vulgaire que j'ai déjà signalé, qu'un pays n'est bien défendu que par des troupes opposées parallèlement à celles qui veulent l'envahir, ou se laissant entraîner malgré lui par ce faux courant d'opinion, créa l'armée des Alpes et fit plus de cette manière en faveur de l'ennemi que n'avait fait le commandant de Mantoue en lui livrant sa place.

Pendant que ces tristes événements se passaient, cette armée des Alpes, dont la présence eût été si utile à Novi, franchissait les montagnes et pénétrait par Suze, Pignerol et Demont, dans la vallée de la Stura, sans rencontrer d'obstacle sérieux. 16,000 hommes, aux ordres du général Compans, étaient arrivés sous Coni, le 19 fructidor. En même temps un corps d'environ 3,000 hommes, venu de Nice et commandé par le général Laviolais, avait débouché par le col de Tende et pris position à la Chiusa ; il servait à lier l'armée d'Italie à celle des Alpes. Cependant nos désastres ayant ramené le Directoire à des idées plus saines, il s'était décidé à réunir les deux armées en une seule ; Championnet en eut le commandement. Cette mesure, bien que tardive, ranima l'espoir des troupes ; elles crurent à de nouveaux succès, qui malheureusement ne se réalisèrent pas. Championnet, peu connu dans notre armée, y arrivait pourtant sous des auspices favorables et avec une bonne réputation. Il était affable et accessible à tout le monde ; il avait fait la guerre avec succès ; on l'avait compté, à l'armée de Sambre-et-Meuse, parmi les généraux les plus distingués ; plus récemment, la conquête de Naples lui avait fait honneur, et l'injustice dont il avait été victime avait appelé sur lui l'intérêt des gens de bien. On l'eût cru digne du premier rang, s'il n'y fût jamais parvenu, mais bientôt il prouva combien il était au-dessous des circonstances graves dans lesquelles il allait se trouver placé.

Nos mouvements dans le Haut-Piémont avaient attiré l'attention de l'ennemi : il envoya quelques troupes pour les observer, et bientôt il les suivit avec le gros de ses forces. De notre côté, nous fîmes à peu près de même, car le général Championnet manœuvra pour se porter sur la Stura, laissant au général Saint-Cyr le soin de couvrir Gênes, dont la conservation était si importante. On sait avec quel talent et quel succès Saint-Cyr remplit cette mission difficile. Les armées restèrent en présence l'une de l'autre, sans oser entreprendre rien de décisif, et deux mois se passèrent en mouvements, en marches, en contre-marches et en reconnaissances qui occasionnaient souvent des combats opiniâtres dont les seuls résultats étaient de fatiguer les troupes et de tuer des hommes. Deux seules opérations méritent qu'on s'y arrête : la prise de Savigliano par le général Compans, et celle de Beinette par le général Victor.

L'occupation de Savigliano était avantageuse, non-seulement parce qu'elle nous livrait un pays fertile en subsistances et étendait le cercle fort resserré de nos ressources, mais encore parce qu'elle offrait un débouché sûr et facile aux renforts qui nous venaient de France par la vallée de Saluces : aussi l'ennemi ne nous l'abandonna-t-il qu'après un combat assez vif, où il perdit 600 hommes prisonniers. Beinette était un poste plus important encore. Ce château, fortifié avec soin et muni d'une garnison de 300 hommes, était d'un accès très-difficile ; tant qu'il n'était pas entre nos mains, nos communications avec la rivière de Gênes demeuraient imparfaites, nos mouvements étaient gênés et plus lents, et nos convois risquaient d'être compromis. Le général Victor l'attaqua avec audace et s'en empara; la garnison fut faite prisonnière.

Cependant les Russes avaient quitté l'Italie pour passer en Suisse. Privés de ces puissants auxiliaires et restés seuls sur le théâtre de la guerre, les Autrichiens perdaient cette grande supériorité numérique qui avait si fort aidé à leurs succès ; désormais l'issue de la lutte allait dépendre de l'habileté des combinaisons. Une autre circonstance venait encore nous favoriser, c'était la nouvelle de la victoire de Zurich. Désireux de répondre à l'appel de l'armée d'Helvétie, nos soldats demandaient à marcher contre l'ennemi et réclamaient la réunion de tous les corps de l'armée (1), que le général Championnet semblait s'attacher à tenir éloignés

---

(1) Dans le cours de nos longues guerres, j'ai été souvent étonné du tact et de la perspicacité de nos soldats; presque toujours je les ai vus juger sainement les opérations des généraux et deviner ce qu'il y avait de mieux à faire. Dans cette circonstance, par exemple, je me rappelle qu'un soir, en parcourant les bivouacs, je m'amusai à les écouter, et que je vis qu'ils ne révoquaient pas en doute la réunion de l'armée sur un même point, afin de tomber en masse sur une des ailes de l'ennemi.

les uns des autres. Il est assez remarquable que cette concentration de nos forces étant le seul point sur lequel nos généraux, si divisés entre eux d'ordinaire, fussent d'un avis unanime, le général en chef seul ne partagea pas leur opinion. Il désirait néanmoins très-sincèrement profiter de cet élan des troupes ; mais, craignant de compromettre sa renommée, il restait isolé dans ses positions, sans oser tenter le sort des combats : il eût voulu obtenir de brillants résultats, et ne voulait point agir.

Au commencement de brumaire, nous étions établis de la manière suivante sur les deux rives de la Stura : la division Grenier sur la rive gauche, en avant de Coni, et le reste de l'armée, sur la rive droite, s'étendant vers Mondovi et gardant la Chiusa, Pévérano, Beinette, Lezegno, etc. L'ennemi occupait une position à peu près parallèle à la nôtre ; sa droite à Centallo, sa gauche à Mondovi et son centre à Murazzo et Montanora, qu'il avait retranchés ; Fossano, revêtu d'un bon mur, appuyait sa droite et couvrait ses derrières.

Le 6 brumaire, il décampa secrètement, passa sur la rive droite de la Stura et détruisit ses ponts, ne conservant sur la rive gauche que Fossano et un petit corps d'observation à Genola ; en même temps il eut soin de répandre le bruit qu'il exécutait sa retraite. Persuadé que réellement l'ennemi se retirait, et sans soupçonner aucun piége, le général en chef mit en mouvement la division Grenier, et dirigea la brigade de gauche sur Vatignasco, celle du centre sur Maddelene, et celle de droite sur Murazzo. Il établit en même temps, entre Coni et Murazzo, le corps de grenadiers qui formait la réserve de l'armée, et qui s'élevait à environ 2,400 hommes. On se tromperait pourtant, si l'on croyait que Championnet eût destiné ce corps à soutenir les troupes postées à Murazzo : comme il se refusait à croire à une attaque, il oublia les précautions les plus simples, et les grenadiers, ne recevant aucun ordre, restèrent spectateurs impassibles de l'événement dont je vais parler.

Ces dispositions ne pouvaient être plus au gré de l'ennemi : aussi conçut-il l'espoir d'enlever la brigade Compans établie à Murazzo. A cet effet, il jeta, dans la nuit du 8 au 9, un pont sur la Stura, vis-à-vis de Montanora, et, à la pointe du jour, il la fit attaquer de front et sur sa droite par les deux divisions d'infanterie Ott et Elsnitz, appuyées d'une nombreuse artillerie et d'un corps de cavalerie, tandis qu'un autre corps, aux ordres du général Sommariva, sortait de Fossano, attaquait la gauche et menaçait de l'envelopper. Ces troupes, ayant surpris au bivouac le bataillon qui formait notre droite, manœuvrèrent rapidement pour gagner nos derrières et se porter sur notre chemin de retraite. Le général Compans, qui commandait à moins de 5,000 hommes, aperçut promptement tout le danger de sa position et fut assez heureux pour déjouer les combinaisons de ses adversaires. Prenant son parti avec promptitude, il se mit à la tête d'un corps de cavalerie, tomba sur les premières troupes qui cherchaient à nous tourner et les renversa, puis, satisfait de ce succès, il se hâta d'opérer sa retraite, pour échapper à une destruction totale. En effet, le combat durait à peine depuis une demi-heure, et il avait déjà perdu plus de 600 hommes.

On a dû remarquer sur la carte que la brigade du général Compans était absolument en l'air, et que sa position était trop éloignée de celle des deux autres brigades, ce qui ne leur permettait pas de se secourir mutuellement et les exposait, sans nécessité, à se faire battre l'une après l'autre, et à perdre ainsi, par des échecs partiels, la conscience de leurs forces. Le général Compans eût pu sans doute défendre quelques instants le passage de la Stura, si l'officier chargé de surveiller cette partie de sa ligne ne s'était pas laissé surprendre (1). Cependant il faut avouer que rien n'était capable d'empêcher les Autrichiens de passer cette rivière sous la protection de leur grosse artillerie, à la-

---

(1) Cet officier était un chef de bataillon de la 10ᵉ de ligne, appelé Nagle, il parvint depuis au grade de général de brigade. C'était d'ailleurs un bon officier, mais la fatigue et le sommeil l'empêchèrent de faire attention à l'avis qui lui fut donné, pendant la nuit, des tentatives de l'ennemi. Cette négligence rendit inutiles les précautions infinies qu'avait prises le général Compans, et qu'il avait poussées jusqu'à placer lui-même les postes sur la rivière. Je ne puis que répéter ici qu'une trop grande sécurité à la guerre est le défaut ordinaire des Français, et qu'il se passe peu de campagnes sans qu'elle ne leur soit funeste. Je serais trop heureux, si, en mettant ces exemples sous les yeux des jeunes militaires, je pouvais contribuer à les corriger d'un défaut si dangereux.

quelle nous n'avions à opposer que trois pièces de quatre.

A peine l'ennemi eut-il obtenu cet avantage, qu'il se hâta de repasser la rivière et de replier son pont. Il avait appris combien était grande la crédulité du chef de l'armée française : aussi ne tarda-t-il pas à la mettre à profit. Peu de jours après, il renvoya sur ses derrières les bagages et la grosse artillerie, abandonna Mondovi avec des magasins considérables et quinze belles pièces de canon, leva son camp, passa la Stura et se porta sur Salza, où il s'établit. C'est par cette ruse de guerre que le général autrichien préludait à la bataille du 13 brumaire, qui devait nous expulser du Piémont et nous rejeter dans les montagnes, où nous attendaient les horreurs de la misère et de la faim.

Toutes les circonstances qui caractérisaient ce mouvement, les rapports de ses propres espions et le dire de tous ceux que l'ennemi avait laissés sur sa ligne, confirmèrent Championnet dans ses nouvelles idées : il ne se crut plus permis de douter de la retraite définitive de l'armée autrichienne. Il pensa que, trop resserrée dans ses cantonnements, elle n'avait voulu que nous éloigner en nous attaquant à Murazzo, et nous *donner un coup de fouet*, pour me servir des expressions qu'il employa. En conséquence, oubliant ses anciennes méfiances et persuadé que le moment était arrivé d'obtenir de brillants succès et de faire de nombreux prisonniers, sans courir les chances d'une bataille, il fit les dispositions suivantes, afin de poursuivre l'ennemi et de le serrer de tous les côtés. Sur la rive droite de la Stura, la division Lemoine fut portée à Carru et Bene, et un corps de 3,000 hommes, aux ordres du général Freissinet, à la Trinité. Sur la rive gauche, la division Victor marcha vers Fossano, et la division Grenier, que devait rejoindre le corps du général Duhesme, venant par Pignerol et Saluces, fut dirigée, une brigade sur Salza par Savigliano, une autre sur San-Lorenzo, et la troisième, en réserve, sur le chemin de Genola à Fossano ; enfin, la réserve de grenadiers et de grosse cavalerie s'avança à la Madona dell' Olmo.

Il suffit de jeter un coup d'œil sur cette disposition pour en sentir tous les vices et pour comprendre qu'elle ne pouvait être plus conforme aux vues de l'ennemi. Nous étions divisés, éparpillés par petits paquets sur une vaste étendue de pays, sans communication facile entre les différents corps, séparés enfin par une rivière sur laquelle il n'y avait pas de ponts, tandis que l'armée autrichienne, réunie dans son camp de Salza, pouvait, sans crainte et sans danger, négliger les corps que nous avions sur la rive droite de la Stura et porter tous ses efforts sur tel point de la rive gauche qu'il lui plairait : elle n'y manqua pas.

Le 13 brumaire, à peine sortions-nous, à la petite pointe du jour, de nos positions de Savigliano et Genola, *pour suivre l'ennemi et culbuter ses arrière-gardes*, car tels étaient, à la lettre, les ordres du général en chef, que nous trouvâmes les têtes de colonnes autrichiennes marchant sur nous. L'action s'engagea à l'instant. La brigade qui se dirigeait sur Salza, n'ayant pas été soutenue par le corps de Dubesme, qui n'avait pas encore débouché, fut enveloppée de toutes parts et presque détruite; l'ennemi osa même la sommer de mettre bas les armes, mais la 17e demi-brigade d'infanterie légère, ayant formé ses débris en bataillon carré, se fit bravement jour et rejoignit le reste de la division.

Les Autrichiens trouvèrent plus de résistance sur le point de Genola, où deux de nos brigades étaient réunies; le choc y fut rude; repoussés trois fois, ils furent contraints de nous opposer des troupes fraîches. Nous leur enlevâmes une pièce d'artillerie, et, favorisés par la nature du terrain, nous aurions vraisemblablement conservé notre position, si nous n'eussions pas été obligés de la dégarnir et de porter une partie de nos forces à l'embranchement des routes, afin d'arrêter la marche des colonnes, qui venaient par le grand chemin de Savigliano et menaçaient de couper sur Centallo notre seule ligne de retraite. Nous défendîmes ce débouché avec acharnement, et les têtes de colonnes ennemies furent plusieurs fois mises en désordre : par malheur, une circonstance fort singulière vint tout à coup les favoriser. Deux obusiers avaient été placés sur la route de Savigliano, et le général Compans, qui était accouru sur ce point important, avait ordonné d'attendre une nouvelle attaque et de ne les tirer qu'à brûle-pourpoint. Nous espérions un grand effet du ravage qu'ils devaient faire dans une colonne serrée en masse, et le général avait fait d'avance des dispositions pour en profiter : mais quel ne fut pas notre désappointement, lorsqu'au moment décisif on ne put réussir à faire partir ces pièces ! Dans la précipitation de la charge, on avait mis les gargousses à rebours. Ce fâcheux incident nous ôta le moyen de lutter plus longtemps, et notre infanterie, ébranlée et privée d'artillerie, dut céder au nombre. Que pouvaient, en effet, 10 ou 12,000 hommes contre 30 ou 35,000, dont se composait l'armée autrichienne? Notre retraite se fit en bon ordre; nous prîmes position à Centallo, et, le 14, à Vignolo. Cette affaire nous coûta près de 3,000 hommes (1).

Malgré les malheurs de cette journée, l'aveuglement du général en chef était tel qu'il croyait toujours à la retraite de l'ennemi : aussi persista-t-il à faire rester la division Victor sur la Stura, à Ronchi. Ces troupes, quoique très-rapprochées de celles qui combattaient à Genola, n'avaient point essayé de les soutenir, soit qu'elles n'en eussent pas reçu l'ordre, soit que le pays, coupé de larges fossés, leur eût paru trop difficile à traverser, soit enfin que, tenues en échec par un corps

---

(1) Richepanse, qu'on voulait faire nommer général de division, avait été mis, ce jour-là, à la tête de la division Grenier. Celui-ci était censé avoir le commandement supérieur de sa division et du corps de Duhesme.

sorti de Fossano, elles eussent regardé ce mouvement comme trop dangereux. Quoi qu'il en soit, laissées en l'air sur les bords de la Stura, elles y furent enveloppées, le 14 au matin, et jetées dans la rivière, après avoir perdu 4 ou 500 prisonniers. Tel fut le triste résultat d'une opération très-mal conduite; il eût été tout autre, si nous avions su faire un usage sensé de nos forces. Si, en effet, elles eussent été réunies convenablement, nous eussions pu opposer près de 20,000 hommes de plus à l'ennemi, et je ne crois pas que, dans cette supposition, le succès eût été douteux (1). Reste à savoir si même le général autrichien aurait osé tenter le sort des combats. Mais, dans l'une comme dans l'autre hypothèse, la position n'était plus tenable pour lui : ou sa défaite, ou la saison avancée, l'auraient obligé de se rapprocher de la Lombardie et de nous laisser paisibles possesseurs du Piémont.

---

(1) Forces qui auraient pu être en ligne, le 13 brumaire (4 novembre 1799) :

Division Lemoine..........	8,000
Corps de Freissinet.........	3,000
Division Victor, tenue en échec par 2 ou 3,000 hommes....	9,000
Réserve de grenadiers......	2,500
	22,500 hommes.

Si on retranche de ces forces 2 ou 3,000 hommes, pour observer Fossano, il restera toujours plus de 19,000 hommes disponibles.

Malheureusement, il fallait renoncer à cette brillante perspective. Les divisions Victor et Lemoine furent envoyées sur la Piève et à Finale; la division Grenier reçut l'ordre de rester à San-Dalmazzo, sous Coni, pour protéger cette place. Mais l'ennemi, afin d'être plus libre dans ses mouvements, l'y attaqua le 19 et la rejeta sur Robillante, sans beaucoup de difficulté. Les jours suivants, il la fit poursuivre jusqu'à ce qu'elle eût pris position au col de Tende. Coni se trouva de cette manière livré à ses seules forces et sans espoir de secours. Cette place n'avait pas l'importance qu'y attachait le Directoire, et, l'eût-elle eue, il n'était pas possible de la conserver : aussi avait-on proposé au Gouvernement de la démanteler, mais il s'y était refusé. C'était pourtant le seul moyen de sauver 80 pièces d'artillerie et 3,000 hommes de garnison qu'on destinait à sa défense, car on savait qu'elle ne pouvait tenir plus de douze jours de tranchée ouverte, ou plus d'un mois de blocus, puisqu'il n'y avait de vivres que pour ce temps.

AN VIII.

(du 22 septembre 1799 au 21 septembre 1800.)

La campagne de l'an VIII s'annonçait sous les plus fâcheux auspices. Les soldats, découragés et mécontents, ne voulaient plus se battre ; ils accusaient hautement le général Championnet de leurs malheurs et se croyaient victimes de la plus affreuse politique. Sans souliers, presque nus, au milieu d'une saison rigoureuse, ils demandaient du pain, des vêtements et leur solde, dont ils étaient privés depuis six mois. La désertion s'accroissait de jour en jour dans l'armée, et bientôt elle prit des proportions véritablement effrayantes. Des corps entiers abandonnaient leur poste, en emportant leurs drapeaux avec eux ; les officiers et les sous-officiers restaient presque seuls sur les montagnes pour faire face à l'ennemi. Peu de généraux furent assez heureux pour échapper à cette désorganisation ; dans la division Victor, par exemple, le général Compans fut le seul qui sut contenir ses troupes dans le devoir ; encore même une de ses demi-brigades (la 10e de ligne) avait-elle déjà quitté sa position, et ce ne fut pas sans de grands efforts qu'il réussit à la lui faire reprendre. On voyait les soldats défiler dans la rivière de Gênes par bandes de 2 à 3,000 hommes, tambour battant et drapeaux déployés ; ils maintenaient la police la plus sévère, et j'ai vu fusiller un d'entre eux parce qu'il avait pris un cigare ; ils bivouaquaient près des villes et n'exigeaient que du pain. On évalua à plus de 10,000 hommes les pertes que cette désertion en masse fit éprouver aux divisions Miollis, Lemoine et Victor.

Je dois le répéter à l'honneur de nos soldats : au milieu des nombreuses insurrections dont j'ai été témoin en Italie à cette époque, et qui toutes avaient pour motif la solde, dont une administration concussionnaire les privait quelquefois pendant des mois entiers, je les ai toujours vus observer la discipline la plus rigide, au moment même où, en méconnaissant l'autorité de leurs chefs, ils sapaient la base de toute discipline. Pendant ces jours malheureux, le service était fait par eux avec une régularité remarquable, et les habitants du pays n'avaient jamais à souffrir de leur insubordination. Rome, Mantoue, Turin et la rivière de Gênes peuvent rendre témoignage de ce que j'avance ici.

Dans la position critique et alarmante où le mettait cette désertion universelle, le général Championnet ne négligeait aucun des moyens qu'il croyait les plus propres à toucher les soldats et à les ramener à leurs devoirs : il allait au devant de ces colonnes de déserteurs, il les haranguait, les suppliait de retourner à leurs postes et leur promettait sous peu du pain, des habits et leur solde. « Du pain ! du pain ! répondaient-ils, si vous en
« avez, nous retournons à nos postes. Mais depuis si
« longtemps vous nous trompez par de vaines pro-
« messes, que nous ne pouvons plus vous croire. Nous
« allons derrière le Var en demander aux Français, ils
« n'en refuseront pas à ceux qui se font tuer pour les
« défendre ! » Quand il vit que tous ses efforts étaient superflus, et que son armée allait tomber en dissolution, Championnet n'eut pas la force de résister à son chagrin ; sa santé s'altéra, bientôt il fut atteint de la maladie épidémique qui ravageait Nice et la rivière de Gênes, et il en mourut en peu de jours.

Cette maladie, qui avait sans doute sa cause première dans la misère et la mauvaise nourriture du peuple, puisqu'elle sévit particulièrement sur la classe indigente, enleva le cinquième de la population et nous coûta beaucoup de monde. Dans les seuls hôpitaux de Nice, il mourut environ 14,000 hommes; il est vrai qu'ils y manquaient de médicaments et même de paille. A l'armée la situation n'était pas moins affligeante; tout était dans la désolation, le peu d'hommes qui étaient restés mouraient de faim et de misère; plusieurs s'empoisonnèrent avec des racines de ciguë, qu'ils prirent pour des carottes sauvages ; j'en vis d'autres fouiller dans les immondices, pour y trouver quelques os, dont ils pussent faire du bouillon. Il eût été facile alors à l'ennemi de s'emparer de la rivière de Gênes, mais, soit qu'il ne connût pas toute l'étendue de nos malheurs, soit que la rigueur de la saison le retînt dans ses quartiers d'hiver, il ne fit aucune tentative contre nous.

Cependant Bonaparte était arrivé à la tête du Gouvernement; la nouvelle de cette révolution soutenait un peu le courage de l'armée et lui faisait espérer des secours et la fin de ses souffrances. Masséna, qui venait de délivrer la Suisse de la présence des Russes, fut envoyé pour remplacer Championnet. Il amena quelques renforts avec lui. Au nombre des changements qui se firent alors, par suite de la réorganisation de l'armée, la nomination de Suchet au commandement de l'aile gauche étonna quelques personnes. On prétendit que ce choix était dû à la faveur, et que cet officier, qui avait fait la campagne de l'an v comme chef de bataillon à la 18e demi-brigade, et qui était revenu en l'an VII général de division, ne pouvait inspirer de confiance et qu'il ne possédait ni les talents, ni l'habitude de la guerre, nécessaires dans des circonstances aussi difficiles. Quoi qu'il en soit de ces critiques, le général Suchet sut se tirer d'affaire et suppléer, à force d'esprit et d'intelligence, à ce qui pouvait lui manquer sous d'autres rapports.

L'armée ne pouvait être évaluée au delà de 25 à 30,000 hommes ; sa ligne d'opérations se prolongeait de Sestri-di-Levante au col de Tende, et même à Sainte-Anne. On voit que j'en excepte, à dessein, la partie des Alpes qui s'étend jusqu'au mont Cenis. L'armée ennemie était estimée à plus de 60,000 hommes ; mais cette supériorité numérique inquiétait peu ; ce qui alarmait avec juste raison, c'étaient le manque d'approvisionnements et la disette de vivres. Gênes et tout le littoral en étaient entièrement dépourvus ; les vaisseaux anglais rendaient la navigation fort difficile et fort périlleuse, et les vents contraires arrêtaient dans le port de Marseille les bâtiments qui étaient chargés des munitions et des farines dont on avait un besoin si urgent. On disait qu'une coupable spéculation de commerce, à laquelle de puissants personnages n'étaient pas étrangers, avait fait manquer l'occasion d'approvisionner l'armée et la ville ; il est du moins bien certain, qu'au moment de l'entrée en campagne, Gênes ne possédait que pour quelques jours de vivres.

Le 16 germinal, l'ennemi commença ses opérations

par l'attaque de Sestri, dans la rivière du Levant, et par celle de Cadibona, de la Madona de Savone et de Montenotte, dans la rivière du Ponent. Après une suite de combats prolongés et opiniâtres, ces positions ayant été emportées, notre ligne se trouva coupée et l'armée séparée en deux parties; Suchet, avec la gauche, fut rejeté vers les Alpes; Masséna, avec le centre et la droite, fut resserré sur les Apennins, et enfin renfermé dans Gênes. L'Europe se rappellera longtemps la belle défense par laquelle il s'est signalé, et que l'histoire comptera sans doute parmi les plus beaux faits d'armes de cet illustre capitaine; personne n'ignore d'ailleurs combien elle servit à faciliter le célèbre passage du grand Saint-Bernard et les glorieux succès qui en furent la conséquence.

Le 17 germinal, l'ennemi continua son attaque; il occupa la Madona-delle-Neve, San-Giacomo et Melogno. Suchet, dont les forces ne s'élevaient pas à plus de 8 ou 9,000 hommes, en y comprenant les troupes qui occupaient Sainte-Anne et le col de Tende, se croyant hors d'état de défendre ces positions, s'était retiré à la hâte sur la ligne de Borghetto; mais un ordre impératif du général en chef l'obligea de se reporter en avant pour concourir au projet qu'il avait formé de rétablir ses communications avec la France. En effet, le 20, Masséna attaqua Albissola et Sassello, et continua ses opérations offensives jusqu'au 25. Le même jour, Suchet se mit en mouvement pour se porter par Bardinetto et Calizzano sur Melogno et Sette-Pani.

Le général Compans fut chargé d'attaquer ces deux points; il était soutenu par la brigade du général Solignac. Arrivé sur le plateau de la *Tor-di-Melogno*, il dirigea la 7ᵉ légère vers Sette-Pani, et le bataillon de grenadiers, sous les ordres du commandant Vidal, vers Melogno. Un brouillard épais couvrait les montagnes; on ne se voyait pas à dix pas : au moment où ce bataillon s'ébranlait, un corps ennemi, venant de Melogno à sa rencontre, le somma à grands cris de se rendre. Les carabiniers, de la 20ᵉ légère, qui marchaient en tête, semblèrent hésiter ; mais le général Compans leur ordonna la charge, ils se précipitèrent sur les Autrichiens, les renversèrent et entrèrent pêle-mêle avec eux dans les retranchements, malgré le feu des troupes qui les défendaient. Le commandant Vidal y avait pénétré l'un des premiers, il y fit une centaine de prisonniers, le reste s'échappa à la faveur des ténèbres. Cependant la 7ᵉ légère continuait à gravir les hauteurs de Sette-Pani. Elle avait parcouru environ trois cents toises, lorsqu'elle rencontra un petit corps qui l'accueillit par un feu roulant; elle lui prit plus de 150 hommes et dispersa le reste, puis elle continua sa marche et, malgré les neiges qui couvraient tout le pays, malgré l'obscurité profonde dont elle était enveloppée, et malgré les difficultés de toute espèce qu'elle avait à surmonter, elle arriva au pied des retranchements ennemis; mais, ayant vainement tenté de les enlever, elle ne se déconcerta pas, et son brave chef, Boyer, la fit bivouaquer à deux cents pas de ces mêmes retranchements.

Le 21, à la pointe du jour, le général Compans, voulant mener à bonne fin son entreprise, forma sa première ligne de la 7ᵉ légère de trois compagnies de grenadiers et d'un bataillon de la 10ᵉ de ligne, faisant en tout environ 600 combattants, et sa seconde ligne, d'un autre bataillon de la 10ᵉ, fort d'environ 280 hommes. On n'était pas à deux cents toises des retranchements, et cependant, au milieu de l'obscurité, leur position n'était indiquée que par la direction des feux ; mais à peine notre première ligne eut-elle parcouru un espace de cinquante toises, qu'elle se trouva au dessus des brouillards et éclairée par le soleil le plus brillant ; elle fut à l'instant même saluée par une fusillade des plus vives. Le général ayant reconnu qu'une attaque de front était presque impossible et que la gauche des retranchements en était la partie la plus faible, fit appuyer à droite, tout en continuant à gagner du terrain. Dès qu'on fut arrivé au pied des retranchements, il ordonna de les escalader, et paya d'exemple en s'élançant le premier ; en un clin d'œil ils furent enlevés, et tout ce qui voulut résister fut tué ou pris. Cependant une partie de leurs défenseurs fuyait vers une deuxième ligne placée un peu en arrière, dans l'espérance de s'y rallier ; mais le général, jugeant combien il importait de profiter de l'impulsion donnée aux troupes et surtout d'empêcher que la seconde ligne, paralysée par la crainte de tirer sur les fuyards, n'eût le temps d'être dégagée, donna l'ordre de courir à toutes jambes sur l'ennemi. Bientôt il fut abordé pêle-mêle et mis en déroute complète ; vainement il chercha son salut sur le revers de la montagne qui regarde les villages de Bormida et d'Ozilia, il fut atteint et dispersé partout.

Joseph Dufaut, grenadier à la 10ᵉ de ligne, fut le premier qui sauta dans les retranchements de Sette-Pani, le général Compans fut le second ; plus de 1,200 hommes les défendaient, 1,000 au moins tombèrent entre nos mains, et nos soldats, couverts de gloire et mourants de faim, trouvèrent dans leurs sacs une bonne distribution de pain dont ils avaient grand besoin. Notre perte fut d'environ 150 hommes, dont 100 tués ; parmi ceux-ci on eut à regretter le chef de bataillon Clavé, officier aussi recommandable par sa bravoure et ses talents que par sa probité.

Le lendemain, le général Suchet fit attaquer San-Giacomo par les généraux Clauzel, Solignac et Serras; l'attaque échoua et devait échouer. Clauzel, qui dirigeait l'opération, voulut attaquer de front la position et faire pénétrer les troupes à travers un bois taillis fort touffu, où les sentiers étaient rares et si étroits qu'ils ne donnaient passage qu'à un seul homme à la fois : aussi n'y eut-il ni accord ni ensemble dans le mouvement de ses colonnes, et furent-elles repoussées en grand désordre, quoique avec peu de perte. Effrayé de ce léger échec, le général Suchet se replia précipitamment sur Melogno et Sette-Pani, sans réfléchir que, même en échouant, il faisait une diversion fort avantageuse aux desseins du général en chef.

C'est dans cette position que le trouva le chef de

l'état-major général, Oudinot; Masséna, peu satisfait de nos opérations et voulant les faire pousser avec vigueur, l'avait envoyé pour surveiller nos mouvements. Aussi, dès le 29, Suchet ordonna-t-il de reprendre l'offensive et de se reporter sur San-Giacomo. On espérait, en s'emparant de cet important débouché, rouvrir nos communications, ou du moins mettre l'ennemi dans une situation critique, s'il s'obstinait à vouloir les intercepter. Sans doute il eût été possible d'obtenir ce résultat, lors de la première attaque de San-Giacomo; les Autrichiens, occupés par le général Masséna, n'auraient pu alors défendre ce point avec succès, dans la crainte de s'affaiblir ailleurs; mais cette heureuse occasion était passée. Cependant on voulut tenter l'aventure : il fallait d'abord enlever la position retranchée de Ronchi di Maglia, qui en était comme l'avant-poste; les généraux Serras et Compans en furent chargés, le premier devait la tourner par Oziglia, et le second l'attaquer par le côté opposé, au-dessus de Bormia. Compans réussit à s'en emparer et fut assez heureux pour y faire 300 prisonniers, avant même que le général Serras arrivât (1). Dans la nuit, les troupes furent réunies à Mallère; elles en partirent à la pointe du jour, le 30 germinal, et se dirigèrent sur San-Giacomo; mais, malgré toute la valeur qu'elles déployèrent

---

(1) Je fus blessé, dans cette affaire, d'un coup de feu à la tête et laissé pour mort.

dans leur attaque, elles finirent par échouer; la force du lieu, le nombre des ennemis, l'artillerie dont ils étaient pourvus et les renforts qu'ils reçurent pendant l'action, rendaient déjà notre succès bien incertain, lorsqu'une blessure reçue par le général Compans, qui était encore chargé de cette opération, vint nous enlever tout espoir; dès que les soldats ne furent plus animés par sa présence, ils se rebutèrent, et bientôt l'on fut forcé à la retraite, qui se fit le même jour sur Melogno.

Nous n'y restâmes pas longtemps tranquilles. Le général Mélas, plus libre dans ses mouvements, après avoir resserré Masséna dans Gênes, avait poussé, par le mont Saint-Bernard, un parti vers la vallée de Laroscia. Cette manœuvre obligea Suchet à un mouvement rétrograde, qui ne se fit pas sans quelque désordre. L'ennemi nous poussa ainsi de position en position, sans nous laisser aucun repos; nous n'osions plus l'attendre, et notre timidité le rendait audacieux. Enfin, il devint urgent de retarder sa marche, pour ne pas compromettre entièrement notre retraite.

Les hauteurs de San-Bartolomeo et Rezzo furent choisies pour champ de bataille. Un corps de 12 à 1,300 hommes, sous les ordres de l'adjudant général Cravey, qui avait remplacé le général Compans depuis sa blessure, fut chargé de les défendre; il y fut défait et détruit entièrement, sans qu'on cherchât à le secourir, sans qu'on prît même aucune mesure pour protéger sa retraite. Rien n'eût été pourtant plus facile, dans un pays de montagnes, si l'on eût fait d'avance les dispositions convenables. On apprit en même temps qu'une colonne ennemie avait forcé le col de Tende, et cette nouvelle ne contribua pas peu à accélérer notre déroute. Une terreur panique s'empara des esprits, tout le monde se précipita en fuyant vers la France; on évacua Nice en toute hâte, et l'on prit position sur le Var, le 23 floréal (13 mai 1800).

L'approche de l'ennemi, les craintes de la population et les espérances de quelques malveillants, avaient attiré l'attention du brave général Saint-Hilaire (1); il se porta, avec tout ce qu'il avait de disponible, sur les frontières de son commandement. En même temps, le préfet du Var (M. Fauché) faisait un appel au patriotisme de ses administrés et amenait lui-même quelques gardes nationaux aux avant-postes. Ces deux hommes, mais surtout Saint-Hilaire, rassurèrent le général Suchet et le déterminèrent à ne pas abandonner cette ligne. Saint-Hilaire lui fit comprendre que, d'abord, le projet de pénétrer en Provence par le Var avait toujours été regardé comme impraticable par tous les militaires, et que l'expérience des siècles passés était d'accord sur ce point avec la théorie;

---

(1) Saint-Hilaire était commandant de la 8e division militaire à Marseille; officier distingué par sa bravoure et ses formes chevaleresques, il s'était fait remarquer de Bonaparte en Italie, mais une blessure fort grave, qu'il avait reçue à la jambe, l'avait empêché de faire partie de l'expédition d'Égypte.

mais qu'en second lieu, Mélas voulût-il tenter une pareille invasion, il lui fallait un certain temps pour s'y préparer, et que, pendant ces préparatifs, le Premier Consul, dont l'armée s'approchait des Alpes pennines, attirerait nécessairement toute l'attention du général autrichien, et dégagerait ainsi les troupes placées sur le Var, dont le chef aurait la gloire d'avoir défendu le territoire français contre des forces très-supérieures aux siennes. L'événement justifia la justesse de ces vues, qui étaient aussi celles du Premier Consul, lorsqu'il disait à l'armée d'Italie, dans sa proclamation datée de Milan, le 17 prairial : « Soldats ! « vous marchez, et déjà le territoire français est « délivré ! »

Mélas était arrivé à Nice le 25 floréal ; il n'avait aucune idée exacte de la force de l'armée de réserve, et doutait même encore de son existence, lorsque le passage du Saint-Bernard vint fixer ses incertitudes. Il quitta Nice à la fin du mois, pour aller au devant de Bonaparte, et se rendit à Turin, où il arriva le 5 prairial. Il laissait au général Elsnitz le soin de suivre les opérations, dont l'unique but était alors d'assurer la retraite de ses troupes ; celui-ci, pour être plus libre dans ses mouvements, aurait voulu nous rejeter tout à fait derrière le Var, et, dans cette intention, il attaqua notre tête de pont, le 2 prairial. Cette opération, bien qu'appuyée par quelques bâtiments anglais embossés à l'embouchure de la rivière, ne lui réussit pas ; ses troupes furent battues et repoussées avec une perte considérable, et, après une longue et forte canonnade, il rentra dans ses lignes ; le lendemain il commença sa retraite, tout en feignant de nouvelles dispositions d'attaque, et, le 5, il avait abandonné son camp. Il évacua Nice le 9, et se retira en deux colonnes sur le Pô, l'une par Lantosca et l'autre par Vintimiglia.

Le général Suchet suivit l'ennemi, d'abord en tâtonnant, et ensuite plus vivement, dès qu'il vit sa retraite bien prononcée ; il l'atteignit sur divers points et lui fit bon nombre de prisonniers. Il était merveilleusement aidé dans cette poursuite par les qualités naturelles de ses troupes ; on sait combien nos soldats sont remarquables par leur intelligence et par leur vitesse dans les manœuvres, et c'est surtout dans les montagnes que leur supériorité, sous ce rapport, est plus décisive. On trouva que, dans cette occasion, Suchet avait exagéré quelque peu les difficultés qu'il avait eues à vaincre et l'habileté qu'il avait dû déployer pour en triompher. Il est certain qu'aucun militaire ne croira que le général Elsnitz ait voulu défendre sérieusement le passage des Alpes ; le bon sens indique, au contraire, que son unique but était et devait être de se rapprocher du Pô le plus promptement possible, et d'éviter, par conséquent, toute espèce de combat ; et, d'ailleurs, la précipitation qu'il mit dans ses mouvements, par suite des succès étonnants de Bonaparte, permettait au général Suchet de tout entreprendre avec pleine sécurité.

Quoique tous les regards fussent alors fixés sur l'armée de réserve, et qu'on ne fît aucune attention à ce qui se passait ailleurs, je ne dois pas finir le récit de cette campagne sans dire un mot de la reddition de Gênes. Mélas, effrayé de l'invasion du Piémont et de la Lombardie, avait songé à concentrer toutes ses forces pour disputer l'Italie au Premier Consul. En conséquence, il avait donné au général Ott l'ordre de lever le siége de Gênes et de se rapprocher de lui ; au moment où cet ordre parvenait au général Ott (13 prairial ou 2 juin 1800), Masséna, réduit à la dernière extrémité, lui proposait d'évacuer Gênes. L'armée de réserve occupait déjà Milan et Pavie ; il n'y avait pas un instant à perdre pour les Autrichiens, aussi l'on s'entendit bien vite, et, après soixante jours de combats continuels, après avoir épuisé toutes les ressources d'une constance surhumaine, les débris de cette petite armée sortirent, avec tous les honneurs de la guerre, d'une ville où la mortalité, causée par la misère et la famine, faisait des ravages effroyables, où le soldat était réduit à six onces de pain fait de paille, de son et de cacao ; ils obtinrent en outre la faculté bien rare de rentrer en ligne, dès qu'ils auraient rejoint les avant-postes français. C'est aux environs de Finale que les 3,000 hommes qui avaient survécu aux dangers des combats et aux horreurs de la faim rencontrèrent les troupes de l'aile gauche.

La victoire de Marengo termina la glorieuse campagne de l'armée de réserve, et, après l'armistice qui en fut le résultat, le Premier Consul étant retourné à Paris, les deux armées, réunies en une seule, prirent des cantonnements et passèrent sous les ordres de Masséna.

AN IX.

(du 22 septembre 1800 au traité de Lunéville.)

Dans cette campagne, les opérations de l'armée d'Italie furent de peu d'importance, et je me serais abstenu d'en parler, si elles ne m'avaient offert l'occasion de signaler de nouveau les jalousies de nos généraux et leurs funestes conséquences.

Après la bataille de Marengo, des armistices avaient

été conclus en Allemagne et en Italie ; on les croyait les précurseurs de la paix, on se trompa. L'Autriche ne voulut pas se résoudre à accepter sa défaite, les subsides de l'Angleterre lui vinrent encore une fois en aide, et il fallut aux Français de nouveaux triomphes pour parvenir à dissoudre la coalisation et à pacifier le continent.

L'armée du Rhin avait ouvert la campagne dans les premiers jours de frimaire, et, le 12, la bataille de Hohenlinden en avait déjà fixé le sort. A cette époque, l'armée d'Italie, commandée par le général Brune, restait encore immobile dans ses positions, fixées par l'armistice du 26 prairial, entre la Chiesa, l'Oglio et le Pô; de leur côté, les Autrichiens, retranchés derrière leur ligne du Mincio, paraissaient vouloir rester sur la défensive.

Cette inaction de notre part était commandée par la nécessité d'attendre le corps de Macdonald, qui s'avançait par le Splugen : car il était important, avant de commencer nos opérations, qu'il fût arrivé à notre hauteur, tant pour couvrir les mouvements de notre gauche que pour menacer la droite des ennemis. Ce fut sans doute pour échapper à ce double danger que, le 26 frimaire, les Autrichiens prirent l'initiative et nous attaquèrent ; ils furent repoussés sur toute la ligne et rejetés dans leurs positions. Peu de jours après, le général Brune fit, à son tour, des dispositions pour marcher en avant et passer le Mincio. Le point de Monzambano fut choisi pour effectuer ce passage, et le général Dupont, commandant de l'aile droite, le même qui, plus tard, fut si malheureux à Baylen, eut ordre de faire des démonstrations au moulin de la Volta, vis-à-vis de Pozzolo, afin de donner le change à l'ennemi.

Tout était prêt le 4 nivôse, et les troupes étaient rendues à leur destination, à l'exception de la division Delmas, dont le mouvement avait été retardé. Un brouillard épais nous favorisait, et nous attendions avec impatience le signal du combat, lorsque nous reçûmes tout à coup l'ordre de rentrer dans nos camps. La surprise fut extrême, on chercha quelle pouvait être la cause d'un changement aussi subit, et l'on accusa le général Delmas, qui commandait l'avant-garde et qui avait pris beaucoup d'ascendant sur le général Brune, d'avoir fait retarder d'un jour l'opération, afin d'avoir l'honneur de passer le premier. On prétendit encore que les généraux Dupont et Suchet, irrités de cette préférence, crurent pouvoir ravir au général en chef lui-même l'honneur de franchir le Mincio ; mais que pour mettre leur responsabilité à l'abri de tout événement, ils précipitèrent, de concert, la démonstration sur Pozzolo, et engagèrent tout d'abord les troupes de l'aile droite, de manière qu'il semblât impossible de refuser le combat, et absolument nécessaire que celles de Suchet vinssent à leur secours.

L'endroit où l'on avait jeté le pont pour cette fausse attaque n'était rien moins que favorable. A la vérité, la rive droite, où nous étions, dominait sensiblement la rive gauche, et rien ne pouvait contrarier l'établissement de nos batteries; mais, en débouchant du pont, le terrain était marécageux et coupé de canaux, ensuite, un peu au-dessus du village de Pozzolo, se trouvait une hauteur assez considérable, de forme circulaire, qui, aboutissant par deux points au Mincio, donnait à l'ennemi l'avantage de nous envelopper et de nous écraser par ses feux, toutes les fois que nous voulions dépasser la ligne que protégeait notre canon. Tant de désavantages ne purent faire renoncer nos deux généraux à leur funeste dessein, et les divisions Watrin et Mounier furent engagées successivement : elles s'emparèrent du village de Pozzolo. L'ennemi, qui n'avait pas cru à une entreprise sérieuse sur ce point, s'était contenté de le faire observer; mais, dès qu'il fut assuré que notre attaque était bien réelle, il appela sa réserve de Voltaggio, garnit d'artillerie la hauteur qui ceignait le champ de bataille, et, sous sa protection, nous assaillit dans la plaine, où nous nous avancions. Déjà nos troupes, chargées avec vigueur, étaient ramenées précipitamment, lorsque la tête des colonnes de Suchet arriva; les brigades Clauzel et Le Suire entrèrent aussitôt en ligne et se portèrent un peu en avant de Pozzolo, mais elles furent bien vite forcées de s'arrêter; c'était là notre *nec plus ultrà !*

Cependant les Autrichiens conçurent un projet hardi et tentèrent de le mettre à exécution : il ne s'agissait de rien moins que de se rendre maîtres du pont et d'enlever ainsi tout ce qui avait passé la rivière.

La colonne chargée d'exécuter ce beau mouvement, couverte par les arbres qui bordent les deux rives, arrivait inaperçue à la tête de notre pont et allait s'en emparer, lorsque le colonel Sémélé, de la 24ᵉ demi-brigade de ligne, que la curiosité avait attiré sur les bords du Mincio, la découvrit tout à coup ; il n'y avait pas un moment à perdre, et sans attendre d'ordre, il jeta dans les arbres un de ses bataillons, qui accueillit à bout portant les Autrichiens par le feu le plus meurtrier, les arrêta d'abord et les força bientôt à la retraite.

On continuait à se battre vers Pozzolo avec des succès variés, selon que les deux partis s'éloignaient plus ou moins de leurs batteries. Vers les quatre heures, à l'approche de la nuit, l'ennemi fit un nouvel effort qui lui réussit ; d'un côté, il surprit Pozzolo, encombré de pillards qui, en se précipitant vers le pont, entraînèrent dans leur fuite une partie des troupes en ligne, et, de l'autre, il attaqua, de front et par les flancs, les corps qui combattaient à la gauche du village ; la mêlée devint générale et notre canon cessa de nous protéger, car il nous eût fait autant de mal qu'aux Autrichiens. L'instant était critique et le désordre complet ; les blessés entassés dans les boues, aux abords du pont, étaient écrasés par les fuyards, qu'un bataillon de grenadiers de la brigade Compans pouvait à peine arrêter ; enfin, la déroute était à son comble, lorsque la 43ᵉ demi-brigade, conduite par le brave général Colli, eut la gloire d'arrêter l'ennemi et de rétablir le combat.

Il était nuit close, et l'on s'avisa seulement alors de faire passer un corps de cavalerie pour soutenir l'infanterie ; chacun bivouaqua sur son terrain. Dès que nos deux généraux avaient vu la tournure fâcheuse que prenait l'affaire, ils avaient envoyé plusieurs fois demander des secours à Brune ; mais il les refusa obstinément, se contentant de leur faire dire : « Que ceux « qui avaient compromis le salut de l'armée en répon- « draient au Premier Consul. » C'est ainsi que, dans cette journée, plusieurs milliers de soldats furent sacrifiés inutilement : car, sans pouvoir préciser notre perte, il est certain qu'elle fut très-considérable en morts et surtout en blessés : le nombre des prisonniers fut très-petit.

Je ne saurais passer sous silence un trait de constance héroïque d'un soldat de la 72e de ligne dont je fus témoin ; de pareils actes de courage ne sont pas rares dans l'histoire de nos longues guerres, malheureusement ils n'ont pas été recueillis avec assez de soin. Ce soldat chargeait son fusil, lorsqu'un boulet vint lui enlever l'avant-bras gauche ; sans s'émouvoir il ramassa son bras et se dirigea vers l'ambulance, et, comme un de ses camarades lui offrait de l'accompagner : « Non, lui répondit-il, reste à ton poste, on y « a besoin de toi ! »

Le lecteur attentif aura remarqué que Dupont et Suchet, en se décidant à désobéir à leur chef, ne prirent cependant aucune des mesures nécessaires pour s'assurer la victoire et pour se faire absoudre, en admettant toutefois qu'une telle désobéissance pût être tolérée dans une armée. Si, avant de commencer l'attaque, ils eussent concentré leurs troupes et s'ils eussent fait des efforts simultanés dès le début de l'action, ils auraient eu quelques chances de réussite, et peut-être, favorisés par la sécurité de l'ennemi, seraient-ils parvenus à se tirer du fond du bassin où ils s'étaient enterrés; mais entreprendre le passage avant d'avoir réuni leurs forces et faire des attaques partielles et successives, c'était renoncer volontairement à toute espèce de succès. Il est vrai que cette réunion des deux corps d'armée aurait rendu la désobéissance trop patente, et c'était ce qu'on voulait éviter; mais il n'en reste pas moins constant que ces deux généraux couraient le risque de compromettre les opérations de la campagne et de retarder indéfiniment la conclusion de la paix. Cependant ils n'étaient pas sans inquiétude au sujet du juste mécontentement du général en chef; Dupont, comptant sur la protection déclarée de Berthier, était moins alarmé; mais Suchet crut nécessaire de l'adoucir, et envoya vers lui, à plusieurs reprises, deux officiers, Ricard et Martinet, qui lui étaient particulièrement attachés. Enfin, Brune consentit à s'apaiser, et Dupont seul quitta l'armée.

Il est assez curieux de remarquer que, le même jour où nous nous laissions battre sur le Mincio, l'armée du Rhin, victorieuse, menaçait Vienne, forçait les Autrichiens à un armistice (4 nivôse an ix, 25 déc. 1800) et décidait ainsi l'Empereur à une paix particulière.

La nuit suivante, les troupes repassèrent le Mincio et se portèrent sur Monzambano et Borghetto : on y exécuta le passage de la rivière ; les redoutes de Borghetto furent prises de vive force par la 72ᵉ de ligne, après un combat opiniâtre, dans lequel on perdit beaucoup de monde. Le général Delmas s'empara par capitulation des redoutes de Selionza. L'ennemi fit paisiblement sa retraite sur l'Adige et voulut défendre Vérone, mais un mouvement de Delmas par le val Pantena l'obligea à se retirer ; Legnago et Peschiera furent bloqués ; enfin, la marche du général Rochambeau par Riva et Torbol décida l'abandon de l'importante position de la Corona. Cependant l'armée des Grisons était arrivée à Trente ; le général Bellegarde, forcé de continuer sa retraite, sut profiter des positions avantageuses que lui offraient ces pays accidentés, pour retarder notre marche, et pour nous obliger souvent à des dispositions d'attaque, tout en se gardant bien d'engager un combat sérieux.

Enfin, le 26 nivôse, on conclut un armistice, qui fixa le Tagliamento comme ligne de démarcation entre les deux armées, et remit dans nos mains toutes les places fortes qui restaient encore à l'ennemi, à l'exception de Mantoue.

La paix fut signée à Lunéville, le 20 pluviôse an ix (9 février 1801).

PRUSSE.

ANNÉES 1806, 1807 ET 1808.

SOUVENIRS MILITAIRES.

PRUSSE.

ANNÉES 1806, 1807 ET 1808.

La sanglante défaite de l'armée prussienne dans les plaines d'Iéna et d'Auerstaedt, et la destruction successive de ses débris, avaient frappé de découragement et de terreur la Prusse tout entière ; les places les plus fortes n'essayaient pas même de nous résister. Magdebourg tomba à la vue du maréchal Ney ; Stettin et Custrin ouvrirent leurs portes à des piquets de cavalerie ; l'Oder fut passé sans obstacle, et une partie de nos troupes pénétra dans l'intérieur de la Pologne. Au 10 novembre, Davoust était à Posen, occupant le fort de Leuczye, à mi-chemin de Varsovie; Lannes était devant Thorn ; Augereau à Bromberg, étendant sa gauche vers Graudentz, et le reste de l'armée était en marche vers l'Oder, à l'exception des corps de Jérôme et de Mortier, chargés, le premier, de faire le siége des places de la Silésie, et le deuxième, d'observer la Poméranie suédoise. A son arrivée à Berlin, Napoléon avait passé en revue les divers corps et leur avait distribué des grades et des récompenses.

Nous fûmes reçus en Pologne comme des libérateurs; notre présence ranima les plus douces espérances de ce pays opprimé, et, dans leur noble enthousiasme, les Polonais nous offrirent leurs biens et leurs bras. L'Empereur sut mettre à profit ces heureuses dispositions, et bientôt une armée polonaise vint se placer honorablement à côté de la nôtre. Que serait-il arrivé, si, écoutant les vœux de ce peuple généreux, et le vengeant du plus odieux des attentats, Napoléon l'eût replacé au rang des nations ? Nul ne peut le dire avec certitude ; mais ce qu'il est permis d'affirmer, c'est que la situation de l'Europe eût été totalement changée, et que les conditions de la lutte gigantesque, où la France était engagée et dans laquelle elle finit par succomber, eussent été profondément modifiées.

Le roi de Prusse avait vu sa monarchie s'écrouler en un jour ; ses provinces étaient conquises l'une après l'autre, à peine s'il lui restait un coin de terre dans ses États, et l'armée russe, déjà parvenue sur les bords de la Vistule, ne semblait arriver que pour être l'impuissant témoin de ses désastres. Dans une aussi dure extrémité, ce prince eut recours à la générosité de son vainqueur ; sa prière fut entendue ; des commissaires se réunirent à Charlottenbourg, et un armistice fut signé le 16 novembre. Pour en attendre la ratification, Napoléon s'arrêta à Berlin ; mais ce fut inutilement, car la présence d'Alexandre à Varsovie, à la tête de 120,000 hommes, et les promesses réitérées des secours de l'Angleterre, avaient fait rentrer peu à peu l'espérance dans l'âme de Frédéric-Guillaume ; il fallut donc continuer la guerre.

Pendant le séjour de Napoléon dans la capitale de la Prusse, nos avant-postes saisirent une correspondance du prince de Hatzfeld, gouverneur civil de Berlin, avec les généraux ennemis ; arrêté et livré à une commission militaire, il allait être infailliblement condamné, lorsque la princesse, sa femme, vint se jeter aux pieds de l'Empereur et demander sa grâce : « Vous « allez juger vous-même s'il la mérite, répondit Na- « poléon ; lisez ! ! ! » et il lui donna la lettre interceptée. Convaincue de la culpabilité de son mari, la malheureuse princesse se livrait à son désespoir, lorsqu'il ajouta : « Eh ! que ne jetez-vous aux flammes ces té- « moignages accusateurs ? » Elle se hâta d'obéir, et le prince fut sauvé.

Dès que Napoléon eut appris que le roi de Prusse

refusait de ratifier la convention de Charlottenbourg, il se rendit à Posen, où il arriva le 27 novembre. On se peindrait difficilement l'ivresse des Polonais, à la vue du héros sur qui reposaient toutes leurs espérances; une seule âme paraissait animer la population et la précipiter au-devant de celui qu'elle regardait comme son sauveur. Quand on a été témoin d'un spectacle aussi enivrant, il est impossible de ne pas aimer ce brave peuple et d'être insensible à son triste sort.

C'est de Posen que l'Empereur adressa la proclamation suivante à l'armée.

« Soldats ! il y a aujourd'hui un an, à cette même
« heure, que vous étiez sur le champ mémorable
« d'Austerlitz. Les bataillons russes épouvantés fuyaient
« en déroute, ou enveloppés, rendaient les armes à
« leurs vainqueurs. Le lendemain, ils firent entendre
« des paroles de paix, mais elles étaient trompeuses.
« A peine échappés, par l'effet d'une générosité peut-
« être condamnable, au désastre de la troisième coa-
« lition, ils en ont ourdi une quatrième; mais l'allié,
« sur la tactique duquel ils fondaient leur principale
« espérance, n'est déjà plus ! Ses places fortes, sa ca-
« pitale, ses magasins, ses arsenaux, 280 drapeaux,
« 700 pièces de bataille, cinq grandes places de guerre
« sont en notre pouvoir; l'Oder, la Wartha, les dé-
« serts de la Pologne, les mauvais temps de la saison
« n'ont pu vous arrêter un moment ! Vous avez tout
« bravé, tout surmonté; tout a fui à votre approche.

« C'est en vain que les Russes ont voulu défendre la
« capitale de cette ancienne et illustre Pologne ; l'aigle
« française plane sur la Vistule. Le brave et infortuné
« Polonais, en vous voyant, croit revoir les légions de
« Sobieski, de retour de leur mémorable expédition.

« Soldats ! nous ne déposerons point les armes, que
« la paix générale n'ait affermi et assuré la puissance
« de nos alliés, n'ait restitué à notre commerce sa li-
« berté et ses colonies. Nous avons conquis, sur l'Elbe
« et l'Oder, Pondichéry, nos établissements des Indes,
« le cap de Bonne-Espérance et les colonies espagnoles.
« Qui donnerait le droit de faire espérer aux Russes de
« balancer les destins? Qui leur donnerait le droit de
« renverser de si justes desseins? Eux et nous ne
« sommes-nous plus les soldats d'Austerlitz ? »

Cependant nous marchions de tous côtés vers la Vistule ; à notre approche, les Russes évacuèrent Varsovie, et prirent position sur le Bug et la Narew, étendant leur droite vers Strasburg, par Golymin, Ciechanow, Mlawa et Lautenburg. Dans les premiers jours de décembre, l'armée française se trouvait échelonnée de la manière suivante : Davoust, Lannes et le grand-duc de Berg, étaient sur la droite de la Vistule, à l'embouchure de l'Ukra ; Augereau passait la Vistule à Zakroczin, Soult à Wyszogrod, Ney, Bernadotte et Bessières, avec quatre divisions de cavalerie, à Thorn. Ney poussa son avant-garde jusqu'à Strasburg et bientôt occupa Rypin, vis-à-vis de la droite des Russes, auxquels s'étaient joints les débris de l'armée prussienne ;

tandis que Bessières se porta à Sierps, pour se lier à Augereau.

Pendant que ces mouvements préparatoires s'exécutaient, Napoléon, qui n'oubliait rien pour assurer ses succès, faisait fortifier Thorn, Modlin et cette malheureuse Praga, à jamais célèbre par les fureurs de Suwarow et la férocité de ses soldats. Il arriva, le 19, à Varsovie et, le 23, aux avant-postes. Après avoir reconnu la position de l'ennemi, il fit jeter un pont à l'embouchure de l'Ukra et ordonna au maréchal Davoust d'attaquer les retranchements élevés au village de Czarnowo; ils furent emportés, malgré la bravoure et l'opiniâtreté avec lesquelles les Russes les défendirent.

Tandis que ces événements se passaient à notre droite, à la gauche, Ney et Bessières ne restaient pas oisifs. Chargés de couper de l'Ukra et du reste de leur armée les corps prussiens et russes qu'ils avaient en tête, ils les attaquèrent, d'un côté entre Gurzno et Lautenburg, de l'autre sur Biezun; après divers combats assez vifs, ils les chassèrent de l'importante position de Mlawa et Soldau, et les rejetèrent sur Neidenburg. Le 24, Davoust suivit les Russes sur Nasielsky et les y battit; il continua de les poursuivre, le 25, sur Strzegocin. Ce même jour, Lannes marchait sur Pultusk; Augereau et Murat sur Golymin; Soult, la garde et l'Empereur sur Ciechanow; Bernadotte, Ney et Bessières étaient à Mlawa et Soldau, comme je l'ai déjà dit.

Golymin et Pultusk avaient été fortifiés avec beaucoup de soin. Le premier était défendu par le général Buxhowden, et le second par Benningsen, si connu par la part active qu'il avait prise à l'assassinat de Paul Ier. Le 26, nous attaquâmes ces deux positions, et après une suite de combats sanglants et meurtriers, les Russes, chassés de leurs retranchements, se retirèrent à travers les bois, au delà d'Ostrolenka, où s'arrêta notre poursuite. Pendant ce temps, le maréchal Soult se dirigeait sur Makow, pour couper la retraite de l'ennemi; mais les chemins étaient si défoncés et opposèrent tant d'obstacles à la marche de ses troupes, qu'elles arrivèrent trop tard et que l'armée russe fut sauvée d'un grand danger.

Dans ces différents combats les Russes perdirent 10 ou 12,000 hommes, 80 pièces de canon et 1,200 voitures. Selon leur coutume, ils s'attribuèrent la victoire, et Benningsen prétendit avoir combattu les corps réunis de Lannes, de Davoust et de Murat, tandis qu'en réalité il n'avait été attaqué que par le corps de Lannes et une des divisions de Davoust, qui, en poursuivant une partie des fuyards de Nasielsky, s'était réunie à lui.

La Mazovie, théâtre de nos opérations, nous offrait d'immenses plaines boisées et marécageuses, entrecoupées de fondrières; l'aspect de ce pays n'était guère différent de ce qu'il avait été, un siècle auparavant (janvier 1707), lorsque Charles XII le traversa, pour aller attaquer le czar Pierre, dont l'armée bordait le Niémen, de Grodno à Kowno. On sait que ce prince éprouva les plus grandes difficultés dans cette longue marche, qu'il ne pouvait faire qu'une à deux lieues par jour, et qu'il fut arrêté par des paysans pendant une journée entière, sur les bords de l'Omuless, près de Brodowalinsky.

Les boues de Ciechanow furent longtemps célèbres dans notre armée; le dégel, accompagné d'une neige fondante, avait tellement défoncé le terrain qu'on perdit plusieurs hommes, qui y restèrent ensevelis. Pendant notre marche sur ce point, nous manquions de vivres; quelques soldats, voyant l'Empereur cheminer à la hauteur de nos colonnes, s'avisèrent de crier en polonais : *Kléba!* (du pain)! Ce cri passa de bouche en bouche. Napoléon en rit d'abord, mais à la fin, s'en trouvant importuné, il se tourna vers une compagnie de grenadiers, près de laquelle il se trouvait, et lui répondit d'un air sévère, dans la même langue : *Niéma!* (il n'y en a pas)! Tout le monde se tut, et, loin de s'en plaindre, le soldat fit de cette réponse un sujet de plaisanterie contre ceux qui avaient crié *Kléba!*

Après s'être assuré que l'ennemi s'était retiré fort au delà d'Ostrolenka, l'Empereur fit prendre des cantonnements à ses troupes. A la suite de tant de combats, de fatigues et de privations, un peu de repos était bien nécessaire à l'armée pour réparer ses forces, ainsi que son armement et son équipement; et Napoléon avait besoin d'un certain temps pour réunir les moyens de pousser la guerre avec vigueur à la reprise des hostilités. Lannes et Davoust furent établis sur la Narew et le Bug; Augereau près de Varsovie; Bessières, Ney et Bernadotte sur la basse Vistule; Soult, chargé de couvrir les cantonnements, borda l'Orzye, petite rivière qui se jette dans la Narew au-dessus de Pultusk. Pendant que l'armée se reposait, l'Empereur s'occupa de l'organisation du corps destiné à faire le siége de Dantzig. Les troupes polonaises, qui en faisaient partie, furent postées à Stolpe, pour couper les communications de la place avec Colberg et mettre un frein aux excursions de sa garnison. Vers la même époque, le premier corps, aux ordres de Bernadotte, occupa Elbing et s'étendit jusqu'à Braunsberg, à l'embouchure de la Passarge.

Les Russes ne nous laissèrent pas longtemps jouir de ce repos. Soit qu'ils se méprissent sur les motifs de notre apparente inaction, soit qu'ils se flattassent de l'espoir de surprendre notre gauche et d'obtenir ainsi des succès qui, en nous forçant à repasser la Vistule, leur permettraient de se rapprocher des places fortes de la Prusse, de donner la main à leurs garnisons et de lier leurs opérations à celles de l'armée suédoise, ils firent un mouvement offensif vers la fin de janvier. Le 23, ils attaquèrent le poste de Liebstadt, et, le 25, la division établie à Mohrungen.

Napoléon, dans la prévision de leurs entreprises, avait prescrit à Bernadotte de se retirer au besoin vers Thorn, que le maréchal Lefèvre occupait déjà avec le

10ᵉ corps. A l'approche de l'ennemi, Bernadotte réunit promptement son corps d'armée, et, malgré le succès brillant qu'il obtint à Mohrungen, il se hâta, pour accroître la confiance de l'ennemi, de faire sa retraite sur Strasburg, où il était rendu le 21 janvier. Dans cette retraite, il perdit un fourgon où étaient renfermées les dépouilles de Lubeck et le fruit de sa campagne. Quelque désagréable pour lui que fût cet événement, il feignit de n'y être sensible que parce qu'il le privait de donner à son corps une gratification en argent. Cette gasconnade amusa beaucoup.

L'armée avait levé ses cantonnements au premier avis de la marche des Russes, et Napoléon, persuadé qu'ils continueraient leur mouvement offensif contre notre gauche, avait formé le projet de les déborder eux-mêmes par leur gauche, de les prendre à revers et de les pousser sur la Vistule, après leur avoir coupé tout chemin de retraite. Malheureusement, l'officier porteur des dépêches au maréchal Bernadotte, où ce plan était développé, ayant été enlevé par des Cosaques, le général russe fut averti de tout le danger de sa position; aussi fit-il rétrograder en toute hâte son aile droite, et l'Empereur dut s'occuper de nouvelles combinaisons.

Le 1ᵉʳ février, l'armée se mit en mouvement dans la direction d'Allenstein. La saison était extrêmement rigoureuse, la terre couverte de neige et de glace, les vivres fort rares et les bivouacs très-douloureux; aussi les troupes éprouvaient-elles de grandes souffrances.

Soutenus par l'esprit de corps, la gaîté de leur caractère et la grandeur de leur entreprise, les soldats français supportaient ces maux avec courage ; mais nos alliés, les Allemands, quoique nés sous un climat plus âpre et moins habitués aux douceurs de la vie, faisaient entendre fréquemment d'énergiques doléances (1).

Le grand-duc de Berg marcha sur Ortelsburg ; en avant de cette ville, il rencontra un corps russe, qu'il attaqua et mena battant jusqu'à Passenheim. Le 2, il continua son mouvement sur Allenstein, où il entra sans trouver d'obstacles. Le 3, l'ennemi, qui avait rallié sa droite, fut trouvé rangé en bataille, entre l'Alle et la Passarge : sa gauche s'appuyait à Mondeken, sur la rive gauche de l'Alle ; son centre, à Ionkowo, et sa droite s'étendait dans la direction d'Osterode. Tout ce pays est montueux, couvert d'épaisses forêts, de lacs et de terrains marécageux. Quoiqu'il fût déjà tard, l'Empereur, qui désirait vivement en venir aux mains, disposa son armée pour le combat. Ney fut placé à gauche du village de Gettkendorf ; Augereau,

---

(1) A Allenstein, les troupes ne trouvèrent aucune espèce de ressource, pas même de la paille pour se coucher ; trompé dans ses espérances, un cavalier saxon s'écriait, vers une heure du matin, avec l'accent du désespoir : « *Kein Brod ! kein Fleisch ! kein Brandt-Vein! kein Strals! was ist das? sacrament!* Pas de pain ! pas de viande ! pas d'eau-de-vie ! pas de paille ! Qu'est-ce qu'il y a donc ici? sacr.......! »

en avant de ce village, et Soult à la droite ; la garde en réserve.

Bientôt le maréchal Soult commença l'action. Il était chargé d'attaquer le centre de l'ennemi à Ionkowo et de tourner sa gauche par Bergfried. Ces deux opérations réussirent également. Quoique l'ennemi, qui avait compris toute l'importance de ce point, eût pourvu aux moyens de le défendre avec vigueur, le pont fut emporté après un combat sanglant, en même temps que le général Saint-Hilaire s'emparait de Ionkowo. Le général russe profita de la nuit pour exécuter sa retraite ; il se retira par Liebstadt, Orensdorf et Landsberg, après avoir laissé une forte arrière-garde à Hoff et le corps prussien sur la Passarge. L'armée française le poursuivit dans l'ordre suivant : Ney, renforcé de quelques divisions de cavalerie, forma la gauche et marcha contre les Prussiens ; Murat, Soult et Augereau suivirent la route de Landsberg, et Davoust se dirigea sur Heilsberg, pour éclairer les rives de l'Alle. Ney, après avoir battu le corps prussien, et lui avoir fait environ 2,000 prisonniers, marcha sur Wormditt, dans le double but d'empêcher les restes de ce corps de se réunir au gros de l'armée russe, et de menacer le flanc droit de cette armée.

Murat trouva l'arrière-garde ennemie en avant de Hoff, et la fit attaquer incontinent. Il eut d'abord du succès ; mais, quand il voulut passer le défilé, derrière lequel se trouve Hoff, sa tête de colonne fut repoussée avec perte, et même avec quelque désordre. Les

Russes, enhardis, profitaient de cet avantage, et poussaient assez vivement notre cavalerie, lorsque le corps du maréchal Soult, dont le bruit du canon avait hâté le mouvement, arriva à son aide. La division Legrand entra de suite en ligne, et l'ennemi fut bientôt rejeté sur Hoff. Il s'engagea alors un combat long et sanglant, qui fut terminé et décidé par une charge mémorable des cuirassiers du général d'Hautpoul; l'infanterie russe fut renversée, et environ 1,500 hommes périrent par le sabre ou furent écrasés sous les pieds des chevaux.

Personne ne rend plus de justice que moi à la résolution et à l'intrépidité avec lesquelles ces braves troupes abordèrent les Russes, et je ne crains pas d'exagérer, en avançant qu'elles étaient sans contredit la première cavalerie de l'Europe; cependant, comme dans mon opinion, la défaite d'une bonne et solide infanterie par de la cavalerie seule peut paraître une chose incroyable aux militaires qui ont fait les grandes guerres, je crois devoir ajouter, pour expliquer cette brillante action, que les Russes étaient déjà occupés sur leur front par notre infanterie, qui cherchait à gagner un de leurs flancs, lorsque les cuirassiers les abordèrent par le flanc opposé, et que, dans cette situation, assaillis de trois côtés à la fois, ils furent rompus, avant d'avoir eu le temps et le moyen de se former en carrés pour opposer une résistance efficace.

Après ce fait d'armes éclatant, la poursuite continua. Le 7, Murat trouva l'arrière-garde russe sur un plateau qui domine la plaine de Preuss-Eylau, et où elle avait élevé trois redoutes munies de canons. Hors d'état de forcer cette position avec sa cavalerie seule, il attendait la division Legrand, lorsque la brigade Levasseur, de cette même division, arriva. Elle n'en formait pas l'avant-garde, mais, se trouvant détachée pour éclairer la marche, elle avait accéléré son mouvement et pris les devants de la colonne.

Dans l'espoir de se distinguer par un coup de main hardi, et d'obtenir ainsi de l'avancement et des récompenses, les chefs de cette brigade offrirent leurs services à Murat, qui les accepta avec joie, mais qui fit la faute de ne prendre aucune mesure propre à soutenir leur attaque. Le 18e de ligne fut formé en deux colonnes, et lancé contre les redoutes de droite et de gauche. On comptait que celle du centre tomberait d'elle-même, si l'on était une fois maître des autres. Mais, pendant que ce régiment s'avançait avec résolution, des colonnes d'infanterie, cachées jusque-là en arrière du plateau, débouchèrent inopinément à travers les intervalles des redoutes et vinrent assaillir de front le bataillon de droite, en même temps qu'une nombreuse cavalerie le prenait en flanc et à revers. La partie était trop inégale ; aussi la résistance fut-elle de courte durée. Refoulé sur le bataillon de gauche, il y porta le désordre et la terreur. Cependant la perte fut moindre qu'on aurait dû s'y attendre, parce que, plus occupés de leur salut que de leur gloire, les soldats se couchèrent ventre à terre, pour échapper à la destruction. Murat avait placé sa cavalerie dans un lieu, d'où il ne pouvait la tirer aisément pour la mener au secours de l'infanterie, si imprudemment exposée. A la fin pourtant, quelques régiments se formèrent et vinrent à bout de la dégager. Cette boutade d'ambition fit perdre environ 600 hommes au 18e. Parmi les blessés se trouva le chef de bataillon Pelport, qui, resté seul debout au milieu de son bataillon, reçut douze ou quinze blessures et fut laissé pour mort.

Bientôt après arriva le reste de la division Legrand. Les Russes n'attendirent pas qu'on les attaquât en règle ; ils évacuèrent leur position et furent suivis jusqu'à Preuss-Eylau, où ils occupèrent en force un cimetière hors de la ville. Le général Legrand entreprit de s'en emparer ; mais ils le défendirent avec une rare opiniâtreté, et ce ne fut qu'après un combat des plus acharnés et des plus meurtriers que le cimetière fut enlevé. Nous poursuivîmes ensuite l'ennemi à travers les rues d'Eylau, qu'il laissa jonchées de ses morts. L'armée prit position ; le corps de Soult en avant et à la droite d'Eylau, Augereau à la gauche, une partie de la cavalerie en avant et l'autre sur le flanc de la ville ; la garde en seconde ligne. Mais l'ennemi, que l'on croyait en retraite, instruit sans doute que les corps de Bernadotte, Ney et Davoust étaient encore éloignés, pensa qu'il pourrait écraser les troupes qu'il avait en face de lui avant qu'elles ne pussent être secourues. Il fit ses dispositions en conséquence, et, à la pointe du jour, le 8 février, nos postes furent assaillis avec impétuosité. Cette attaque imprévue jeta d'abord dans Eylau un certain désordre, augmenté par les cris du maréchal Bessières : « Sauvez l'Empereur ! » mais ce moment de confusion dura peu, l'Empereur monta bientôt à cheval et ses ordres furent portés rapidement sur toute la ligne. Il réunit à la droite une quantité considérable d'artillerie, afin d'appuyer la division Saint-Hilaire, du corps de Soult, contre qui les Russes dirigeaient leurs principaux efforts ; il plaça le corps d'Augereau, fort d'environ 10,000 hommes, à la gauche de Saint-Hilaire, mais un peu en arrière, près du cimetière si opiniâtrement disputé la veille, et les deux autres divisions du corps de Soult au centre et à la gauche. Quant à la cavalerie, il en disposa les principales masses derrière notre droite ; il établit enfin la garde, formée en colonnes par bataillons, à l'abri de quelques mamelons, laissant voir à l'ennemi ses têtes de colonnes, sans qu'il pût juger de leur profondeur, et lui en imposant, par cet artifice, sur la force de nos réserves.

Bientôt on en fut aux mains sur tout notre front ; les tirailleurs russes, appuyés par des masses profondes, avançaient audacieusement ; déjà, sur quelques points, ils avaient repoussé les nôtres et gagné du terrain, lorsque la division Saint-Hilaire entra en ligne. L'ennemi fut arrêté et forcé à un mouvement rétrograde. Ses tentatives sur notre droite ayant échoué, il porta ses forces contre notre gauche et essaya de la déposter. Pour paralyser cette manœuvre et forcer le général russe à rester sur la défensive, Napoléon fit marcher Saint-Hilaire contre la gauche de l'ennemi et Augereau contre son centre, pendant que le maréchal Bessières, avec sa cavalerie, devait tourner et prendre à revers cette même aile gauche.

Ces mouvements commençaient à s'exécuter, lorsqu'une tempête de neige obscurcit l'air, au point de rendre toute direction impossible (1). Les troupes de la droite avaient dû s'arrêter pendant cet ouragan; elles reprirent leur marche dès que le temps fut un peu éclairci, et ne tardèrent pas à forcer les Russes à retirer leur gauche et à l'appuyer au bois de Klein-Saus-Garten. Pendant cette obscurité, un corps ennemi s'étant égaré, avait pénétré à travers nos lignes, et s'était approché du cimetière : Dorsenne, colonel des grenadiers de la garde, marcha contre lui et l'anéantit complétement.

Nous n'étions pas aussi heureux dans notre attaque sur le centre. Le maréchal Augereau ayant reçu l'ordre de marcher en colonne, se crut obligé de conserver la même formation pendant toute la durée du combat; et cette erreur, que rien ne justifiait, fut fatale à son corps d'armée. Ses deux divisions s'étant égarées au milieu des tourbillons de vent et de neige, se trou-

---

(1) Ceux qui n'ont pas habité le Nord ne peuvent se faire une idée de la violence de ces sortes d'ouragans; l'obscurité est souvent si profonde, que l'on ne peut pas se voir à deux pas de distance.

vèrent tout à coup exposées aux batteries ennemies, qui les écrasèrent sous la mitraille ; la cavalerie, fondant sur elles à son tour, acheva de les renverser (1). Augereau, déjà malade, et consterné d'un si funeste résultat, quitta le champ de bataille sous prétexte de blessure ; le général Compans, chef d'état-major du maréchal Soult, fut chargé de prendre le commandement de ce corps presque anéanti (2).

Sur ces entrefaites, Davoust, qui, depuis quelques jours, manœuvrait sur notre droite, ayant entendu le canon, s'était dirigé sur Eylau. Dès qu'il fut arrivé, et sans perdre un moment, il porta en avant la division Morand, qui formait l'avant-garde de son corps ; elle aborda la gauche de l'ennemi, secondée par le 10e d'infanterie légère, de la division Saint-Hilaire. La position de Klein-Saus-Garten fut attaquée et prise ; la bat-

---

(1) Un bataillon du 14e fut entièrement détruit ; il n'en échappa pas un seul homme ; le lendemain de l'action, officiers et soldats, tous furent ensevelis dans une même fosse, au-dessus de laquelle leurs compagnons d'armes élevèrent un tertre de terre pour leur servir de monument.

(2) Le général Compans avait été en disgrâce depuis le camp de Boulogne ; desservi et trahi à l'époque du procès de Moreau, il s'était vu imputer à crime d'avoir dit « que les Gouvernements savaient « toujours prouver la culpabilité de leurs ennemis, et qu'en cette « occasion, il ne voyait que la guerre de César et de Pompée. » La preuve de confiance qu'il reçut à Eylau fut le signe que ses services, justement appréciés, avaient fait oublier ce propos, indiscret peut-être, s'il n'eût été tenu dans les épanchements de l'amitié.

terie qui couronnait le plateau fut enlevée, le bois occupé et l'ennemi rejeté sur son centre. Dès lors l'affaire était décidée, et les Russes, pris en flanc et à revers, ne pouvaient plus combattre que pour assurer leur retraite. Vers la nuit, parut, du côté d'Althof, le corps prussien de Lestocq, vivement poursuivi par le maréchal Ney; il se joignit à l'arrière-garde russe vers le village de Schmoditten. L'ennemi continua sa retraite sur Kœnigsberg, laissant entre nos mains 8 ou 10,000 prisonniers et 45 pièces de canon.

Dans cette journée, que les Russes croyaient nous rendre si funeste, et où leurs forces étaient presque doubles des nôtres, les pertes furent grandes de part et d'autre et proportionnées à l'acharnement avec lequel on avait combattu. Le champ de bataille offrait un spectacle hideux à voir; on y compta environ 9,000 morts, et l'on évalua à 24 ou 25,000 le nombre des blessés, dont 15 ou 16,000 ennemis.

Il n'est pas inutile de remarquer que, jusqu'à l'arrivée du corps de Davoust, l'action fut indécise, et qu'ainsi l'on doit à son patriotisme le succès de la journée. Que serait-il arrivé en effet, si ce maréchal, se renfermant dans les règles ordinaires, eût attendu des ordres pour se porter au feu? Non-seulement la bataille eût été perdue, mais le salut même de l'armée eût pu être compromis. Tant il est vrai, comme j'ai eu l'occasion de le dire ailleurs, qu'un général doit s'élever quelquefois au-dessus des principes, et savoir risquer sa tête pour le bien des affaires. Quel bonheur pour la

France si, dans une circonstance plus décisive encore, Grouchy eût été capable d'agir ainsi !

L'armée garda sa position sur le champ de bataille pendant neuf jours, temps nécessaire à l'évacuation de nos blessés, en raison du manque de moyens de transport et de la difficulté des chemins ; on évalua leur nombre à 7 ou 8,000. Elle prit ensuite des cantonnements pour se reposer de cette rude campagne, où elle avait eu tant à souffrir de la faim et des rigueurs de la saison. Le premier corps prit position à Elditten, sur la Passarge, et s'étendit jusqu'à Braunsberg ; le 4ᵉ à Liebstadt, Mohrungen et Liebemühl ; le 6ᵉ à Guttstadt et le 3ᵉ à Allenstein, prolongeant ses postes jusque sur l'Omuless, où il se liait au 5ᵉ. La cavalerie fut envoyée, pour se refaire, dans l'île de la Nogath, contrée riche et fertile ; il ne resta, sur la ligne des cantonnements, que quelques hommes de cavalerie légère chargés du service des ordonnances. Enfin, la garde fut réunie aux environs d'Osterode, où l'Empereur établit son quartier général ; il y resta jusque vers la fin de mars, époque où il alla occuper Finkenstein.

Ces lieux me rappellent deux ou trois faits particuliers qui donneront une idée de la mémoire prodigieuse de Napoléon. Un jour, dans son cabinet, il me parlait de mon régiment, et me disait : « Il vaut ma garde ! « Il a souffert à Eylau, mais je le porterai à 1,600 « hommes avant la reprise des hostilités ! » Ensuite, s'arrêtant, il ajouta, après un moment de réflexion : « Il arrive aujourd'hui un régiment de marche ; vous

« y avez, je crois, 120 hommes. » Le fait était parfaitement exact. Ce même jour, il m'avait promis une sous-lieutenance pour mon frère; le régiment dont celui-ci faisait partie étant venu à Osterode, un mois et demi après, l'Empereur en passa la revue et donna l'ordre au colonel de lui remettre une liste de vingt sous-officiers qui pussent être promus officiers; quand la liste lui fut présentée et qu'il y lut le nom de mon frère, il demanda si ce n'était pas le frère du colonel du 10e léger, et sur la réponse affirmative, il répliqua : « Il est nommé depuis plus d'un mois; remplacez-le. » A Finkenstein, enfin, il indiqua au ministre de la guerre le lieu où devait se trouver, dans l'intérieur de la France, un bataillon qu'il voulait appeler à l'armée, et que le ministre ne savait où prendre.

Il fallait passer plusieurs mois dans ces cantonnements, et la prévoyance de Napoléon avait fortifié les principaux points qui les couvraient; aussi restâmes-nous tranquilles dans nos quartiers jusqu'aux premiers jours de juin; car on ne doit compter pour rien l'apparition de l'ennemi à la fin de février, sur la rive droite de la Passarge, et, un peu plus tard, sur toute la ligne, afin de nous donner le change sur son véritable but, qui était de secourir Dantzig. Mais, pendant la fin de cet hiver, nos troupes eurent beaucoup à souffrir du manque de vivres; le pays était pauvre, les villages y étaient rares et en grande partie ruinés par le passage des armées. Elbing offrait, à la vérité, des ressources considérables, mais nous n'en pouvions guère tirer parti, par le défaut de transports. Pour y suppléer, autant que possible, on réunissait dans chaque corps les chevaux des généraux, des officiers et des cantiniers, et l'on en formait des convois au moyen desquels on empêchait du moins le soldat de mourir de faim. Toutefois, ces mesures eussent été elles-mêmes bien insuffisantes, si les juifs de Bromberg, de Thorn et des autres villes situées sur la Vistule, n'étaient venus à notre aide ; ils nous apportaient des approvisionnements de toute espèce, qu'ils nous faisaient, comme on le pense bien, payer très-chèrement ; mais nous étions trop heureux de les avoir pour disputer sur le prix. Il était plus difficile encore de pourvoir à la subsistance des chevaux ; ils furent réduits, pendant longtemps, pour toute nourriture, à la paille qui couvrait les chaumières, de sorte qu'il en périt un grand nombre, surtout dans les attelages de l'artillerie.

Pendant que la plus grande partie de l'armée mettait à profit le repos dont elle jouissait pour instruire ses recrues et réparer ses armes, le 5ᵉ corps battait, à Ostrolenka, les Russes, qui s'étaient flattés de les surprendre ; le 10ᵉ corps pressait le siége de Dantzig ; la division italienne resserrait Colberg, et les 9ᵉ et 8ᵉ corps poursuivaient leurs opérations en Silésie et dans la Poméranie suédoise. A la fin de mars, les mouvements de l'ennemi nous obligèrent à redoubler de précautions, et, malgré la rigueur de la saison, chaque jour, à trois heures du matin, une partie de la seconde ligne prenait les armes et se portait vers la Passarge pour servir de renfort, en cas d'attaque, aux troupes qui défendaient la rivière : ces réserves ne rentraient dans leurs quartiers que sur les 10 heures. Enfin, dans les premiers jours de mai, l'armée entière quitta ses cantonnements et forma des camps, pour être en mesure de parer à tous les événements.

Vers la même époque, les Cosaques jetèrent avec profusion sur toute notre ligne, des libelles, dans lesquels on cherchait à ébranler la fidélité des troupes et on les excitait à la désertion et à la révolte. Cette manœuvre, familière aux Russes dans toutes leurs guerres, n'était pas faite pour réussir auprès de nos soldats; mais ils essayèrent en même temps une autre entreprise, dont les résultats devaient être plus fâcheux pour nous. A force de soins et de travaux, nous étions parvenus à réunir un petit approvisionnement de vivres dans les magasins de Liebstadt et de Mohrungen ; ils tentèrent de les incendier. A Mohrungen, le général Legrand fut assez heureux pour se rendre maître du feu, et les dommages, sur ce point, se réduisirent à peu de chose. Il n'en fut pas de même à Liebstadt. Le 6 mai, l'ennemi profita d'un vent violent du midi pour livrer cette ville aux flammes ; l'embrasement fut si rapide et si universel, que les habitants ne purent rien enlever, et que, jusqu'aux malades, tout devint la proie des flammes ; le maréchal Soult lui-même, quoique logé hors de la ville, eut de la peine à sauver sa correspondance avec l'Empereur. Livrés au désespoir et sans aucune ressource, les malheureux habitants vinrent nous demander du pain et un asile ; ils restèrent plusieurs jours dans nos camps, et, pour leur donner le moyen de s'établir dans les villages voisins, chacun des régiments du 4ᵉ corps versa une somme de 1,500 fr. entre les mains de leur bailli, à Rosenau. Voilà comment nous faisions la guerre en Prusse; on sait de quelle manière les armées de cette puissance nous l'ont rendu!

Le bruit de nos armes avait retenti jusqu'en Orient ; un ambassadeur du Shah de Perse arriva, vers la fin d'avril, au quartier général de Finkenstein. Cet événement, aussi extraordinaire que glorieux pour la France, fit une grande sensation dans l'armée. Mirza-Rizza (c'était le nom de l'ambassadeur) fut accueilli de la manière la plus gracieuse et traité avec la plus grande distinction ; l'Empereur conclut avec lui un traité d'alliance, en vertu duquel il envoya en Perse le général Gardanne (le Petit) (1) accompagné d'un certain nombre d'officiers destinés à façonner les troupes persanes à la discipline européenne. Si la France ne retira pas de la mission de Gardanne tous les avantages qu'elle avait droit d'en attendre, la faute en fut peut-être au choix de cet envoyé ; sa frugalité, son économie et la simplicité de ses mœurs devaient déplaire au

---

(1) Il y avait dans l'armée deux généraux du nom de Gardanne; on les avait surnommés le *Grand* et le *Petit*, à cause de leurs tailles. Le *Petit* avait servi dans la cavalerie et s'y était fait une réputation; Moreau en faisait un cas particulier.

faste asiatique. Un ambassadeur ottoman parut aussi dans notre camp à la fin de mai ; sa mission n'eut aucun résultat important, et d'ailleurs la déposition de Sélim, qui eut lieu vers la même époque, l'aurait rendue inutile, quand même on serait parvenu à s'entendre.

Nous avions atteint la belle saison, et cependant nous restions encore immobiles, lorsque l'ennemi prit l'offensive ; mais avant de parler de ses mouvements et des suites qu'ils eurent, il convient de faire connaître la position de notre armée et les changements qui s'y étaient opérés. Au 1er juin, Dantzig était tombé en notre pouvoir ; Graudentz et Colberg étaient resserrés ; la Silésie conquise presque en entier, et la Poméranie suédoise, à l'exception de Stralsund, occupée par le corps de Brune, qui avait remplacé celui de Mortier. Le 5e corps, toujours sur l'Omuless et la Narew, était passé sous les ordres de Masséna ; Mortier avait rejoint l'armée avec son corps, il formait, avec le nouveau corps de Lannes, une seconde ligne. En première ligne, le long de la Passarge et de l'Alle étaient, à gauche le corps de Bernadotte, au centre ceux de Soult et de Ney, à droite celui de Davoust ; enfin, la cavalerie occupait les plaines d'Elbing et la garde entourait le quartier général, à Finkenstein.

Le 4 juin, le général en chef russe, Benningsen, fit insulter tous nos postes sur la Passarge. Le 5, il revint, avec de nouvelles forces, attaquer les têtes de pont de Spanden et de Lomitten. La première était défendue par les troupes du prince de Ponte-Corvo et la 2ᵉ par celles du maréchal Soult; après beaucoup d'efforts inutiles, il fut obligé de se retirer, laissant les abatis couverts de plusieurs centaines de morts. Pendant ce temps, il avait dirigé ses principaux coups contre le 6ᵉ corps, campé à Guttstadt, et malgré sa résolution et sa ténacité, le maréchal Ney s'était vu obligé de faire un mouvement rétrograde; il se retira vers Deppen, sur la Passarge. Le 6, l'ennemi renouvela ses attaques contre ce corps, mais il fut moins heureux. Sa grande supériorité numérique n'empêcha pas Ney de le battre et de le culbuter sur tous les points; il laissa 2,000 morts sur le champ de bataille.

Napoléon, informé des opérations de l'ennemi, quitta sur-le-champ Finkenstein et se porta rapidement sur Deppen, où il passa la nuit du 7 au 8, au bivouac du maréchal Ney. Dès qu'il se fut assuré de la situation de l'armée russe et qu'il eut remarqué qu'elle hésitait dans son mouvement en avant, il prit à son tour l'offensive. Il dirigea les maréchaux Lannes et Davoust sur Guttstadt, tandis que Soult marchait dans la même direction, en passant par Schwendt, de manière à déborder la droite de Benningsen, et que le premier corps était chargé d'éclairer la gauche de notre ligne et de manœuvrer vers l'embouchure de la Passarge. Il suivit lui-même l'ennemi, qui se mettait en retraite, avec les corps de Ney, de Mortier, la cavalerie de Murat et la garde, dans la direction de Glottau ; on y trouva une forte arrière-garde avantageusement postée ; elle fut attaquée incontinent et menée battant jusqu'à Guttstadt, où nos troupes entrèrent pêle-mêle avec les Russes.

Je citerai deux faits particuliers arrivés dans cette journée. En traversant sur la rive droite de la Passarge, le général Guillon, commandant la cavalerie légère du maréchal Soult, et chargé d'éclairer les bois entre Elditten et Wolsfsdorf, tomba dans une embuscade ; sa brigade fut ramenée avec perte et lui-même y perdit la vie. Heureusement que cette échauffourée n'eut point de suite, et que l'ennemi s'éloigna à la vue des troupes d'infanterie qui marchaient contre lui. En débouchant de ces mêmes bois, par la route de Schwendt, la division Saint-Hilaire rencontra la division Kaminski, qui revenait du camp de Neu-Fahr-Wasser, sous Dantzig, et qui cherchait à rejoindre l'armée russe. On marcha contre elle, mais elle ne tint pas, et, après avoir perdu quelques hommes et une pièce de canon, elle précipita sa retraite dans la direction d'Orensdorf ; Saint-Hilaire la fit poursuivre jusqu'au delà de Diettrichsdorf et revint ensuite sur Altkirch, où le 4ᵉ corps fut réuni le soir du 9 juin.

Le 10, l'armée continua son mouvement sur Heilsberg, par la rive gauche de l'Alle ; le 3ᵉ corps resta à Guttstadt et fut chargé de surveiller les mouvements de l'ennemi sur la rive droite. Le prince Murat, qui faisait l'avant-garde à la tête de la cavalerie, aperçut bientôt l'arrière-garde russe et la poussa devant lui ; mais, après avoir passé le ruisseau de Lawden, il se trouva tout à coup en présence d'une nombreuse infanterie, appuyée par les feux d'une ligne de redoutes établies sur des mamelons, qui s'étendaient de la rive gauche de l'Alle jusqu'au delà de la route de Landsberg. Ces redoutes, fraisées, palissadées et hérissées d'artillerie, étaient défendues par toute l'armée russe, alors concentrée à Heilsberg. Murat, se trompant sur sa force réelle, n'hésita pas à attaquer ; mais sa position était d'autant plus critique que le reste de l'armée ne pouvait pas encore le soutenir. Le bruit du canon précipita la marche de la garde et du corps de Soult ; quant à l'Empereur, éloigné du champ de de bataille, au commencement de l'action, après avoir reçu le rapport de Murat, qui croyait n'avoir affaire qu'à un corps de 15 ou 20,000 hommes, il ordonna au maréchal Soult de le soutenir, et aux fusiliers de la garde de servir de réserve.

La division Legrand fut dirigée à gauche et chargée d'enlever un bois, entre les routes de Wormditt et de Landsberg, d'où l'ennemi prenait en flanc notre cavalerie ; la division Carra-Saint-Cyr marcha à droite, en longeant la rivière ; la division Saint-Hilaire devait la soutenir. Les fusiliers de la garde s'étaient portés au centre, mais en appuyant un peu à gauche. Nos troupes obtinrent d'abord des succès et poussèrent jusqu'aux pieds des retranchements les corps qui leur étaient opposés; mais ceux-ci, ayant été renforcés par des bataillons frais, reprirent l'offensive; la division Carra-Saint-Cyr, attaquée de front et prise en flanc par une colonne sortie de Heilsberg, fut repoussée et ramenée en désordre. La division Saint-Hilaire marcha à son secours, et fut bientôt aux prises avec les Russes.

La disparition de notre cavalerie, qui s'était retirée à gauche et avait cédé du terrain à celle de l'ennemi, obligeait Saint-Hilaire à tenir ses régiments, partie déployés et partie en colonne : c'est dans cet ordre qu'il combattit. Secondée par quelques batteries, heureusement placées à la faveur des accidents nombreux du terrain, sa division eut bientôt rétabli le combat ; les Russes furent forcés à la retraite et poursuivis jusqu'à leurs redoutes ; mais tous nos efforts pour enlever ces redoutes furent inutiles et vinrent expirer sur les palissades dont elles étaient couvertes. A son tour, et malgré les avantages de sa position et l'immense supériorité de ses forces, l'ennemi fut ramené vigoureusement toutes les fois qu'il voulut dépasser le rayon protégé par son artillerie, et ne put réussir à regagner le terrain qu'il avait perdu et qui était couvert de ses morts et de ses blessés. Vers les neuf ou dix heures du soir, arriva la tête de colonne du maréchal Lannes ; elle fut immédiatement engagée. Elle opéra sur la droite de la division Saint-Hilaire, vers l'Alle (car les mouvements de la journée nous avaient éloignés de cette rivière et jetés à gauche);

comme nous, elle marcha sur les redoutes ennemies et, comme nous, elle essaya en vain de les enlever. Il était onze heures et le combat durait encore. A cette époque de l'année, il n'y a point de nuit complétement obscure dans ces contrées et les deux crépuscules se touchent : nous bivouaquâmes sous les retranchements russes, ce fut le seul avantage que nous obtînmes de ce combat sanglant et opiniâtre.

Dans une position aussi voisine de l'ennemi, quoique les troupes fussent appuyées à des bois, elles reçurent l'ordre de ne point faire de feu, et la nuit, qui succédait à un jour brûlant, ayant été froide et pluvieuse, elles eurent beaucoup à souffrir. Napoléon se montra fort mécontent du résultat de cette journée : « C'est ainsi, dit-il, que par une précipitation irréflé- « chie, on a compromis deux fois le sort de la campa- « gne ! » Il faisait allusion à l'échauffourée de Murat, à Hoff.

Nous nous attendions à être attaqués le lendemain de bonne heure ; mais l'ennemi resta tranquille dans ses retranchements. Il eût été imprudent à lui d'en sortir. En effet, si, la veille, malgré tous les avantages de nombre et de position qu'il avait sur nous, il avait vu échouer toutes ses tentatives, que pouvait-il espérer, maintenant que nous avions reçu des renforts et que notre armée allait être concentrée ? Malgré cela, et pour parer à tous les événements, l'Empereur assigna aux divers corps leur place de bataille, et, en attendant, passa la revue de ceux qui avaient combattu la veille; il appela en outre le corps de Davoust sur la rive gauche, et le porta à Grassendorf.

Les mouvements exécutés par nos différents corps ayant fait comprendre à Benningsen qu'il allait être pris en flanc et à revers, il se décida à la retraite, et l'exécuta, dans la nuit du 11 au 12, par la rive droite. Deux divisions de cavalerie le suivirent dans la direction de Bartenstein. Murat, Soult et Davoust furent envoyés sur Kœnigsberg, pour couper l'armée russe de cette place importante. La garde, Lannes, Mortier, Ney et le premier corps, qui nous avait rejoints, marchèrent sur Eylau, Lamposch et Domnau, de manière à être massés au besoin à la hauteur de l'ennemi, qui continuait à descendre l'Alle par la rive droite.

Le 13, les trois corps de Murat, Soult et Davoust arrivèrent devant Kœnigsberg. Dans sa marche par Kreutzburg, Soult s'était trouvé sur le flanc du général prussien Lestocq, qui, en précipitant son mouvement, fut assez heureux pour entrer dans la place; mais son arrière-garde, qui s'était arrêtée à Heiligenbeil, se trouva coupée; elle était forte de 7 à 800 hommes d'infanterie, de 4 ou 500 chevaux, et de 7 pièces de canon.

Le maréchal fit marcher sur elle la division Saint Hilaire, et après un léger combat, dans lequel le général de brigade Bujet eut l'avant-bras emporté, elle mit bas les armes. Le mouvement du général Benningsen sur l'Alle avait obligé l'Empereur à rappeler, dès le 13 au soir, le maréchal Davoust, de sorte qu'il ne resta plus devant la capitale de la vieille Prusse que les corps de Soult et de Murat.

Le général russe continua à descendre l'Alle par la rive droite, jusqu'à Friedland, où il voulait passer sur la rive gauche, espérant sans doute culbuter aisément les troupes qui lui seraient opposées, et s'ouvrir ainsi la route de Kœnigsberg. Le 13, un corps de sa cavalerie occupa Friedland, après en avoir chassé un régiment de hussards français. Le 14, il acheva son mouvement par la rive gauche, et attaqua immédiatement le corps du maréchal Mortier, qui s'était dirigé sur ce point. Accablé par le nombre, Mortier dut céder du terrain, mais, soutenu bientôt par le corps de Lannes, il reprit l'offensive; Benningsen comprit alors qu'il s'était trompé dans ses calculs et qu'il aurait à livrer une véritable bataille; il s'arrêta et fit ses dispositions en conséquence. Lorsque l'Empereur vit que l'ennemi acceptait le combat, il s'écria : « Ce jour est d'un heureux « augure, c'est l'anniversaire de Marengo ! »

L'ennemi avait appuyé sa gauche en avant et à hauteur de Friedland et sa droite à Heurichsdorf. Napoléon plaça le maréchal Ney à droite, derrière le bois de Sort-Lack, Lannes au centre et Mortier à gauche. La garde et le premier corps, alors aux ordres du général Victor, formèrent la réserve. En seconde ligne et derrière l'infanterie de la première, furent placées deux divisions de cavalerie. Enfin, vers les quatre heures après midi, l'Empereur, qui avait réuni toutes les forces à portée de sa main, qui avait terminé ses préparatifs et qui voulait tirer parti de la position aventureuse de l'armée russe, ordonna au maréchal Ney de déboucher du bois de Sort-Lack et de marcher sur Friedland. Pour s'opposer à cette manœuvre et parer au danger dont elle le menaçait, le général russe renforça sa gauche de toute la garde impériale ; embusquée dans un ravin en avant de la ville, elle maltraita les premières troupes du maréchal Ney et jeta quelque désordre dans une de ses divisions. Cet accident fut promptement réparé, et Ney, ayant été renforcé par une division du 1er corps, renouvela son attaque avec succès et obligea l'ennemi à se retirer sur Friedland.

Cependant, le général Benningsen voulant contrebalancer notre avantage à la droite et opérer une diversion, fit attaquer au centre le corps de Lannes, mais ce mouvement échoua complétement. Malgré leur résolution, les Russes furent d'abord repoussés, assaillis ensuite à leur tour très-vivement, ils furent contraints de nous laisser le champ de bataille et de fuir aussi dans la direction de Friedland, où ils augmentèrent le désordre de leur aile gauche ; enfin, ils ne trouvèrent de salut que derrière l'Alle, après avoir laissé les rues de la ville jonchées de leurs morts et de leurs blessés. Dans ce moment décisif, le maréchal Mortier ne restait pas spectateur oisif des succès du centre et de la droite ; reprenant l'offensive, il aborda avec vigueur l'aile droite de l'ennemi qui lui était opposée et lui enleva sa position. Le général qui commandait cette aile, voyant la défaite du reste de son armée et la situation critique où elle le plaçait, ne s'opiniâtra pas inutilement; il ne fit que la résistance nécessaire pour assurer sa retraite, et, après avoir reconnu un gué, il se hâta de passer sur la rive opposée de l'Alle.

La victoire était éclatante et complète, et le triomphe de Napoléon d'autant plus beau qu'il n'avait combattu qu'avec une partie de ses forces; les corps de Soult, de Davoust et de Murat étaient loin de lui devant Kœnigsberg, et parmi les troupes présentes à l'action, la garde et deux divisions du 1er corps n'y avaient pris aucune part. Les pertes de l'ennemi étaient immenses: on comptait 15,000 morts sur le champ de bataille; 75 pièces de canon, plusieurs drapeaux et quelques milliers de prisonniers étaient tombés en notre pouvoir.

Découragés par tant de défaites sanglantes et réitérées, les débris de l'armée russe se retirèrent sur Wehlau dans le plus grand désordre. Le 16, ils passèrent sur la rive droite de la Pregel, et hâtèrent leur marche vers le Niémen, après avoir rompu soigneusement tous les ponts. L'armée française continua à manœuvrer sur la rive gauche de la Pregel, pour être continuellement à la hauteur de l'ennemi et en mesure d'agir contre lui. Murat, qui, dès le 14, avait reçu l'ordre de se réunir à l'Empereur et de laisser au maréchal Soult le soin d'observer et d'inquiéter Kœnigsberg, ne tarda pas à le rejoindre et à poursuivre vivement l'arrière-garde russe.

Kœnigsberg, où s'était renfermé le corps de Lestocq, qui restait seul de toute l'armée prussienne, offrait une enceinte fraisée, palissadée et mise dans un état de défense respectable ; le maréchal Soult y fit jeter des obus, qui mirent le feu à quelques maisons du faubourg ; cependant, il n'aurait pas réussi à s'en rendre maître, sans le succès décisif de Friedland. Mais dès que la nouvelle de notre victoire fut connue, la garnison évacua la ville, et le maréchal en prit possession. Nous trouvâmes dans le port environ 200 bâtiments chargés de munitions appartenant aux Russes et aux Anglais, dans les magasins, une grande quantité de vivres, d'armes et d'approvisionnements de guerre, et dans les hôpitaux, au moins 20,000 blessés.

La division Saint-Hilaire fut ensuite détachée contre Pillau, point important sur la Baltique, à l'entrée du Frische-Haff. Elle rencontra un corps de la garnison de cette petite place, à Frische-Hausen, le poussa devant elle et l'obligea à se renfermer dans la ville. Nous n'avions pas les moyens nécessaires pour en faire le siége, nous nous bornâmes à la bloquer étroitement par terre ; des batteries établies sur le Frische-Nëhrung, du côté de Dantzig et une croisière de barques canonnières, montées par des marins de la garde, en complétèrent l'investissement et mirent Kœnigsberg à l'abri de toute inquiétude.

La citadelle de Pillau est une mauvaise place sous plusieurs rapports ; elle est dominée à une si petite portée, que nos pièces de campagne faisaient des ravages considérables sur les remparts, et ses terre-pleins sont si étroits, qu'il fallait attacher les canons à des anneaux pour en arrêter le recul; la ville est entourée d'un mur et d'un fossé plein d'eau, mais peu profond. La garnison, quoique nombreuse, n'était pas redoutable: composée de soldats de nouvelles levées, sans instruction et non encore habillés, elle était hors d'état de rien entreprendre et même d'opposer une longue résistance. Les approvisionnements étaient incomplets, la viande fraîche et les médicaments manquaient entièrement, aussi à peine la place fut-elle resserrée, que les maladies y firent des ravages considérables. Au mois de juillet, elle était réduite à une telle extrémité, qu'elle allait être forcée de nous ouvrir ses portes, quand la paix de Tilsit vint mettre fin aux hostilités.

Le fait que je vais raconter, et qui se passa pendant le blocus de Pillau, fournira une nouvelle preuve de la terreur que nos armes avaient répandue dans toute la Prusse et fera comprendre en même temps combien il importe aux gouverneurs des places bloquées ou assiégées d'interdire aux habitants toute communication avec l'extérieur. Le colonel du 10ᵉ léger, qui commandait les avant-postes, voulant reconnaître la ville à son aise et y former quelques liaisons, s'avisa de s'y rendre directement et comme il eût fait en temps de paix. Il s'embarqua à Alt-Pillau, accompagné de deux officiers et alla débarquer sur le port même. A son apparition, la garde prit les armes et le chef du poste lui demanda en tremblant ce qu'il voulait : « Parler au gouverneur ! » répondit-il. Pendant qu'on le faisait avertir, le colonel parcourut la ville à son aise, causa avec plusieurs personnes et fit toutes les observations qu'il jugea convenables ; ensuite il s'entretint avec le colonel Hermann et retourna paisiblement dans son camp sans que ce gouverneur osât penser à le retenir. Peu de jours après, un certain nombre de dames de la ville, qui avaient l'habitude de se promener dans le bois, dit le Paradis, fort contrariées de la gêne où les réduisait le blocus, sortirent des murs, escortées par plusieurs bourgeois, et même par quelques officiers prussiens et s'approchèrent de nos postes ; on leur offrit de les laisser passer comme elles voudraient, ce qu'elles acceptèrent avec empressement. C'était justement l'heure où la musique jouait chez le colonel ; nos officiers profitèrent de ce hasard pour engager les dames à valser, et, comme le lieu n'était pas propice, ils les conduisirent dans le logement du colonel : après y avoir dansé jusqu'à onze heures du soir, on se sépara, en se promettant de se réunir ainsi deux fois par semaine ; on n'y manqua pas, et il est facile de s'imaginer que de cette façon, rien de ce qui se faisait dans la place ne nous était inconnu.

L'armée russe, comme nous l'avons déjà dit, avait rompu, dans sa retraite, tous les ponts sur la Pregel, afin de retarder notre poursuite. Cette précaution lui fut peu profitable, car, dès le 16, nos troupes s'établirent sur la rive droite de cette rivière. Ney fut dirigé sur Insterburg et Davoust sur Labiau, où il eut un léger engagement avec l'arrière-garde ennemie. Le 19, nous occupâmes Tilsit, que les Russes avaient abandonné, après avoir brûlé le pont du Niémen. Le même jour, le général Benningsen demanda un armistice ; sa demande fut accueillie, et le prince Labanoff se rendit au quartier général français pour le conclure ; il fut signé le 21. Le 22, Napoléon adressa à son armée la proclamation suivante :

« Soldats ! le 5 juin, nous avons été attaqués dans
« nos cantonnements par l'armée russe. L'ennemi
« s'est mépris sur les causes de notre inactivité : il
« s'est aperçu trop tard que notre repos était celui du
« lion ; il se repent de l'avoir troublé.

« Dans les journées de Guttstadt, de Heilsberg, dans
« celle à jamais mémorable de Friedland, dans dix
« jours de campagne enfin, nous avons pris 120 pièces
« de canon, 7 drapeaux, tué, blessé ou fait prison-
« niers 60,000 Russes, enlevé à l'armée ennemie tous
« ses magasins, ses hôpitaux, ses ambulances, la place
« de Kœnigsberg, les 300 bâtiments qui étaient dans
« ce port, chargés de toute espèce de munitions,
« 160,000 fusils que l'Angleterre envoyait pour armer
« nos ennemis.

« Des bords de la Vistule nous sommes arrivés sur
« ceux du Niémen avec la rapidité de l'aigle ; vous
« célébrâtes à Austerlitz l'anniversaire du couronne-
« ment ; vous avez, cette année, dignement célébré

« celui de la bataille de Marengo, qui mit fin à la
« guerre de la seconde coalition (1).

« Français ! vous avez été dignes de vous et de
« moi. Vous rentrerez en France couverts de lauriers,
« et après avoir obtenu une paix glorieuse qui porte
« avec elle la garantie de sa durée. Il est temps que
« notre patrie vive en repos, à l'abri de la maligne
« influence de l'Angleterre. Mes bienfaits vous prou-
« veront ma reconnaissance et toute l'étendue de
« l'amour que je vous porte. »

La paix suivit de près cet armistice : elle fut signée avec la Russie le 7 juillet, et le 9, avec la Prusse. C'est en vertu de ce traité que furent érigés le grand-duché de Varsovie et le royaume de Westphalie. Mais, par une bizarrerie remarquable, ce même traité accorda à l'empereur Alexandre, principal auteur de la guerre, une augmentation de territoire aux dépens de son allié le roi de Prusse et de l'ancienne Pologne.

Il me semble qu'on peut reprocher à Napoléon d'avoir trop pensé, dans ces transactions importantes, aux intérêts de sa famille et pas assez à ceux de la saine politique, qui étaient d'accord, cette fois, avec la cause des Polonais. Le royaume de Westphalie, composé de plusieurs États différents, attachés par l'habitude et par d'anciens souvenirs à leurs souve-

---

(1) On sait que ce n'est pas rigoureusement exact et qu'il fallut à l'armée française de nouveaux triomphes pour arracher la paix à l'Autriche.

rains respectifs, ne pouvaient de longtemps composer un tout homogène et capable de servir de contrepoids dans la balance politique de l'Allemagne. Le grand-duché de Varsovie se trouvait placé dans une situation plus fâcheuse encore. Entouré de trois puissances ennemies et spoliatrices, il était pour nous plutôt un embarras qu'un point d'appui. Il en eût été bien autrement du rétablissement intégral du royaume de Pologne ; sa population nombreuse, le caractère belliqueux de ses habitants, le souvenir des malheurs, des outrages et des iniquités qu'il avait essuyés, lui auraient assuré, dès sa naissance, une existence forte et vigoureuse.

Il est permis de penser que ce grand acte de justice n'aurait pas éprouvé alors des difficultés insurmontables, surtout si, poursuivant nos succès, nous avions écouté les vœux des Lithuaniens, qui offraient de se lever en masse et de prendre les Polonais pour exemple. D'ailleurs, il est incontestable que dans ce moment Napoléon était le maître du continent, et qu'aucune puissance n'était en mesure de s'opposer à sa volonté. La Russie, constamment battue dans trois campagnes sanglantes, avait perdu l'élite de ses soldats, et ce qui restait sous les armes, découragé par tant de défaites successives, ne suffisait pas pour recommencer la lutte avec quelques chances de succès ; d'un autre côté, la nation, c'est-à-dire les boyards, fatigués de toutes ces guerres entreprises sans motif légitimes et soutenues sans gloire, témoignaient leur mécontentement et proclamaient tout haut le besoin de la paix.

La Prusse n'existait réellement plus; toutes ses provinces étaient tombées entre nos mains; il ne restait à Frédéric-Guillaume que quelques places isolées, prêtes à nous ouvrir leurs portes, et le peu de troupes prussiennes, qui tenaient encore la campagne, désertant par bandes, montraient la plus vive répugnance à suivre l'armée russe au delà du Niémen. En outre, il ne faut pas oublier que les peuples ruinés et mécontents demandaient de nouvelles institutions, et que Berlin sollicitait la permission de s'ériger en Etat libre et indépendant : exemple funeste, qui aurait entraîné la perte totale de la monarchie. Dans une situation aussi désespérée, le roi de Prusse aurait sans doute regardé comme un bienfait tout traité de paix, qui ne lui aurait enlevé que la partie de la Pologne incorporée à ses États.

L'Autriche avait de la mauvaise volonté contre nous; mais le sentiment de ses défaites était trop récent pour qu'elle osât remuer dans la position où se trouvait alors la Russie, et, d'ailleurs, il n'eût pas été impossible de la dédommager par quelque échange. Gustave IV, roi de Suède, n'aurait pu voir d'un œil défavorable une révolution qui affaiblissait ses ennemis naturels. Dans tous les cas, il était fort peu redoutable, et déjà il avait commencé à mécontenter son peuple et son armée. Quant aux autres puissances continentales, elles étaient nos alliées ou tremblaient devant nous.

Malgré tous les avantages de cette position, Napoléon n'hésita pas à conclure un traité qui rivait les fers de la nation polonaise et sanctionnait en quelque sorte son esclavage. Tout porte à croire qu'il ne fut pas longtemps à s'en repentir. Au surplus, quels qu'aient été les motifs qui déterminèrent sa conduite en cette circonstance, il est impossible de ne pas reconnaître qu'elle fut pleine de modération et de générosité. En étaient-ils dignes ces rois, qui, abusant plus tard de la victoire, l'ont traité avec tant de cruauté, qui n'ont pas rougi de mettre sa tête à prix, et de signer l'ordre de l'assassiner ?

Les conditions de l'évacuation de la Prusse furent réglées par une convention particulière. Elle dut se faire successivement : au 1er août, l'armée française devait être rendue sur la Passarge ; au 20 du même mois, sur la rive droite de la Vistule ; au 5 septembre, sur l'Oder, et au 1er octobre, au delà de l'Elbe. Mais ces mouvements étaient soumis à la condition expresse du paiement total des contributions de guerre frappées avant la signature de ce traité. Déjà l'armée était en marche pour se rendre dans ses nouveaux cantonnements, lorsqu'un ordre du jour, du 17 août, lui apprit que les pays situés entre la Passarge et la Vistule ne seraient évacués : 1° que lorsque divers articles du traité de paix auraient été exécutés ; 2° que lorsqu'on serait d'accord sur l'exécution d'autres articles du même traité, et qu'en conséquence les troupes devaient s'arrêter où elles se trouvaient, et vivre de la même manière qu'elles avaient vécu jusqu'alors, c'est-à-dire avec les ressources que présentaient les villages dans lesquels elles seraient cantonnées. Nous restâmes dans cette position précaire jusqu'à la fin de novembre.

L'un de nos premiers soins fut de faire le recensement de la population et celui des ressources en tout genre que nous pouvions rencontrer. Elles se trouvèrent peu considérables, et cela n'était pas étonnant dans un pays naturellement pauvre, déjà épuisé par la guerre, et dévoré en outre par une épizootie générale. A la fin d'octobre nous n'avions plus ni viande ni légumes, aussi ne tardâmes-nous pas à éprouver les tristes effets de ces privations ; jointes à la mauvaise qualité des eaux, elles occasionnèrent une grande quantité de fièvres intermittentes, surtout dans les cantonnements où les prunes abondaient. On conçoit facilement que les habitants n'étaient pas épargnés par ces fléaux ; réduits à la plus profonde misère, ils furent particulièrement attaqués d'une sorte de maladie épidémique qui les enlevait en peu de jours, et qui fit périr une partie considérable de la population, sans que leur Gouvernement s'occupât en aucune façon de leur porter secours.

La vieille Prusse est couverte de forêts immenses, dont les plus considérables appartiennent au souverain; elles renferment encore une grande quantité d'élans, animal doux et herbivore, mais fort nuisible aux moissons par l'impunité dont il jouit, car il est défendu de le tuer. Les lacs y sont nombreux et généralement poissonneux; cependant on en voit tous les jours diminuer le nombre et l'étendue, non par les soins et l'industrie des habitants, personne ne s'en soucie, mais par le seul travail de la nature. Le sol est sablonneux; le seigle est la principale céréale qu'on y récolte, quoique le froment, le lin et le chanvre n'y soient pas négligés; mais il est peu de cantons où le terrain soit assez fertile pour permettre de les cultiver en grand. Sur les bords de la Vistule, dans les environs d'Elbing, dans l'île de la Nogath et sur tous les autres points riches en fourrages, on élève une grande quantité de vaches; on estime le produit moyen de chacune d'elles de 15 à 16 thalers, ou de 54 à 57 francs, tandis que, dans l'intérieur des terres, il n'est calculé qu'au tiers de cette somme.

On serait fort étonné en France d'entendre dire que les artisans les plus nécessaires à l'agriculture n'ont pas le droit de s'établir là où il leur plaît; cela est pourtant de la plus exacte vérité : ce privilège s'achète et n'est accordé qu'à certains villages. Quoique la servitude soit en général abolie dans cette province, elle existe cependant encore dans quelques cantons, aux environs d'Heilsberg, d'Eylau et de Kœnigsberg. Mais, libre ou esclave, le paysan n'en est ni moins malheureux, ni moins soumis aux caprices et aux brutalités des seigneurs; le seul avantage que le paysan libre ait sur l'esclave est de n'être point attaché à la glèbe, et d'avoir la faculté d'abandonner le domaine des maîtres trop durs et trop inhumains.

Toutes les propriétés appartiennent au roi ou à la noblesse, c'est un de ses priviléges; mais le seigneur est obligé d'avoir, dans chacun de ses villages, un certain nombre de paysans ou de demi-paysans, auxquels il est tenu de fournir une habitation et un ou deux huben de terrain (chaque huben contient trente journées de travail), moyennant une somme en argent et d'autres services en nature. Il semblerait qu'en payant et en remplissant toutes les conditions de ce contrat, le paysan devrait être parfaitement libre; il n'en est pourtant pas ainsi : ces malheureux sont si dégradés, si avilis par la misère et les mauvais traitements, qu'ils n'osent jamais se plaindre, même lorsque les seigneurs s'amusent à leur faire donner la bastonnade, après les avoir attachés par le cou ou par les mains aux carcans qu'ils ont tous à la porte de leurs manoirs. Si le Gouvernement prussien n'a rien fait pour mettre le faible à l'abri des violences du fort, le roi a donné, comme propriétaire, un bel exemple, que personne ne s'est encore avisé de suivre : il a mis ses villages en baux emphytéotiques; aussi les paysans y sont-ils mieux vêtus, mieux logés, mieux portants et plus forts; ces villages contrastent singulièrement avec ceux des nobles : on y trouve un air d'aisance, de propreté et de bonheur qui délasse l'âme contristée du tableau dégoûtant de la malpropreté et du dénuement qu'offrent ces derniers.

Le besoin d'argent qui, seul, a semblé si longtemps pouvoir engager les rois à s'occuper du bonheur des peuples, a altéré le principe féodal le plus essentiel aux biens nobles et a valu aux roturiers la faculté d'en posséder. Cette révolution, qui doit avoir des conséquences favorables au bien-être des populations, est due aux malheurs de la guerre. C'est ainsi que certains fleuves fertilisent les champs, après les avoir ravagés par leurs débordements.

Aujourd'hui encore, comme au temps des Romains et même au siècle d'Hérodote, on trouve le *succin*, ou ambre jaune, sur les bords de la Baltique, aux environs de Dantzig et de Pillau. La partie des côtes, qui s'étend de cette dernière ville à Dirschkeim, passe pour être la plus riche dans la production de cette substance. Le Gouvernement s'en est réservé le monopole; il est défendu aux habitants, sous des peines très-sévères, de s'en approprier la plus petite partie, et des commis veillent à l'exécution rigoureuse de cette défense.

La qualité des eaux de la Baltique nous frappa de surprise; elles sont si peu chargées de sel et de bitume que nos chevaux ne faisaient point difficulté d'en boire : ce fut pour beaucoup d'entre nous une rare découverte.

Nous quittâmes ce malheureux pays, après en avoir épuisé toutes les ressources, et nous repassâmes la Vistule, pour nous rapprocher de l'Oder, où la plus grande partie de l'armée s'arrêta jusqu'en 1808.

La paix de Tilsit n'avait pas désarmé le roi de

Suède (1). Aidé des subsides de l'Angleterre et renforcé par un corps de troupes de cette nation, il se crut assez fort pour rompre l'armistice et renouveler les hostilités. Pour se donner plus de chance de succès, en prenant un parti aussi hasardeux, il crut utile d'essayer l'arme de la séduction ; il ne regarda pas le rôle de suborneur comme indigne de sa majesté royale, et, dans une entrevue avec le maréchal Brune, il lui proposa de trahir l'Empereur et sa patrie. Je n'ai pas besoin d'ajouter que le maréchal repoussa cette proposition avec toute l'indignation qu'elle méritait.

Au reste, la guerre avec la Suède ne pouvait être ni longue ni dangereuse. Bientôt, resserré dans Stralsund et effrayé de nos préparatifs de siége, Gustave ne s'y crut pas en sûreté : il se réfugia dans l'île de Rugen, d'où il ne tarda pas à se rendre, de sa personne, à Stockholm. Dans le courant de septembre, l'armée

---

(1) Ce prince était une espèce d'illuminé, mais très-ami du despotisme. On m'a raconté, dans la Poméranie même, qu'un jour, pendant que le maréchal Mortier le tenait resserré dans Greifswalde, il fit venir trois ou quatre dragons et leur dit : « Le Ciel vous a destinés « à délivrer votre patrie! Sortez par la porte d'Anklam et fondez « sur l'armée du nouveau Sennachérib ; l'ange du Seigneur vous « précédera et vous la verrez tomber sous vos coups! » Un autre jour, il fit venir, pendant la nuit, les magistrats, et, après leur avoir longtemps parlé de son amour pour eux et de la volonté qu'il avait de les rendre heureux, il termina son discours par leur déclarer qu'il abolissait toutes les libertés et toutes les franchises dont jouissait la ville : chose qui ne leur fut pas du tout agréable.

suédoise évacua cette île, en vertu d'une capitulation, et retourna en Suède.

A la suite de cette campagne, le maréchal Brune tomba dans la disgrâce la plus complète. Le motif connu de cette sévérité de l'Empereur envers un de ses premiers lieutenants fut l'introduction de marchandises anglaises à Cherbourg. Les personnes, qui veulent trouver des causes secrètes à tous les événements, prétendirent qu'il avait été mécontent des termes dans lesquels l'article 1er de la capitulation avait été conçu ; mais cela me paraît peu vraisemblable, car cet article, qui porte textuellement ces mots : « L'armée suédoise « évacuera l'île de Rugen, qui sera occupée par l'ar- « mée française, » ne pouvait donner prise à aucune fâcheuse interprétation. Quoi qu'il en soit, Brune ne fut plus employé qu'en 1815. Tout le monde connaît sa fin tragique, à Avignon, au moment où il rentrait dans la retraite.

Vainqueur de l'Europe, Napoléon voulut achever l'organisation du système monarchique de son empire. Un sénatus-consulte créa des titres héréditaires et institua des majorats. Les chefs de la grande armée eurent naturellement une bonne part à ces nouvelles faveurs. Les maréchaux reçurent le titre de duc, les généraux de division, celui de comte, les généraux de brigade et plusieurs colonels, celui de baron. Il y eut pourtant des exceptions à cette règle générale : Brune, parmi les maréchaux, Carra-Saint-Cyr et Dulauloy, parmi les généraux de division, furent de ce nombre.

On avait été peu content du premier à Heilsberg, et on reprochait au second de s'être rendu coupable de malversations dans le royaume de Naples.

Des dotations proportionnées à leurs titres furent accordées à ces divers grades; elles furent établies, pour la plupart, sur les biens domaniaux que l'Empereur s'était réservés dans les différentes provinces conquises. Les généraux des autres armées furent traités moins magnifiquement, et l'on en devine facilement la raison. Les officiers subalternes et les soldats ne furent pas oubliés : une somme de 100,000 francs fut accordée à chaque régiment de deux bataillons présents à l'armée. Quant aux courtisans, personne n'ignore qu'ils ne sont jamais les derniers dans la distribution des grâces, et que partout ils savent se faire accorder les bons lots. Pour presque tous, les dotations furent assises sur les canaux français, sur le grand-livre ou sur d'autres établissements intérieurs; et, de cette manière, quand les officiers de l'armée eurent été dépouillés de la récompense de leurs services, ils restèrent, eux, riches des bienfaits d'un homme, que plusieurs ne rougirent pas de calomnier, après l'avoir adoré.

Mais si Napoléon traitait ses soldats avec munificence, les administrations militaires semblaient avoir adopté à leur égard un système de tracasserie et de fiscalité qui contrastait singulièrement avec la conduite du chef de l'Etat. Toujours prêtes à leur refuser ce qui pouvait être douteux, elles ne s'occupaient guère de leur faire fournir des vivres de bonne qualité, et dans les proportions fixées par les règlements et les ordres du jour. Dans cette campagne, elles poussèrent plus loin cet odieux système. Non-seulement elles firent éprouver aux troupes, pour le paiement de la solde, des retards tels, qu'à la mi-octobre on n'avait point touché LE PRÊT du mois d'avril, mais encore elles firent décider que les hommes présents sous les armes seraient seuls compris dans les états de paiement. Cette mesure, qui se présentait au premier abord sous une spécieuse apparence de justice, était pourtant fort injuste dans le cas dont il s'agissait, et, de plus, elle était très-nuisible à l'armée. Etablies et campées dans un pays pauvre et dénué de ressources, les troupes avaient à pourvoir, en grande partie, à leur propre subsistance, et à payer avec leur solde le pain que les Juifs venaient leur vendre fort cher. A moins de les laisser mourir de faim, les chefs de corps devaient suppléer au manque de solde et faire à leurs régiments des avances considérables. De leur côté, les capitaines étaient obligés d'en faire à leurs compagnies, pour subvenir à leurs besoins les plus urgents, ou pour procurer aux convalescents un peu de vin et une nourriture mieux appropriée à leur état ; il en était de même dans les dépôts, où se rendaient les hommes sortant des hôpitaux et ceux qui, blessés légèrement, n'avaient besoin que de quelques soins pour se rétablir. On sent que ces avances ne pouvaient être remboursées que sur la solde ; mais, comme elle était fort arriérée, et que bon nombre d'hommes périssaient chaque jour dans les combats, les remboursements devenaient impossibles par la mesure dont je viens de parler. Cette mesure avait en outre le funeste inconvénient d'augmenter énormément la consommation des hommes, en les privant des secours qui auraient pu conserver ou rétablir leur santé.

L'armée eut encore à souffrir d'une autre opération non moins fâcheuse. Il y a, en Prusse, une monnaie de cuivre appelée *groschen* ou *gutgroschen* ; elle vaut la vingt-quatrième partie du thaler, et, dans les paiements, elle sert aux appoints. L'administration imagina d'en faire frapper une grande quantité, et de payer toute la solde en *gutgroschen*. Le discrédit s'y attacha bientôt ; il fut augmenté par les masses de cette monnaie que les Anglais jetèrent dans la circulation, et, en peu de temps, la valeur du thaler fut portée à 40 ou 45 *gutgroschen*. Les denrées doublèrent de prix, et le soldat serait mort de faim sans le supplément de solde extraordinaire que, depuis la paix, les maréchaux lui faisaient payer par les provinces, supplément qui était loin d'être onéreux au pays puisqu'il remplaçait, à l'avantage des habitants, les fournitures qu'ils auraient dû faire en nature aux troupes. Cette matière est riche, il serait difficile de l'épuiser. En Autriche, par exemple, dans la campagne de 1809, on vit l'administration fixer à 1 franc le florin en papier, lorsqu'il ne valait réellement que cinquante centimes, et qu'il tomba même jusqu'à vingt-cinq centimes, réduisant ainsi d'un trait de plume la solde de la la moitié et des trois quarts, sans que les soldats trouvassent aucune compensation dans les ressources du pays ou dans des suppléments particuliers. On ferait un volume, si on voulait recueillir toutes les opérations de ce genre dont l'imagination féconde de nos administrateurs accabla l'armée, tant à l'intérieur qu'à l'extérieur. C'est un sujet d'étonnement toujours nouveau pour moi, qu'un pareil système n'ait jamais occasionné ni désordres ni révoltes; il suffirait seul à prouver toute la puissance de Napoléon sur l'esprit et le cœur des troupes.

On demandera peut-être quel puissant motif, quelle raison secrète pouvaient engager les chefs de l'administration à agir d'une manière si dangereuse. La réponse est simple et facile : leur intérêt personnel et le désir de plaire à l'Empereur. Ils n'ignoraient pas qu'il aimait par-dessus tout l'ordre et l'économie, et que, chez lui, cette vertu était poussée, dans les détails, presque jusqu'à l'excès. Partant de cette donnée, ils lui montraient, dans des rapports parfaitement écrits, le soldat bien nourri, bien vêtu, régulièrement payé et fort content ; ils ne manquaient pas de lui faire remarquer que, par leurs soins et leurs talents, ils avaient dépensé quelques millions de moins que n'auraient fait à leur place des hommes ordinaires, et alors les récompenses et les riches dotations pleuvaient sur eux. Il eût été sans doute facile à Napoléon de savoir la vérité et de voir clair à travers ce brillant étalage d'économie et d'habileté; mais les plaintes étaient rares (1), et le cœur humain accueille avec tant de plaisir ce qui flatte ses penchants et ses vœux ! D'ailleurs les chefs de l'armée, satisfaits de voir les troupes animées d'un excellent esprit, s'offensaient peu de mesures qui ne les atteignaient pas directement et qui tournaient à l'avantage du Trésor. Peut-être même en faisaient-ils un moyen d'adulation. Quoi qu'il en soit, elles ne furent jamais changées.

A l'époque des innovations que j'ai racontées, il s'en fit une importante dans l'armée : les régiments subirent une nouvelle organisation. Ils furent portés à cinq bataillons, dont quatre de guerre, au lieu de trois, dont ils avaient été composés jusqu'alors; mais les bataillons furent réduits de neuf compagnies à six, pour les bataillons de guerre, et à quatre pour ceux du dépôt. Par cette mesure, le nombre des compagnies se trouva augmenté par régiment, sans aucun avantage pour les bataillons de guerre, qui, au contraire, dans plusieurs circonstances, éprouvèrent une diminution réelle. Il est aisé d'en faire le calcul : en effet, ces régiments, qui ne comptaient à l'armée que deux bataillons, quand ceux-ci étaient de neuf compagnies, avaient dix-huit compagnies ; avec trois nouveaux bataillons à six com-

---

(1) Le colonel Lafitte, du 72e régiment de ligne, ayant porté plainte à l'Empereur contre le ministre Cessac : « Si l'accusé, lui « répondit-il, faisait de pareilles choses, il mériterait d'être pendu ; « mais c'est impossible ! » Et l'affaire n'eut pas d'autres suites.

pagnies, ils n'en eurent pas davantage. Ceux qui comptaient trois bataillons à l'armée, et c'était le plus grand nombre, avaient vingt-sept compagnies, tandis qu'avec quatre nouveaux bataillons, ils n'en eurent plus que vingt-quatre, ce qui leur constituait une perte réelle de trois compagnies. Il est probable que ce changement fut dû à une pensée politique, et que le désir d'envoyer en Espagne une partie de nos vieilles troupes, sans diminuer le nombre des régiments et des bataillons de la grande armée, détermina cette formation. Elle me paraît mauvaise : elle donne des bataillons trop faibles ou des compagnies trop fortes, et l'un des plus graves inconvénients qu'elle offre est de trop diminuer le nombre des compagnies du centre, qui, réduites à quatre, ne peuvent plus suffire à en alimenter deux d'élite.

Beaucoup de ces quatrièmes bataillons furent envoyés en Espagne, où ils servirent à former de nouveaux régiments, et bientôt les événements de la guerre exigèrent d'autres envois de troupes qui furent eux-mêmes insuffisants. Peu d'officiers, dans notre armée, jugèrent sainement cette guerre ; on la regarda comme une promenade militaire de courte durée. Les armées espagnoles, disait-on, ne sont point aguerries et ne peuvent lutter contre nos vieilles bandes. Le raisonnement était juste, mais la question était mal posée ; la solution s'en trouvait tout entière dans le caractère de la nation et personne ne le connaissait encore. Les deux seuls hommes que j'aie vus alors considérer la guerre d'Espagne sous son véritable jour, étaient le maréchal Lannes et le général Compans ; le premier surtout en pressentait les plus funestes conséquences. Au reste, l'Empereur lui-même ne s'y livra tout à fait qu'après les célèbres conférences d'Erfurt avec Alexandre.

Cette ville fut extrêmement brillante pendant le séjour des deux empereurs ; ils reçurent les hommages de tous les souverains de l'Allemagne, qui s'y rendirent en personne ou qui s'y firent représenter par des ambassadeurs extraordinaires. Les fêtes les plus variées servirent d'intermèdes aux entretiens politiques ; la Comédie française était venue embellir les soirées de ces maîtres du monde. A la représentation d'*OEdipe*, lorsque l'acteur prononça ce vers : « *L'amitié d'un grand homme est un bienfait des dieux,* » Alexandre se jeta vivement dans les bras de Napoléon.

Pendant qu'au milieu des fêtes et des amusements de toute espèce, les deux empereurs se donnaient des témoignages d'amitié dont on put apprécier bientôt la sincérité, et se faisaient des concessions mutuelles, qui ne leur coûtaient pas beaucoup, nos troupes campaient encore sur divers points de la Prusse. Quoique ces camps n'eussent rien de menaçant pour elle, l'Autriche en avait pris prétexte pour armer ; et, quelques mois après, lorsqu'elle vit Napoléon engagé en Espagne, elle en fit un des motifs de la guerre qu'elle nous déclara en 1809.

Au 5 décembre 1808, toute la Prusse fut évacuée ;

il ne resta en Allemagne qu'un corps d'observation, sous le nom d'armée du Rhin. Il fut établi sur la rive gauche de l'Elbe, à l'exception de la division Saint-Hilaire, qui occupa la Poméranie suédoise, l'île de Rugen et les places fortes de Stettin, Custrin et Gross-Glogau. Le commandement de cette armée fut confié au maréchal Davoust, qui établit son quartier général à Erfurt. On a répandu tant de calomnies contre ce maréchal, que je me fais un devoir de rapporter, puisque l'occasion s'en présente, deux faits qui se sont passés à cette époque, et qui pourront servir à donner une plus juste idée de son caractère.

Lorsque les 5e et 8e corps partirent pour l'Espagne, celui de Davoust les ayant remplacés en Silésie, les administrateurs de la province vinrent prier le maréchal de ménager le pays, épuisé par le séjour de tant de troupes. Après les avoir rassurés, il fixa d'une manière très-économique ce que les habitants auraient à fournir à ses soldats. Surpris et charmés de tant de modération, ils lui offrirent pour lui-même un traitement somptueux, tout en regrettant de ne pouvoir mieux faire. Le maréchal, sans répondre directement à cette offre, les congédia en leur demandant un tableau des officiers prussiens en retraite, domiciliés dans leur province qui, privés de leur traitement, par suite des malheurs de la guerre, pouvaient se trouver dans le besoin. Dès que ce tableau lui fut parvenu, il écrivit aux magistrats qu'il acceptait le traitement qu'ils lui avaient offert, mais à condition qu'ils en feraient la distribution aux officiers dont ils lui avaient remis l'état.

Le colonel Dupellier, du 106ᵉ de ligne, ayant été obligé de faire une marche forcée, exigea des rafraîchissements pour son régiment, dans un village qui ne lui avait pas été assigné comme étape. Le maréchal crut, à la manière dont on lui en rendit compte, que le colonel avait commis une exaction ; il lui fit des reproches publics et l'empêcha de se justifier. Cependant, après vérification du fait, il fut reconnu que cet officier était innocent, et se trouvait par conséquent victime des préventions du maréchal ; alors Davoust ne dédaigna pas d'avouer son tort, et, pour le réparer d'une manière plus éclatante, il obtint pour le colonel de l'avancement en pleine paix et le conserva dans son corps d'armée. Trouve-t-on beaucoup d'hommes puissants qui se sentent assez grands pour oser reconnaître ainsi leurs injustices et les réparer aussi noblement ?

On se doute bien que, sous un pareil chef, l'hiver de 1808 à 1809 ne fut pas perdu pour nos troupes : les différents corps furent recrutés, l'instruction des soldats fut complétée et leur armement réparé, de manière qu'au printemps, lorsqu'il fallut entrer en campagne, l'armée se trouva dans le meilleur état possible.

Pendant notre séjour dans la Poméranie suédoise, on fit démolir les fortifications de Stralsund. Dans le cours de ces travaux, et malgré les précautions prises pour prévenir les accidents, un habitant de la ville fut tué par une explosion : il laissait une veuve et des enfants; nos troupes vinrent à leur secours et leur assurèrent des moyens d'existence. C'est par de pareils actes, autant que par une discipline exacte et sévère, qu'après avoir rendu le nom français terrible sur le champ de bataille, nous cherchions à lui concilier, pendant les loisirs de la paix, l'estime et le respect des nations.

CAMPAGNE D'AUTRICHE.

SOUVENIRS MILITAIRES.

CAMPAGNE D'AUTRICHE.

1809.

La capitulation honteuse de Dupont à Baylen, les revers de Moncey sous Valence, l'insurrection de toutes les provinces espagnoles et la présence d'une armée anglaise dans le nord de ce royaume, avaient nécessité, en 1808, l'envoi successif de nos vieilles bandes dans la Péninsule. Il n'était resté en Allemagne qu'un corps d'observation, sous le commandement du maréchal

Davoust : il occupait le Hanovre, les places fortes de l'Oder, la Poméranie suédoise et l'île de Rugen. Les grenadiers, aux ordres d'Oudinot, étaient bien encore sur le Mein, mais réduits à quelques compagnies, dont les régiments étaient trop éloignés pour les reprendre, ils ne pouvaient être comptés que comme force morale.

L'Autriche, toujours battue, mais toujours disposée à écouter l'Angleterre, avait repris avec activité des armements que la paix de Tilsit lui avait fait suspendre et désavouer. Au moment des conférences d'Erfurt, le conseil aulique, effrayé de sa propre audace, et pour rendre son désaveu plus solennel, avait jugé nécessaire de le faire sanctionner par une lettre autographe de son souverain. Dans cette lettre, que le général Vincent fut chargé de remettre à Napoléon, François II lui renouvelait l'assurance de ses sentiments d'amitié particulière et protestait de ses intentions pacifiques. Napoléon s'était montré satisfait ; son alliance avec Alexandre ne lui permettait pas alors de supposer que, seule, la maison d'Autriche oserait recommencer une lutte qui lui avait été si souvent funeste. Mais à l'époque où nous sommes arrivés, l'emploi d'une grande partie de nos forces en Espagne donnait un nouvel aspect à la politique, et il ne fut pas difficile au cabinet de Saint-James de persuader à l'Autriche que le moment était arrivé de réparer ses pertes et de rétablir la réputation de ses armes. Le ministère anglais avait un intérêt personnel à reporter la guerre en Allemagne. La présence de Napoléon dans la Péninsule lui donnait les plus vives inquiétudes pour l'armée de John Moore, au sort de laquelle son existence était liée. Aussi, en accordant des subsides au cabinet autrichien, lui promit-il en outre des diversions favorables à ses desseins. Nous en parlerons plus tard.

Quand, du fond de l'Espagne, Napoléon vit l'Autriche reprendre ses anciens projets, il tâcha de la ramener à des sentiments plus pacifiques. Son désir de faire prévaloir les voies de conciliation était si sincère, qu'il offrit la médiation et la garantie de la Russie; mais les suggestions de l'Angleterre l'emportèrent, à Vienne, où l'on ne vit dans la modération de l'empereur des Français que l'indice d'une faiblesse dont il fallait profiter. Napoléon, ne pouvant conjurer ce nouvel orage, quitta l'Espagne vers la mi-janvier 1809, laissant au maréchal Soult la tâche honorable d'en expulser les Anglais. Arrivé à Paris, il s'occupa des soins que nécessitait cette nouvelle guerre, tout en continuant des négociations qu'il regardait comme devant être infructueuses. Il chargea le prince Eugène de la direction de la guerre en Italie; il réunit, sous les ordres de Masséna, ce qu'il avait de disponible en France; il augmenta sa garde et appela les contingents de la Confédération du Rhin, à la tête desquels il plaça des généraux français. Enfin, il posta Oudinot à Augsbourg et donna l'ordre à Davoust de se porter sur le Danube, à Ratisbonne.

Cette marche du corps de Davoust se fit avec une célérité qui surprit l'Allemagne; la division Saint-

Hilaire, par exemple, partie de la Poméranie suédoise et de l'île de Rugen, le 11 mars, était rendue à Ratisbonne le 2 avril : elle avait fait ainsi, en vingt-deux jours, plus de cent vingt milles d'Allemagne ou deux cent quarante lieues de poste, bien qu'elle se fût arrêtée quarante-huit heures à Magdebourg, tant pour y prendre des munitions, que pour y échanger les parties de son équipement et de son armement qui étaient défectueuses. A cette époque, les Autrichiens étaient sur le point d'envahir la Bavière. Tout ce pays était en proie aux plus vives alarmes; notre arrivée y rassura les esprits, on nous fêta de toutes les manières, et, pendant plusieurs jours, les bals et les dîners se succédèrent sans interruption. En traversant la Prusse, et par un singulier contraste, nous avions eu plus d'une fois la preuve des dispositions hostiles de son gouvernement et de ses manœuvres pour irriter les esprits contre nous. Un morne silence et des regards haineux accompagnaient le passage de nos régiments, tandis que les petits détachements et les hommes sortant des hôpitaux ou marchant isolément étaient insultés et outragés de toutes les façons.

Sur le champ de bataille de Iéna, non loin de Saalfeld, nous avions trouvé le monument tumulaire élevé à la mémoire du prince Louis-Ferdinand de Prusse, tué au début de la guerre de 1806, dont il avait été l'un des plus violents provocateurs. C'était une simple pierre carrée, d'environ deux pieds de hauteur, portant cette inscription : « Ici tomba, combattant

« pour sa patrie reconnaissante, le prince Louis-Fer-
« dinand de Prusse, le 8 octobre 1806. » Son corps
reposait alors dans une chapelle, à Saalfeld, où il était
l'objet de la vénération des dames du pays. Les cou-
ronnes de lauriers et d'immortelles, dont il était couvert, attestaient le culte qu'elles lui rendaient. Ce
prince passait pour avoir été très-aimable, très-galant,
et même un peu mauvais sujet, qualité qui, dans aucun
pays, ne paraît être un crime auprès du beau sexe.
Bien qu'il eût été l'un de nos ennemis les plus acharnés,
son tombeau fut religieusement respecté.

Lorsque, plus tard, profitant de la trahison, de nos
fautes et de nos malheurs, les forces réunies de l'Europe, en humiliant la France, ont eu reconstruit la
puissance factice de la Prusse, ce gouvernement a brisé
la tombe et dispersé les cendres du jeune et vaillant
Marceau (1). Que de traits de modération et de géné-

---

(1) Le 19 septembre 1796, Marceau, commandant l'arrière-garde
de l'armée de Sambre-et-Meuse, fut blessé en avant de la forêt
d'Hochstbach. La gravité de sa blessure ne permit pas de le transporter plus loin que Altenkirchen. Les officiers du corps autrichien qui
lui avait été opposé dans le cours de cette campagne, tous les généraux, le vieux et respectable Kray en tête, le visitèrent et mêlèrent
leurs regrets à ceux de ses amis qui étaient restés près de lui ; l'archiduc Charles lui-même vint le voir. Il mourut le 21. L'archiduc fit
rendre à l'armée française les restes de ce héros et les fit accompagner
jusqu'à Neuwied par un corps de grosse cavalerie. Le jour où ils
furent déposés dans le fort de Petersberg, près de Coblentz, l'armée
autrichienne prit les armes et lui rendit les derniers honneurs militaires.

rosité notre armée, si calomniée, ne pourrait-elle point opposer aux actes de violence et d'iniquité dont ses ennemis ont souillé leurs succès d'un jour ! Si des écrivains contemporains, égarés par la passion, lui ont refusé ce témoignage, la postérité, toujours équitable, la vengera de leur injustice.

Nos préparatifs, comparés à ceux de l'Autriche, paraissaient jusqu'alors peu rassurants pour nos alliés. En effet, cette puissance n'avait négligé aucun des moyens, matériels ou moraux, qui pouvaient assurer la réussite de la lutte qu'elle allait engager. Sentant que, dans une circonstance aussi décisive, la coopération active de la nation était une condition nécessaire du succès, elle avait abandonné les vieilles maximes de sa politique, pour adopter les innovations du siècle, contre lesquelles elle avait si longtemps combattu ; révolution morale importante et qui mérite d'être remarquée. Les peuples ne furent plus considérés comme étrangers aux intérêts de l'Etat, et rien ne fut oublié pour former une opinion publique ; proclamations, bulletins, chansons, contes absurdes, cérémonies religieuses, processions, et jusqu'aux miracles, tout fut mis en œuvre pour frapper l'imagination paresseuse de ces peuples ; et cependant tous ces efforts furent presque inutiles ; ils ne servirent qu'à constater une fois de plus cette vérité, désormais triviale, que le patriotisme ne s'improvise pas, et que les sacrifices faits par les peuples sont en proportion de l'intérêt qu'ils ont au maintien de l'État.

Dans l'armée, les innovations ne furent pas moindres : on eut recours aux volontaires et à une levée en masse de tous les hommes de 18 à 45 ans. Le soldat ne fut plus considéré comme une simple machine ; des ordres du jour l'initièrent aux motifs ou aux prétextes de la guerre, et des chants belliqueux furent destinés à exciter sa valeur. L'archiduc Charles, aimé et estimé de l'armée, fut nommé généralissime. Il parut modeler sa conduite sur celle de Napoléon ; il donna à ses nombreuses troupes une organisation analogue à la nôtre ; il les divisa en corps d'armée et leur adressa une proclamation remarquable à plusieurs égards. Après avoir parlé de la justice de cette guerre, des sacrifices imposés à l'Autriche, de l'ambition de Napoléon et autres lieux communs obligés, il ajoutait : « Un sort « plus prospère nous attend. La liberté de l'Europe « s'est réfugiée sous vos drapeaux ; vos victoires feront tomber ses chaînes, et vos frères de la Germanie, encore aujourd'hui dans les rangs ennemis, attendent de vous leur délivrance. » Il terminait par présager à ses soldats des victoires et par leur promettre des récompenses et des secours étrangers : « Bientôt, disait-il, des troupes étrangères se joindront « cordialement à nous pour combattre l'ennemi commun. »

Enfin, on crut compléter ces mesures en amenant l'empereur lui-même à l'armée. « Tant mieux, dit « Napoléon en l'apprenant, j'aurai 20,000 hommes « de moins à combattre, » faisant allusion aux troupes qui seraient employées à la garde de ce souverain. A tant d'efforts et de mesures inusitées, le cabinet de Vienne voulut joindre l'intrigue ; ses émissaires couvrirent l'Allemagne et, mettant en jeu les passions et les intérêts de tous ceux que les guerres précédentes avaient lésés, ils parvinrent par leurs menées à tramer des complots et à préparer des insurrections sur plusieurs points de ces vastes contrées.

Enhardis par tant de préparatifs, que la renommée grossissait encore, nos ennemis ne daignaient plus dissimuler leurs espérances, et n'attendaient, pour éclater, que la nouvelle de nos premiers revers. Personne au delà du Rhin, pas même le gouvernement prussien, ne les mettait en doute (1). Il faut avouer qu'à cette époque, tout semblait justifier ces espérances. Nous étions prévenus sur tous les points ; partout se montraient les armées autrichiennes, et nulle part encore n'apparaissait d'armée française.

Au mois de mars, l'Autriche avait terminé ses préparatifs, et ses armées étaient en position sur les points où elles devaient agir. L'archiduc Ferdinand, placé sur les frontières du grand-duché de Varsovie, n'attendait que les ordres de son cabinet pour envahir ce pays, abandonné à ses propres forces. L'archiduc Jean, précédé

---

(1) A mon passage à Berlin, le 15 mars 1809, le gouverneur de cette ville me parla comme s'il ne nous restait aucune chance de succès.

de proclamations incendiaires, était prêt, avec plus de 60,000 hommes, à assaillir le vice-roi d'Italie, qui ne pouvait lui opposer que trois faibles divisions disséminées dans des cantonnements étendus. Enfin, le prince Charles, à la tête de la grande armée, forte de plus de 200,000 hommes, se disposait à franchir l'Inn et à déboucher de la Bohême, sans qu'il parût un soldat français pour s'opposer à ses entreprises, car le corps de Davoust n'était pas encore rendu à sa destination.

D'après le tableau publié par le gouvernement autrichien, la force de ses armées s'élevait, à cette époque, à 424,290 hommes de troupes régulières, dont 65,379 de cavalerie. Ces nombres, divisés en onze corps d'armée, dont deux de réserve, donneraient, pour chaque corps d'armée, un effectif de plus de 38,000 hommes. Mais, en raison des non-valeurs qui se trouvent toujours dans les régiments, à l'ouverture d'une campagne, on peut les réduire à 30 ou 34,000 combattants. Les six premiers corps et les deux corps de réserve furent destinés à agir sous les ordres du généralissime ; le septième passa en Pologne, et les huitième et neuvième marchèrent en Italie.

Pour faire face à une si puissante armée, Napoléon ne pouvait pas compter, en Allemagne, sur plus de 150 à 160,000 hommes, et même une bonne partie de ces troupes ne put être réunie à l'ouverture de la campagne. Ainsi, la Garde et les Saxons étaient encore éloignés, et le corps d'Oudinot ne comptait pas plus de 6,000 hommes sous les armes ; de sorte qu'au premier coup de canon, Napoléon n'avait réellement à sa disposition que 120,000 hommes (1).

En longeant les frontières de la Bohême pour nous rendre sur le Danube, nous dûmes marcher avec précaution pour éviter toute surprise ; car si les Autrichiens, profitant de leurs positions, nous eussent attaqués pendant notre mouvement de flanc, ils eussent pu obtenir quelques succès momentanés et, à coup sûr, dès l'ouverture de la campagne, le théâtre de la guerre se fût trouvé déplacé, et Napoléon eût été forcé à de nouvelles combinaisons.

---

(1) On peut diviser ces troupes de la manière suivante, en chiffres ronds.

Davoust. Infanterie.	42,000 hommes.		
Cavalerie légère..	3,500		
Grosse cavalerie..	3,000		
	48,500	48,500	
Masséna. Infanterie.	24,000		
Oudinot. Infanterie.	12,000		
Cavalerie légère.	2,000		
Bessières. Cavalerie des deux armes.	8,000		
	46,000	46,000	
Badois et Wurtembergeois.	15,000		
Bavarois.	20,000		
Saxons.	20,000		
	55,000	55,000	
A ces forces il faut ajouter la Garde, qu'on peut dans cette campagne porter à.	12,000	12,000	
		161,500	

A peine avions-nous évacué la Poméranie, que le nommé Schill, major au service de Prusse, et qui s'était illustré comme partisan par la prise du maréchal Victor dans la guerre de 1806 et 1807, leva l'étendard de la révolte contre nous et parut dans cette province à la tête d'un corps nombreux de cavalerie. La Prusse, qui avait formé de ses plus braves et plus vieux soldats le corps aux ordres de cet aventurier, n'osa pas l'avouer ouvertement ; elle attendait le premier choc des armées belligérantes avant de se déclarer, et, pour le moment, elle se bornait à alimenter secrètement le corps de Schill et à lui fournir ce qui lui était nécessaire pour agir avec succès. Ce major était parti de Berlin avec 400 chevaux de son régiment ; il avait passé l'Elbe pour se porter sur Cassel, dont les habitants étaient peu affectionnés au roi Jérôme. Il est évident, par les mouvements partiels dont les agents de l'Autriche agitèrent le nord de la Westphalie, que cette levée de boucliers tenait à un vaste plan, et que Schill fut jeté en avant, comme un enfant perdu, pour appuyer quelque insurrection ourdie d'avance et faire ainsi une diversion en faveur de l'Autriche. La présence de Schill en Westphalie n'ayant pas eu le succès qu'il attendait, il se réfugia dans les marais d'Omitz, sur les frontières de la Prusse, et, après avoir été renforcé de quelques déserteurs et d'autres vagabonds, il en sortit pour marcher sur Stralsund.

Il n'était resté dans cette ville que le général Candras et une compagnie de mineurs, pour achever la démolition des fortifications, commencée en 1808. Elle fut évacuée à l'approche des troupes de Schill. En perdant ses remparts, Stralsund avait conservé ses avantages naturels, qui en font un poste important sur la Baltique, et d'une défense aisée du côté de la terre. Cette considération, jointe à l'espoir d'être secouru par les Suédois et par les Anglais, décidèrent Schill à s'y établir et à y élever quelques fortifications, afin d'être en état de tenir assez de temps pour recevoir des secours, ou, dans tous les cas, pour avoir la facilité de se réfugier sur les vaisseaux anglais. Il se trompa. Le général Gratien, ayant rassemblé à la hâte quelques troupes hollandaises et danoises, l'attaqua avant qu'il n'eût terminé ses préparatifs de défense; il fut forcé dans Stralsund et tué dans les rues de cette ville. Trois ou quatre cents hommes de sa bande se sauvèrent par la porte de Tribsée et se réfugièrent sur le territoire prussien. La cour de Berlin, épouvantée, déclara Schill déserteur et proscrit; elle sévit également ou fit semblant de sévir contre ceux qui l'avaient suivi. Vainqueurs, on les eût comblés d'honneurs et de louanges; vaincus, on les désavoua et on les flétrit. Telle a été trop souvent la morale des cabinets.

Quant aux prisonniers, ils furent envoyés au bagne de Brest. Assurément, le Gouvernement français avait le droit de les punir de mort, comme voleurs et assassins de grand chemin; car, outre qu'ils n'étaient reconnus par aucune puissance, ils avaient signalé leur marche par le meurtre et le pillage. Cependant, bien loin d'user de son droit, il adoucit leur sort : il les sépara des autres forçats et ne leur fit point porter de chaînes. Je les ai vus en 1810 : on avait construit pour eux, hors de la ville, de grandes baraques en bois; ils y étaient logés sainement, bien vêtus et bien nourris. « Notre sort, me disait un vieux sergent-major, n'est « pas rigoureux, mais ce fer (en me montrant un petit « anneau de ce métal, que chacun d'eux avait au pied « et dont je ne m'étais pas aperçu), nous marque d'in- « famie. Et quel est notre crime? D'avoir obéi à nos « chefs ! Nous ne sommes point des déserteurs : nous « avons été désignés par nos supérieurs et envoyés bien « pourvus de cartouches. » Ces circonstances, connues et appréciées de notre Gouvernement, ne furent sans doute pas étrangères au traitement qu'éprouvèrent ces victimes de la politique prussienne.

Au commencement du mois d'avril (1), moment où les Autrichiens étaient sur le point de dénoncer les hostilités et d'envahir le territoire bavarois, il n'y avait dans ce royaume, pour s'opposer à leur entreprise, que le corps de Davoust et l'armée bavaroise. Je passe à dessein sous silence les corps de Masséna et d'Oudinot ; non-seulement le premier n'était pas réuni en entier à Ulm, mais il y était placé assez loin du théâtre des premiers événements, et, quant au second, les sol-

---

(1) Toute cette première partie de la campagne, si fertile en événements et si remarquable par les manœuvres de l'armée française, a été écrite sur le champ de bataille de Ratisbonne et au camp d'Ebersdorf, après la bataille d'Essling.

dats destinés à le former étaient en grande partie sur les routes de France, sortant des dépôts, sans instruction et sans habillement.

Le corps de Davoust, composé de quatre divisions d'infanterie et de deux de cavalerie, formait un total d'environ 50,000 combattants; il était établi, partie près de Ratisbonne, et partie sur la Regen et la Nab, pour observer l'armée réunie en Bohême.

L'armée bavaroise était divisée en deux corps, l'un aux ordres du maréchal Lefèvre, et l'autre sous ceux du général de Wrède; le premier était placé vers Landshut, et le second à Straubing : ils pouvaient s'élever ensemble à 15 ou 16,000 hommes. Le reste des forces de cette puissance était occupé dans le Tyrol ou à la garde du souverain.

A cette même époque, l'armée autrichienne était réunie sur les bords de l'Inn et sur les frontières de la Bohême : elle se composait de huit corps d'armée dont deux de réserve, non compris les landwehr et les corps irréguliers; elle présentait une masse de plus de 200,000 combattants.

Avant de commencer les hostilités, le prince Charles se fit précéder d'une proclamation à la nation allemande pour l'appeler à l'insurrection. Selon lui, l'Autriche, renonçant d'avance à toute conquête et à tout avantage, n'avait pris les armes que pour l'affranchissement et l'indépendance de l'Allemagne. Elle n'avait d'autre but que de combattre l'ennemi de la liberté publique et d'assurer les droits de tous. Enfin, il engageait les peuples chez lesquels allaient pénétrer les armées autrichiennes, à en regarder les soldats comme des libérateurs et à les traiter comme des frères. « Allemands, « disait-il, sachez apprécier les circonstances ; acceptez « les secours qui vous sont offerts ; coopérez à votre « délivrance ; nous ne désirons de vous que les efforts « qu'exige la guerre pour le bien de tous. Les forces « militaires de l'Autriche se sont levées..... Je vais « les conduire au devant de l'ennemi, afin de prévenir « une attaque dont on ne peut douter. »

En même temps il écrivit au roi de Bavière pour lui exprimer les mêmes vues et pour l'engager à s'en remettre à la loyauté de l'empereur François et à se placer sous sa protection. Ce prince, en effet, lui donnait dans ce moment même une preuve singulière de cette loyauté, car il soulevait le Tyrol et provoquait à l'insurrection l'armée et la nation bavaroises. Le piége était trop grossier ; aussi, pour toute réponse, le roi Maximilien se retira à Dillingen, d'où il adressa une proclamation à ses peuples. Après y avoir relevé la mauvaise foi de l'Autriche et sa déloyauté, il la terminait en les assurant que bientôt son *puissant allié* le vengerait de cette injuste agression.

Nous ferons observer, en passant, que cette campagne de 1809 paraît avoir servi de type à celles de 1813 et 1814, car on y proclama les mêmes principes et on y usa des mêmes moyens, quelque réprouvés qu'ils puissent être par la morale. *Dolus an virtus ? quis in hoste requirat ?*

Le 9 avril, le prince Charles dénonça les hostilités, et immédiatement l'armée autrichienne passa l'Inn à Braunau, Obernberg et Scharding ; elle se dirigea vers l'Iser par Eggenfels, Pfarrkirchen et Ottemburg, en même temps que deux détachements se portaient, l'un sur Passau, l'autre sur Munich par Wasserburg et Rosenheim. Pendant que ce mouvement s'exécutait sur l'Inn, Bellegarde débouchait de la Bohême avec les deux corps d'armée à ses ordres, et se portait par le haut Palatinat sur la Nab. Il prit poste le 12 près de Wernberg et fit occuper par son avant-garde les hauteurs d'Hirschau. Elle y eut un engagement avec un bataillon du 15ᵉ régiment d'infanterie légère, chargé d'observer les mouvements de l'ennemi. Au même jour, à la voix du marquis de Chasteler, général au service de l'Autriche, éclata l'insurrection du Tyrol, préparée de longue main par les agents de cette puissance, au sein de la paix et sous les auspices de l'amitié et de la foi jurée, nouvelle preuve de la loyauté et de la moralité de ce Gouvernement.

L'armée d'invasion en Bavière ne trouva ni résistance ni obstacle dans sa marche jusqu'à l'Iser ; ses mouvements n'en furent pas plus rapides, et cette lenteur, qu'on ne saurait expliquer, semble avoir été une faute capitale. Il est évident qu'il importait au succès de l'entreprise de brusquer les premières opérations de la campagne et de frapper un grand coup avant que Napoléon ne fût arrivé et n'eût réuni ses forces. Cependant l'armée autrichienne n'arriva que le 16 à Landshut sur l'Iser, et mit ainsi sept jours à faire un trajet qu'elle aurait pu franchir aisément en deux jours, et même en une marche forcée.

Malgré la faiblesse de ses moyens, le maréchal Lefèvre voulut retarder et contrarier le passage de l'Iser; à cet effet, il rompit le pont de Landshut et fit garnir de troupes les maisons qui en battaient le défilé. La division Deroi, chargée de cette défense, se conduisit avec valeur et résolution. Les Autrichiens firent longtemps de vains efforts pour la déloger, et ce ne fut qu'après avoir détruit avec leurs canons cette partie de la ville, qu'ils purent enfin établir des ponts. Après ce combat, le prince Charles, couvert par le général Hiller commandant le sixième corps, qu'il fit marcher sur Mainbourg par Aw, continua ses opérations offensives. Il chargea l'archiduc Louis d'observer Abensberg et les Bavarois qui s'y étaient réunis; il lui fit prendre position à Siegenbourg, pendant qu'il marchait lui-même, avec trois corps d'armée, vers le Danube, tant pour combattre le maréchal Davoust que pour donner la main au général Bellegarde. Le 18, il était à Rohr.

Tant que le corps de Davoust resta sur la rive gauche du Danube, le général Bellegarde agit avec beaucoup de circonspection; il comprit facilement qu'en se rapprochant de Ratisbonne, il offrirait au maréchal le moyen de se porter sur lui par un mouvement rapide et de le combattre avec avantage. Aussi se borna-t-il à faire reconnaître nos postes sur la Regen et la montagne de la Trinité par ses troupes légères. Elles y furent reçues par le 10ᵉ léger, perdirent quelques hommes et disparurent.

Pendant ces premiers événements de la campagne, Napoléon était encore à Paris, et il semblait que le major général Berthier ne l'eût précédé à l'armée que pour mettre en évidence toute sa nullité. Sans plan, sans but, il fatiguait les troupes par des mouvements continuels de la rive gauche à la rive droite du Danube, et, plusieurs fois, il nous est arrivé de faire ce double mouvement en un seul jour. D'autant plus inquiet et plus incapable de décision que le danger était plus imminent, l'approche de l'armée autrichienne le jetait dans la plus cruelle anxiété. C'est au milieu d'un de ces accès de désespoir, qu'il s'écria naïvement : « Ah ! s'il « était ici, je ne serais pas en peine ! » Enfin, Napoléon arriva le 17 à Donawerth. Les mouvements larges et audacieux, dont je vais parler, feraient assez connaître sa présence, quand même je n'en préviendrais pas.

A son arrivée, ne trouvant pas Berthier qui était à Augsbourg, Napoléon s'informa sur-le-champ de la position de l'ennemi; ne pouvant croire d'abord à l'exactitude du rapport qui lui était fait par le général Monthion, il se le fit répéter deux fois, et après l'avoir écouté attentivement, il dit avec satisfaction : « Ah ! « monsieur le prince Charles, je vous aurai à bon mar- « ché ! » Tout va prouver que, jugeant d'un coup d'œil rapide les vices de la position de l'archiduc, il conçut le dessein et vit la possibilité de l'enfermer entre le Danube et l'Iser, en se rendant maître de sa ligne d'opération. A cet effet, tandis qu'il dirigeait Masséna sur l'Iser par Augsbourg, et qu'il portait Oudinot sur Pfaffenhofen, il ordonna la réunion du reste de ses forces à Abensberg sur la gauche de l'ennemi, qui se trouvait déjà débordé par le mouvement d'Oudinot.

Le 18 avril, le maréchal Davoust passa le Danube et vint camper avec son corps d'armée à gauche de la chaussée d'Abach. A onze heures du soir, on lut, à la lueur des bivouacs la proclamation suivante de l'Empereur à l'armée, et l'ordre du jour qui annonçait son arrivée. Cette nouvelle produisit son effet accoutumé ; chacun fut animé d'une nouvelle confiance et sûr de la victoire :

« Soldats ! disait-il, le territoire de la Confédération
« du Rhin a été violé. Le général autrichien veut que
« nous fuyions à l'aspect de ses armes, et que nous lui
« abandonnions nos alliés. J'arrive avec la rapidité de
« l'éclair ! Soldats, j'étais entouré de vous lorsque le
« souverain de l'Autriche vint à mon bivouac de Mora-
« vie ; vous l'avez entendu implorer ma clémence et
« me jurer une paix éternelle. Vainqueurs dans trois
« guerres, l'Autriche a tout dû à notre générosité ; trois
« fois elle a été parjure ! Nos succès passés nous sont
« un sûr garant de la victoire qui nous attend. Mar-
« chons donc et qu'à notre aspect l'ennemi reconnaisse
« son vainqueur. »

Pour se rendre de Ratisbonne à Abensberg, le corps

de Davoust n'avait d'autre chemin praticable que la chaussée qui longe le Danube et passe par Abach ; elle fut consacrée aux équipages, à la grosse cavalerie et à l'artillerie de réserve. L'infanterie suivit un petit chemin difficile qui, à travers les montagnes situées au sud de Ratisbonne, conduit dans une vallée étroite, coupée de ravins et de défilés, où l'on trouve les villages de Sudorf, Peising, Salhaupt et Tengen. Pour rendre cette marche plus expéditive, on avait assigné des itinéraires différents aux divisions, mais les difficultés des lieux et l'approche de l'ennemi les eurent bientôt réunies sur le même chemin. Du reste, on trouvait dans cette disposition le triple avantage de couvrir la chaussée, de marcher plus à l'aise et de se procurer des ressources pour vivre. D'ailleurs on croyait si peu rencontrer l'armée autrichienne, que Hausen et Rohr, où campait l'archiduc, étaient désignés pour le bivouac d'une partie de nos divisions.

En quittant Ratisbonne, le maréchal Davoust avait confié la défense de cette ville au 65ᵉ régiment de ligne, commandé par le colonel Coutard. Ce point était important à conserver, au moins vingt-quatre heures, pour couvrir nos derrières et pour empêcher la jonction de Bellegarde avec le reste de l'armée autrichienne. Ce régiment remplit dignement sa mission. Le 19, le brave Rougé, chef de bataillon, officier plein de mérite et trop tôt perdu pour l'armée, repoussa l'ennemi, qui s'était porté sur Stadt-am-Hoff, et le mena battant jusqu'à la Regen, après lui avoir enlevé plusieurs drapeaux.

Si, satisfait de cet avantage, le colonel Coutard eût profité de la nuit pour rejoindre l'armée, il y aurait réussi sans peine ; malheureusement, il se flatta de tenir plusieurs jours ; il demanda des munitions de guerre, qui ne lui parvinrent pas, un parti ennemi les ayant enlevées. D'un autre côté, le prince Charles, comprenant par le combat du 19, dont je vais parler, combien les troupes venant de la Bohême pouvaient lui être nécessaires, profita du repos du 20, pour envoyer un corps contre Ratisbonne, afin d'en hâter la reddition et d'effectuer sa jonction avec Bellegarde. Pressée entre trois corps d'armée, cette ville ne pouvait tenir et elle capitula. Lorsqu'après la bataille d'Eckmuhl, Napoléon se montra mécontent de cette capitulation, ce ne fut pas parce que le colonel du 65e avait rendu la place, mais parce qu'il avait séparé son sort de celui des soldats, qui, de douleur, avaient brisé leurs armes. Cet événement provoqua le décret impérial qui défend au chef d'une troupe, de stipuler pour lui des conditions différentes de celles accordées aux soldats.

Revenons au 19. Pendant que Napoléon, à la tête des contingents de la Confédération marchait de Donawerth sur Abensberg, le corps de Davoust se dirigeait vers ce même point par la chaussée d'Abach et par l'étroite vallée dont j'ai déjà parlé. Le prince Charles bien informé de nos forces et de nos mouvements, voulut profiter du défilé continuel dans lequel nous étions engagés, pour nous combattre avec avantage, se flattant, non-seulement d'empêcher notre jonction avec l'Empereur, mais encore de nous détruire. Plein de cet espoir, il parla dans ce sens à son armée pour l'animer au combat, et, quand on fait attention aux forces dont il pouvait disposer et à sa position, on est forcé d'avouer que sa confiance n'était pas sans fondement. En conséquence de ce projet, il leva son camp et marcha à notre rencontre par Hausen et Dinzling, laissant entre Kirchdorf et Arnhofen un corps de troupes aux ordres du général Thiery, pour le lier avec le prince Louis.

Nos troupes avaient quitté leur bivouac de très-grand matin, le 19 avril. Les divisions Morand et Gudin marchaient en tête ; venait ensuite la division Saint-Hilaire. La division Friant, chargée de l'arrière-garde devait partir plus tard. Quelques chasseurs flanquaient nos colonnes à gauche et devaient éclairer notre marche, à travers les bois qui couvrent toute cette contrée. Ils ne tardèrent pas à être attaqués et chargés par des hulans et par quelques chasseurs à pied. Bientôt une assez vive fusillade s'engagea entre les deux troupes, et nous n'avions pas dépassé les hauteurs d'Ettraching, que le canon de l'ennemi se fit entendre. Cependant, persuadés que ce n'était qu'un corps de 2 ou 3,000 hommes, avec lequel notre avant-garde était engagée, nous continuâmes notre marche sans prendre d'autre mesure que de faire serrer la colonne. Les divisions Morand et Gudin avaient dépassé Tengen et se trouvaient engagées dans des défilés affreux, que les pluies avaient rendus presque impraticables, et la division Saint-Hilaire atteignait ce village vers les dix ou onze heures, lorsque nos tirailleurs, repoussés vivement, se retirèrent en désordre devant une nuée de troupes légères, qui, descendant des hauteurs, s'avancèrent audacieusement et vinrent, à la faveur des bois et de quelques maisons de Salhaupt, nous fusiller sur la route. Il n'y avait plus moyen de méconnaître l'approche de l'armée ennemie et de se méprendre sur ses projets ; la division Saint-Hilaire fit halte et prit position à mi-côte des hauteurs septentrionales de la vallée. Ce fut alors que le maréchal Davoust, qui marchait avec cette division, fit preuve d'un dévouement trop rare dans les annales militaires et pourtant bien propre à rehausser l'éclat des exploits les plus glorieux. Pénétré de l'importance d'un grand succès à l'ouverture de la campagne, et sentant combien ses troupes étaient nécessaires à l'Empereur pour l'obtenir, loin d'arrêter le mouvement de ses deux premières divisions, il le hâta de tous ses moyens, et le favorisa efficacement, en appelant sur le point où il se trouvait l'attention et les efforts de l'ennemi. Celui-ci était en position sur les hauteurs en face de celles où la division Saint-Hilaire s'était établie, et l'étroit vallon qui séparait les deux troupes était rempli par des tirailleurs. Le 57e de ligne fut chargé de balayer ce terrain et d'enlever la position qu'occupaient les Autrichiens. Toujours digne de son surnom de *Terrible* (1), ce régiment eut bientôt

---

(1) Il avait mérité dans les premières campagnes d'Italie ce beau surnom, qui lui fut confirmé à Hohenlinden.

chassé devant lui les tirailleurs, et abordant franchement la position ennemie, il l'enleva à la baïonnette. Les Autrichiens firent de vains efforts pour la reprendre, et le 57ᵉ s'y maintint énergiquement; mais le canon et la mousqueterie faisaient des ravages considérables dans ses rangs, on les voyait s'éclaircir à vue d'œil et il devenait urgent d'aller à son secours. Le 10ᵉ léger eut ordre d'y marcher.

A droite et à gauche de la position du 57ᵉ, s'étendaient d'épaisses forêts; sur son front était une plaine vers l'extrémité de laquelle se trouvait un étang marécageux, et, au delà de cette plaine, régnait une lisière de bois qui nous masquaient Hausen et les hauteurs sur lesquelles le prince Charles avait réuni ses principales forces; au milieu de la plaine étaient établies les troupes et l'artillerie qui faisaient éprouver tant de pertes au 57ᵉ. Le 10ᵉ léger se porta, par la droite de ce régiment, sur le flanc gauche de l'ennemi, et l'attaqua avec tant de vivacité qu'il ne lui permit pas une longue résistance; l'artillerie, compromise, hâta son mouvement de retraite, laissant une de ses pièces entre nos mains, et l'infanterie fut menée, la baïonnette dans les reins, jusque sur les hauteurs de Hausen; mais alors, le 10ᵉ léger et le 3ᵉ de ligne, qui avait été envoyé à sa droite pour appuyer son opération, se trouvèrent exposés à découvert sous le feu de 40,000 hommes et de 60 bouches à feu. Après avoir essuyé une décharge d'artillerie et quelques feux de bataillon, ils durent rentrer dans le bois, où l'ennemi se contenta de les faire suivre par ses tirailleurs.

Cette apparente inaction couvrait un projet bien conçu et qui pouvait nous devenir funeste. En effet, pendant que tout était tranquille sur notre front, une colonne, se glissant à la faveur des bois, se dirigea sur notre extrême droite et chercha à déborder la position du 57ᵉ, qui ne pouvait voir cette manœuvre et qui n'était pas en mesure de s'y opposer. Heureusement le général Compans, chef de l'état-major du maréchal Davoust, s'en aperçut tout à coup et la fit avorter. Prenant le 72ᵉ de ligne, il tomba rapidement sur la tête de cette colonne, au moment où elle débouchait en plaine et cherchait à se former ; il la culbuta et la força à une prompte retraite, après lui avoir tué ou pris tout ce qui était sorti du bois.

Cependant l'ennemi ne se rebutait pas de ces mauvais succès ; la grande supériorité de ses forces lui permettait de renouveler ses entreprises, et, pour réparer d'un seul coup tous les désavantages partiels de la journée, il forma plusieurs colonnes à la tête desquelles se mirent des généraux. Soutenues par une nombreuse artillerie, elles vinrent nous assaillir à la fois de front et de flanc ; leur attaque fut vive et impétueuse ; débordés sur tous les points, nous fûmes forcés de plier et de céder une partie du terrain que nous avions gagné ; ce ne fut que derrière le marais que nous pûmes enfin nous rallier et faire face. Dans ce moment critique, le maréchal Davoust parut au plus fort de la mêlée et, s'adressant aux troupes, leur rappela brièvement leurs hauts faits d'armes et le service important qu'elles rendaient ce jour-là même à l'armée. Il termina cette courte allocution par ces mots énergiques : « Aujourd'hui, notre lot est de vaincre « ou de mourir sur ce terrain ! Hors d'ici, il n'est plus « pour nous ni salut ni gloire ! » Et il ordonna de reprendre l'offensive.

L'ennemi avait fait des pertes énormes ; les généraux qui dirigeaient ses colonnes avaient été blessés ; presque tous les officiers d'état-major des régiments étaient hors de combat : aussi son attaque languissait-elle, et, après quelque résistance, il fut ramené sur la lisière des bois, vers Hausen. Il était près de cinq heures et notre artillerie arrivait enfin ; par une fatalité bien malheureuse, le brave Seruzier, qui la commandait et que les soldats avaient surnommé *le Père aux boulets,* s'étant oublié au bivouac de Ratisbonne, nous avions été privés jusque-là de ce puissant auxiliaire. Peu après parut la tête de la division Friant ; elle entra de suite en ligne et fut chargée d'opérer sur notre gauche et de nettoyer les bois dans la direction de Dinzling, pendant que nous poussions notre attaque sur les troupes qui étaient devant nous et que nous les rejetions définitivement sur Hausen. La nuit vint mettre fin au combat. Malgré ce succès inespéré, nous ne nous faisions point illusion sur les dangers de notre position ; aussi, oubliant les fatigues de la lutte et persuadés que l'ennemi renouvellerait son attaque avec le jour, nous passâmes une partie de la nuit à nous préparer au combat. Il devait en être autrement : le prince Charles fit sa retraite et alla prendre position à Eglofsheim, sur la chaussée d'Eckmühl, sa gauche vers Lanqwaid et Leuerndorf et sa droite vers Dinzling et Ratisbonne.

Cette journée fut des plus glorieuses pour la division Saint-Hilaire : seule et sans artillerie, elle lutta avec succès contre plus de 60,000 hommes et conserva les avantages qu'elle avait acquis dès le commencement du combat. L'ennemi lui adressa, sans le vouloir, le plus bel éloge dans son 14e bulletin, lorsqu'il supposa que, dans cette affaire, il avait combattu contre le corps entier de Davoust et qu'il ajouta que, dans son armée, officiers et soldats s'étaient conduits comme des héros. Il est aisé de penser que de pareils résultats ne furent pas obtenus sans faire des pertes considérables ; cependant, grâce aux avantages de position que nous offraient les lieux, nos pertes ne furent pas aussi grandes qu'elles auraient dû être, et n'égalèrent pas, à beaucoup près, celles de l'ennemi. Celui-ci perdit 900 prisonniers et n'en prit que 35 à la division Saint-Hilaire. Il eut aussi hors de combat les généraux Lusignan Louis et Maurice de Lichtenstein, tandis que, de notre côté, nous ne perdîmes aucun officier de marque.

Le 20, nous occupâmes la position de Hausen, que le prince Charles évacua dans la matinée. Nous y fûmes rejoints, à la nuit, par une reconnaissance de Bavarois, qui nous apprit les succès que l'Empereur avait obtenus, ce jour-là même, contre le prince Louis. Ainsi se trouva effectuée la jonction de toutes les parties de notre armée.

Le 19 au soir, les deux divisions Morand et Gudin, du corps de Davoust, avaient heureusement atteint Arnhofen et battu le détachement autrichien qui le défendait et qui était chargé de lier le prince Louis au prince Charles. Un mouvement à gauche, que fit le maréchal Lefèvre, avec un corps de Bavarois, avait favorisé cette opération. D'un autre côté, le général autrichien Hiller, qui avait reçu l'ordre de s'établir avec le 6ᵉ corps à Mainbourg, tant pour couvrir les opérations du généralissime que pour appuyer le prince Louis, ayant appris la marche du général Oudinot sur Pfaffenhofen, s'était arrêté à Aw, afin d'être plus à même d'observer ses mouvements et de s'opposer à ses entreprises; de sorte que les corps d'Hiller et du prince Louis se trouvaient séparés par une grande distance et hors d'état de se secourir mutuellement, au moment même où Napoléon réunissait la majeure partie de ses forces contre l'un d'eux.

Arrivé à Abensberg le 19 au soir, l'Empereur ayant reconnu la position des corps ennemis, résolut d'écraser d'abord celui du général Thiery et de prendre ensuite à revers le prince Louis, afin de le couper du gros de l'armée. Ses dispositions furent promptes : le maréchal Lannes, qui l'accompagnait, eut ordre d'opérer, avec les deux divisions de Davoust, sur l'extrême droite du général Thiery ; les Wurtembergeois, conduits par l'Empereur, durent se porter sur sa gauche, et Lefèvre sur son centre avec deux divisions bavaroises, pendant que le général de Wrède, avec le reste des Bavarois, contiendrait le prince Louis. Mais pour livrer cette première bataille, dont le succès était si important, Napoléon n'avait sous sa main, à l'exception des deux divisions de Davoust, que des troupes allemandes composées en grande partie de jeunes soldats. Il n'ignorait pas que la longue suprématie de la maison d'Autriche en Allemagne leur avait imprimé de tout temps un fâcheux sentiment d'infériorité vis-à-vis des Autrichiens. Pour en prévenir les effets, il voulut les haranguer avant le combat : le prince royal de Bavière lui servit d'interprète. Après leur avoir rappelé la part glorieuse qu'ils avaient prise aux succès de la grande armée, il les assura qu'il ne mettait aucune différence entre eux et les Français ; qu'au milieu d'eux il se croyait aussi en sûreté qu'au milieu de sa Garde, et qu'il voulait combattre à leur tête. Par leur belle conduite dans cette journée, dont les résultats furent si brillants, les troupes allemandes répondirent dignement à cette noble confiance.

Le corps autrichien était trop faible et trop disséminé pour faire une longue résistance; Lannes marcha par Siegenbourg sur Rohr, où il entra pêle-mêle avec les fuyards ; les autres colonnes s'étaient dirigées sur le même point : les Wurtembergeois par Offenstetten, et les Bavarois par Bibourg ; après avoir battu les troupes qui leur étaient opposées, elles firent leur jonction avec la colonne française. Le prince Louis, qui sentait l'importance de la position du général Thiery, voulut venir à son secours et détacha quelques brigades pour le soutenir ; mais ces troupes eurent le même sort que les premières, et lui-même, attaqué par le général de Wrède, débordé et menacé sur ses derrières, dut penser à une prompte retraite. Il la fit sur Pfaffenhausen, derrière le *gros Laber,* où il arriva dans le plus grand désordre et après avoir été entamé plusieurs fois pendant son mouvement. Tandis que cela se passait, Hiller, ayant reçu l'ordre de prendre le commandement supérieur des 5e et 6e corps et du 2e de réserve, avait aussi marché d'Aw sur Pfaffenhausen. Instruit de la détresse du 5e corps, il fit occuper les hauteurs de Rottenburg pour arrêter la marche de notre colonne de gauche ; un nouveau combat s'engagea sur ce point et dura jusqu'à la nuit. Cette journée coûta aux Autrichiens environ 7,000 hommes, des drapeaux et 12 pièces de canon.

Le 21, de très-bonne heure, Napoléon mit ses troupes en mouvement pour attaquer l'ennemi, mais celui-ci avait profité de la nuit pour se rapprocher de l'Iser, derrière lequel Hiller voulait prendre position. Ses arrière-gardes furent sabrées et culbutées ; Napoléon pressait le mouvement de ses colonnes et leur marche fut assez vive pour atteindre les Autrichiens avant qu'ils n'eussent passé le défilé de Selingthal. Le désordre fut très-grand parmi eux aux approches du pont ; équipages, canons, soldats, tout s'y entassa pêle-mêle ;

pour échapper aux suites d'une pareille confusion, le général Hiller fit rompre le pont sans attendre le passage de son arrière-garde. En même temps étaient près d'arriver les corps d'Oudinot et de Masséna ; ce dernier avait passé l'Iser à Mosbourg, au-dessus de Landshut, et marchait sur la gauche et sur les derrières du maréchal Hiller, déjà si vivement pressé par l'Empereur. L'anéantissement de cette armée autrichienne aurait été le fruit de ce beau mouvement, combiné avec tant de justesse, sans un de ces hasards si fréquents à la guerre, et que toute la prévision humaine ne saurait empêcher.

Au moment où l'ennemi, pressé de tous côtés, se trouvait dans la plus grande détresse et allait être acculé à la rivière, on aperçut au loin, sur la chaussée d'Eckmühl, une troupe de cavalerie. L'officier envoyé pour la reconnaître vint annoncer à l'Empereur que c'était un corps autrichien : « L'archiduc Charles fait ce qu'il doit », dit Napoléon, et il ordonna sur-le-champ les dispositions convenables pour le bien recevoir. Bientôt après, des rapports plus exacts lui apprirent que cette cavalerie était tout simplement une reconnaissance française ; mais son erreur, quoique de courte durée, avait suffi pour ralentir notre poursuite et pour donner à l'ennemi le temps de s'éloigner. Il ne se crut en sûreté que derrière l'Inn, où il prit position à Alt-Ottingen, le 22, faisant ainsi, en une marche en retraite, le même chemin que, dans son mouvement offensif, il avait mis sept jours à parcourir. Le maréchal Bessières, avec environ 12 ou 15,000 hommes, fut chargé de le poursuivre : il s'arrêta à Geisenhausen sur la Vils.

6,000 prisonniers, 30 pièces de canon, 3 équipages de pont, des munitions de guerre, des magasins considérables, 600 caissons et plus de 3,000 voitures attelées furent les fruits de cette importante journée. Les succès que Napoléon venait d'obtenir par ses habiles manœuvres étaient décisifs pour le sort de la campagne : il avait séparé l'armée autrichienne en deux grandes fractions, hors d'état désormais de se secourir mutuellement, et l'occupation de Landshut le rendait maître à la fois de la ligne d'opération de l'ennemi, et d'une position avantageuse contre le prince Charles. Nous verrons bientôt les résultats de cette occupation ; revenons en attendant au corps de Davoust.

Pendant que Napoléon chassait l'aile gauche de l'armée autrichienne au delà de l'Iser et de l'Inn, les divisions Saint-Hilaire et Friant n'étaient pas restées oisives. Afin d'occuper le prince Charles et de l'empêcher de traverser les opérations de l'Empereur, Davoust avait reçu l'ordre de prendre l'offensive et de l'attaquer dans la position qu'il avait choisie. En conséquence, le 21, ayant quitté de très-bonne heure notre bivouac de Hausen, nous marchâmes à l'ennemi en nous dirigeant vers Schneidart et Paring. Nous n'allâmes pas loin sans le rencontrer : le soleil n'était pas levé que nous étions aux mains avec son avant-garde ; car, de son côté, le généralissime autrichien, dans l'espoir sans doute d'obliger Napoléon à venir à notre secours et à dégager ainsi son frère, s'était décidé à nous attaquer. Notre mouvement offensif le surprit; il se persuada, au dire des prisonniers, que l'Empereur nous avait rejoints pendant la nuit avec une partie de ses forces, et il est présumable que cette idée le rendit plus circonspect et le décida même à rester sur la défensive.

Cette journée n'ayant été remarquable par aucune manœuvre digne de fixer l'attention des militaires, je serai très-court à la raconter. Nous tirâmes force coups de canon et de fusil, et nous poussâmes l'archiduc de position en position et de village en village jusqu'à son camp sur le *gros Laber*. Pendant l'action, le maréchal Lefèvre nous rejoignit avec deux divisions bavaroises, fortes ensemble d'environ 8,000 hommes; Napoléon, pensant qu'elles pouvaient nous être nécessaires, les avait détachées de son armée pour en renforcer la nôtre, mais elles nous furent peu utiles; leur artillerie seule prit part au combat. Comme nous venons de le dire, les Autrichiens s'étaient presque toujours tenus sur la défensive; ils s'étaient bornés à essayer contre notre artillerie quelques charges de cavalerie qui n'eurent aucun succès (1). A la nuit, ils reprirent la position

---

(1) Dans un des moments où notre artillerie était le plus exposée aux attaques de l'ennemi, le maréchal Davoust chargea l'un de ses aides de camp de porter au colonel du 10e léger l'ordre de la pro-

avantageuse qu'ils avaient déjà choisie sur la chaussée d'Eckmühl, la droite au delà d'Eglofsheim vers Ratisbonne, et la gauche à la hauteur de Leuerndorf, derrière le gros Laber. Cette partie de leur ligne se trouvait couverte par les marécages étendus qu'y forme cette rivière, tandis que l'autre partie était établie dans des villages et sur une chaîne de monticules élevés, d'un accès difficile et couverts de bois. De notre côté, nous prîmes une position presque parallèle à la leur ; la division Friant forma la gauche et s'étendit vers Eglofsheim ; la division Saint-Hilaire campa au centre, en face d'un village entouré de haies et de jardins, que

téger. — On sait la bonne opinion que les jeunes officiers d'état-major ont de leur mérite et combien ils se supposent supérieurs aux officiers de la ligne : aussi l'aide de camp ne manqua-t-il pas de vouloir interpréter l'ordre du maréchal et de dire au colonel de placer son régiment derrière les pièces. « Je m'en garderai bien, répondit-il. — Mais « c'est l'ordre de M. le maréchal. — Dites-lui que je réponds de son « artillerie; » et, en même temps, il disposa ses troupes sur les flancs de la batterie. — On comprendra facilement, pour peu qu'on y réfléchisse, que c'était le seul moyen de remplir sa tâche avec succès, parce qu'ainsi il était libre de ses mouvements et avantageusement posté pour manœuvrer ; tandis qu'en se plaçant derrière, non-seulement il perdait tous les avantages de sa position, mais encore il s'exposait bénévolement à subir des pertes énormes par le feu des batteries ennemies. Comme, en pareil cas, les artilleurs visent toujours à démonter les pièces, pas un des boulets autrichiens n'eût été perdu, et tous ceux qui auraient passé par-dessus nos canons, n'auraient pas manqué de frapper dans les rangs de notre infanterie.

je crois être Unter-Leuchling (1). La cavalerie et les Bavarois furent établis à notre droite vers Schierling, qui était le point le moins accessible à l'ennemi (2).

Cette journée ne fut pas sanglante; la plus grande perte de l'ennemi fut en prisonniers : nous en fîmes environ 3,000. La désertion, si fréquente d'ordinaire dans les armées autrichiennes, avait été insensible depuis l'ouverture de cette campagne; mais, pendant la nuit du 21 au 22, bon nombre d'hommes passèrent dans notre camp; nous apprîmes par eux que le prince Charles se disposait à prendre sa revanche le lendemain. Nous allons voir comment, une fois encore, il fut prévenu et arrêté dans l'exécution de ses desseins.

Pendant que, préoccupé des forces qu'il avait devant lui, il se disposait à les attaquer, l'Empereur, après avoir mis hors de combat l'aile gauche de l'armée autrichienne, et avoir chargé le maréchal Bessières de la poursuivre, s'avançait contre lui avec le reste de ses troupes, et menaçait son flanc gauche. Les deux divisions Gudin et Morand, soutenues par seize régiments de cavalerie, (dont six de cuirassiers et les deux de ca-

---

(1) N'ayant eu dans cette campagne que la carte de Finck, je dois juger les lieux par approximation.

(2) A la nuit close, le général de brigade Hervo, attaché à l'état-major du maréchal Davoust, faisait la visite des postes de la division Friant; il s'approcha trop de la ligne des sentinelles ennemies et fut tué d'un coup de fusil.

rabiniers), marchaient en tête sous les ordres de Lannes ; les Wurtembergeois formaient le centre, et Masséna l'arrière-garde et la réserve. De son côté, le maréchal Davoust avait reçu l'ordre d'attaquer le centre de l'ennemi et de le percer, afin que sa gauche se trouvât enveloppée, si elle faisait de la résistance ; ce mouvement ne devait commencer qu'à l'instant où l'avant-garde de l'Empereur paraîtrait.

Pour mettre à exécution cet ordre, le maréchal Davoust se rendit, vers les dix heures, sur la ligne occupée par la division Saint-Hilaire, et s'adressant au colonel du 10ᵉ léger qui, placé aux avant-postes, suivait avec attention les mouvements que l'ennemi faisait sur son front ; « Combien, lui demanda-t-il, y a-
« t-il de monde dans ce village ? — Environ 2,000. —
« Et sur chacun des flancs ? — Un millier et 5 pièces
« de canon. — Et dans ce bois, sur la montagne ? —
« Je ne sais ; mais je le crois bien fourni : d'ici vous
« pouvez voir les abatis dont ils se sont couverts —
« Vous voyez, reprit le Maréchal, ce clocher élevé
« à notre droite, c'est Eckmühl ! L'Empereur y sera
« vers une heure ; dès que vous verrez son avant-garde
« aux prises avec l'ennemi, sans attendre d'autres or-
« dres, vous vous emparerez de ce village (en mon-
« trant Leuchling), et ensuite, du bois. — Avec mon
« seul régiment ? — Sans doute. — Je ferai mon pos-
« sible. — Il le faut ; vous sentez l'importance de ce
« mouvement et la nécessité de la réussite. Faites vos
« dispositions en conséquence ; je vous en laisse le

« maître; vous ferez connaître au général Saint-Hilaire
« les ordres que je vous donne. » Le général Saint-
Hilaire arriva au moment où le Maréchal s'éloignait
pour visiter le reste de la ligne; après avoir entendu
ses ordres, il mit à faire réussir l'opération du 10ᵉ tout
le soin et tout le zèle que pouvaient lui inspirer son
amour pour la chose publique et son affection particulière pour un régiment qui, depuis dix-huit ans,
avait partagé sans interruption ses travaux et sa
gloire.

Depuis la pointe du jour, tout était en mouvement
dans le camp ennemi; les troupes étaient sous les armes et occupaient des positions avantageuses. Comptant sur la supériorité de son armée, forte encore de
plus de 100,000 hommes, l'archiduc avait porté un
corps sur Abach, et faisait des dispositions qui an-
nonçaient le projet de nous envelopper. Pendant ce
temps, Napoléon avançait : vers une heure ou une
heure et demie, nous aperçûmes à l'extrême gauche
autrichienne des mouvements qui indiquaient son approche; peu d'instants après le canon ne nous laissa
plus aucun doute. Aussitôt toutes les troupes de Davoust s'ébranlèrent et, par de fausses attaques, occupèrent sur tous les points l'attention de l'ennemi, tandis que le 10ᵉ léger, formé en colonne et chargé de la
véritable attaque, franchit rapidement l'espace qui le
séparait du village de Leuchling, l'aborda sans tirer
un coup de fusil, et s'en empara, après y avoir fait
1,500 prisonniers, et sans autre perte que celle de

6 hommes blessés. Les troupes placées sur les flancs de ce village, sans essayer en aucune façon de le reprendre, se retirèrent précipitamment dans le bois, après avoir fait deux ou trois décharges de leur artillerie.

Le bois fut attaqué immédiatement, mais son occupation nous coûta beaucoup plus cher. La montagne était escarpée et n'offrait qu'un étroit sentier conduisant aux abatis; nous n'y parvînmes qu'après des efforts multipliés et des pertes considérables. L'ennemi les défendit quelque temps avec opiniâtreté ; enfin, ils furent enlevés et nous débouchâmes à travers la forêt jusque sur la grand'route. Cependant, l'ennemi, qui sentait combien, dans la situation des choses, ce point était important, réunit un corps d'environ 8,000 hommes et le fit marcher contre le 10e. Ce régiment, qui avait perdu l'élite de ses soldats et tous ses officiers supérieurs (1), aurait été hors d'état de résister à cette attaque, si le général Compans, que l'on trouvait toujours aux moments décisifs, n'était venu à son secours avec deux régiments de troupes fraîches, et ne s'était porté sur le flanc de l'ennemi. Par cette manœuvre hardie, non-seulement il arrêta son mouvement offensif, mais il l'obligea à la retraite, après lui avoir fait éprouver de grandes pertes.

---

(1) Le 10e perdit, à cette époque, 600 hommes et 28 officiers, tués ou blessés, au nombre desquels on comptait le colonel, 2 chefs de bataillon, les officiers d'état-major et presque tous ceux des compagnies d'élite.

Pendant que cela se passait au centre, la gauche des Autrichiens était fortement engagée avec les troupes de l'Empereur; prise en flanc et débordée par le maréchal Lannes, qui avait passé le *Gros Laber* au-dessus de Schierling, tandis qu'elle était attaquée de front par les Wurtembergeois, marchant sur Eckmühl par la grande route, elle fit de vains efforts pour se rallier et prendre en arrière une meilleure position. Nos attaques furent si multipliées et si rapides, et nos charges dirigées sur ses deux flancs, à droite par Roking, Pfakoffen et Gailsbach, et à gauche par Santing, furent si heureuses, qu'elle se trouva constamment culbutée et jetée bientôt dans le plus grand désordre.

A notre gauche, les choses n'étaient pas dans un état ausssi prospère; le prince Charles, voulant y prendre sa revanche, avait attaqué la division Friant vers Luckenpoint, avec des forces si supérieures qu'elle avait dû se replier et qu'elle allait être accablée, si les succès toujours croissants de notre droite n'avaient obligé le généralissime à abandonner ses projets offensifs pour venir au secours de son aile gauche. En vain il fit marcher une partie de sa droite pour la soutenir, en vain il s'y porta lui-même et, mettant à profit tous les avantages du terrain, il essaya de nous arrêter par le choix de positions heureuses et par des charges de cavalerie tentées à propos; sa présence et ses efforts furent inutiles; le désordre alla croissant dans son armée, et bientôt sa retraite ressembla beaucoup à une déroute.

Il ne s'arrêta que sous les murs de Ratisbonne, et, dès que la nuit fut venue, il en profita pour jeter un pont de bateaux, afin d'accélérer son passage sur la rive gauche du Danube, pensant bien que Napoléon ne resterait pas spectateur tranquille d'une pareille opération, s'il remettait à l'exécuter en plein jour.

Le 23 au matin, nous trouvâmes l'ennemi adossé à Ratisbonne, occupant les jardins, les faubourgs, les remparts, ainsi que les tours et les maisons qui y étaient attenantes. Un gros de cavalerie faisait l'arrière-garde. Il était visible, d'après ces dispositions, qu'il n'avait d'autre but que de gagner quelques heures, pour finir son mouvement et pour être moins pressé dans sa retraite. Aussi notre avant-garde fut-elle seule engagée. Vers les dix heures, nous étions maîtres de tous les dehors et nous poussions si vivement les Autrichiens que, n'ayant pas le temps de replier leur pont, ils le rompirent pour qu'il ne tombât pas entre nos mains. Quoique les fortifications de Ratisbonne n'existassent plus, il restait encore des fossés assez profonds, des murailles élevées et de bonnes portes, auxquelles on n'arrivait que par des ponts dormants jetés sur les fossés. Ces ponts avaient été détruits, et l'on ne pouvait pénétrer dans la ville qu'après avoir fait brèche, opération longue et difficile, en raison du faible calibre de nos pièces. On réussit cependant à entamer la muraille et à la nettoyer avec des obus ; malheureusement, quelques-uns de ces projectiles, ayant pénétré dans l'intérieur de la ville, incendièrent l'un des quartiers. Les 25ᵉ et 85ᵉ régiments de ligne, chargés de monter à l'assaut, s'élancèrent sur la brèche avec une ardeur qui leur valut les applaudissements du reste de l'armée, témoin de leur valeur. Chassé de tous les points qu'il avait choisis pour sa défense, l'ennemi se précipita vers le pont du Danube. En peu d'instants, un désordre extrême se mit dans ses rangs : tout fuyait, personne ne pensait à se défendre ; ce fut une boucherie. On compta dans les rues étroites de la ville plus de 1,500 Autrichiens tués, parmi lesquels on n'aurait pas trouvé 50 Français ; 7 ou 8,000 hommes mirent bas les armes. Pour couvrir sa retraite et arrêter notre poursuite, l'ennemi mit le feu à Stadt-Am-Hoff, faubourg de Ratisbonne, sur la rive gauche du fleuve. Napoléon avait dirigé les premières opérations de la journée ; il avait même été légèrement blessé au talon ; mais, dès qu'il eut bien reconnu les intentions de l'archiduc, il avait laissé au maréchal Lannes le soin de le rejeter définitivement derrière le Danube.

Pendant que ses ordres étaient si vigoureusement exécutés, l'Empereur passait la revue des divisions Saint-Hilaire et Friant et leur distribuait des éloges et des récompenses. Il commença par le 10ᵉ léger ; dans chaque régiment il accorda une dotation à un sous-officier, et une dotation plus considérable, avec le titre de baron, à un officier subalterne : cette distinction avait été jusque-là réservée aux officiers supérieurs et aux généraux. Au milieu de tant d'actions éclatantes qui avaient honoré les divers régiments de l'armée, la conduite du 10ᵉ léger avait paru si remarquable à la bataille d'Eckmühl, qu'elle fut jugée digne d'une mention particulière, et, seul, il fut cité dans le 1ᵉʳ bulletin. Voici dans quels termes honorables il en est parlé : « Le détail des événements militaires serait « trop long ; il suffit de dire que le 10ᵉ d'infanterie « légère, de la division Saint-Hilaire, se couvrit de « gloire le 22 avril, en débouchant sur l'ennemi, et que « les Autrichiens, débusqués du bois qui couvre Ratis- « bonne, furent jetés dans la plaine. » Napoléon dit à Saint-Hilaire, à la tête de sa division, en lui frappant amicalement sur l'épaule : « Allons ! tu as gagné le « bâton de maréchal, et tu l'auras ! » Une mort glorieuse, en l'enlevant prématurément à l'armée, le priva de ce suprême honneur. Davoust fut créé prince d'Eckmühl. Il est beau d'être le premier de son nom, lorsqu'on sait l'illustrer par d'aussi éclatants services.

La perte des Autrichiens, dans les journées des 22 et 23, fut énorme. Depuis Eckmühl jusqu'à Ratisbonne, tout annonçait la déconfiture la plus complète ; tous les villages étaient pleins de blessés et les champs couverts de morts, de canons, de munitions abandonnées, de casques, de sabres et de débris d'armes de toute espèce. Peu de jours après, on avait réuni sous Ratisbonne 80 pièces de canon et leurs caissons. Je ne crois pas aller au delà de la vérité en avançant que, depuis le 19, les pertes de l'archiduc durent s'élever à plus de 50,000 hommes, car on comptait 35 ou 36,000 prisonniers. A Eckmühl seulement, on en prit 15,000 et 12 drapeaux.

Les opérations stratégiques, que nous venons de décrire, méritent d'être étudiées avec le plus grand soin ; la célérité, la précision et la justesse des mouvements de l'armée française, qui, plus faible en nombre, se trouve néanmoins toujours supérieure sur le point où il faut combattre, et l'art avec lequel la plus forte partie de l'armée autrichienne est tenue en échec par environ 20,000 hommes, sont de grandes leçons offertes aux méditations des militaires. Je ne m'étendrai pas sur les combinaisons du général autrichien ; cependant je ferai remarquer que la position qu'il avait choisie, et sur laquelle il comptait beaucoup, bonne peut-être contre Davoust, n'était plus tenable dès que nous étions maîtres de Landshut. J'ajouterai qu'en éparpillant ses forces à Abach et sur la rive gauche du Danube, il commit une faute grave qui le priva de la seule chance de succès qui lui restait encore, sa supériorité numérique.

Le Gouvernement autrichien dissimula pendant plusieurs jours la défaite de ses armées ; et quand enfin il se décida à l'avouer, ce ne fut qu'en la commentant et en l'atténuant. Les bulletins et la *Gazette de Vienne* sont fort curieux là-dessus. Mais, si les nouvelles publiées par la cour étaient rassurantes, les mesures qu'elle prenait ne l'étaient guère. Dès le 27 avril, l'archiduc palatin appelait aux armes l'insurrection hongroise et proclamait la patrie en danger ; et l'Empereur François lui-même, en quittant Scharding le 24, appelait à la défense de la monarchie la levée en masse de la basse Autriche et des cercles de l'Inn et de Salzbourg. Déjà celle de la haute Autriche était sous les armes, et employée sur l'Inn et au blocus de la forteresse Oberhaus, à Passau.

Le 24, le prince Charles passa la Regen et prit son camp près de Cham ; c'est de là qu'il rendit compte de ses opérations, dans le 14ᵉ bulletin, sous la date du 25 avril. Dans ce bulletin, tout est confondu ; si le prince ne faisait que pallier ses fautes et diminuer ses pertes, on n'aurait pas lieu d'en être surpris, car tout serait dans l'ordre accoutumé ; mais on ne comprend pas pourquoi il brouille les événements et change les dates; pourquoi, par exemple, il place au 20 le combat du 19, celui du 22, au 23, et son passage sur la rive gauche du Danube, au 24, lorsqu'il s'opéra le 23, et que ces dates sont déjà reconnues et avouées par lui dans les 11ᵉ et 13ᵉ bulletins. Serait-ce pour s'attribuer l'honneur d'avoir lutté un jour de plus contre Napoléon ? L'archiduc Charles nous semble au-dessus d'une vanité si puérile (1).

---

(1) Après avoir souvent réfléchi sur la cause de cette erreur calculée, j'ai pensé que ce prince, ayant reconnu combien son inaction pendant la journée du 20 avait été funeste à son armée, avait imaginé cette confusion de dates, pour la couvrir.

Trois divisions du corps de Davoust furent chargées de suivre l'ennemi et de l'observer. Il entrait dans les vues de Napoléon de ne pas le presser, afin qu'il perdît du temps et qu'il ne marchât pas de suite au secours de Vienne. Peu après Davoust fut relevé dans ce service par le corps saxon, que commandait Bernadotte.

Le 24, Napoléon laissa reposer son armée. Le même jour, il la félicita de ses succès par la proclamation suivante : « Soldats, vous avez justifié mon attente,
« vous avez suppléé au nombre par la bravoure, vous
« avez glorieusement marqué la différence qui existe
« entre le soldat de César et les cohues armées de
« Xercès. En peu de jours nous avons triomphé dans
« les trois batailles de Thann, d'Abensberg et d'Eck-
« mühl ; dans les combats de Päring, de Landshut et
« de Ratisbonne. 100 pièces de canon, 40 drapeaux,
« 50,000 prisonniers, 3 équipages de ponts, 3,000
« voitures, toutes les caisses des régiments, voilà le
« résultat de la rapidité de vos marches et de votre cou-
« rage. L'ennemi, enivré par un cabinet parjure, pa-
« raissait ne plus conserver aucun souvenir de vous ;
« son réveil a été prompt, vous lui avez apparu plus
« terribles que jamais. Naguère il a traversé l'Inn et
« envahi le territoire de nos alliés ! Naguère il se pro-
« mettait de porter ses armes au sein de notre patrie ;
« aujourd'hui défait, épouvanté, il fuit en désordre ;
« déjà mon avant-garde a passé l'Inn ; avant un mois
« nous serons à Vienne ! »

Sous Ratisbonne, la division Saint-Hilaire quitta le corps de Davoust ; elle forma le corps de Lannes avec les soi-disant grenadiers réunis d'Oudinot. Avant l'ouverture de la campagne, les grenadiers et les voltigeurs réunis, qui, depuis le camp de Boulogne, servaient sous ce général, avaient rejoint leurs régiments respectifs, à l'exception d'un très-petit nombre de compagnies, appartenant à des corps qui se trouvaient dans d'autres armées. Ils furent remplacés par des conscrits qui n'étaient pas encore arrivés en totalité à l'époque dont nous parlons, et qu'on avait fait partir des dépôts avec précipitation, avant même qu'ils n'eussent pu être habillés. Aussi ce corps fut-il loin de soutenir la réputation qu'il s'était acquise dans les campagnes précédentes ; il aurait été également injuste de l'exiger et ridicule de l'attendre.

On doit se souvenir que le maréchal Bessières avait été chargé de suivre le général Hiller, et que celui-ci s'était retiré derrière l'Inn. Ayant été renforcé par le 2ᵉ corps de réserve, et sentant combien son inaction dans des moments aussi décisifs pouvait être préjudiciable à l'armée autrichienne, ce général se décida à attaquer le corps qui lui était opposé. En conséquence, il repassa l'Inn le 23 au soir, et le 24 il marcha contre la division de Wrède postée à Stetten. Cette avant-garde, placée trop loin du reste des troupes pour être soutenue, fut battue et forcée de se retirer ; l'ennemi la poursuivit jusqu'à Neumarkt. Après cet échec, le maréchal Bessières se retira derrière la Vils ; quant au général Hiller, il ne le suivit pas ; ayant appris la défaite du prince Charles, il fit de nouveau sa retraite derrière l'Inn, et le 26, continuant son mouvement rétrograde, il prit position à Weng et à Altham, afin de couvrir Vienne et d'observer nos mouvements sur le bas Inn et la Salza. C'est là le combat que les Autrichiens appellent de Neumarkt, et dont il est si souvent parlé dans leurs bulletins. Le Gouvernement tâchait d'en profiter pour affaiblir l'impression fâcheuse qu'avaient faite sur les esprits les revers si peu attendus de la grande armée.

Pendant que le prince Charles faisait des dispositions sur la Regen où il s'attendait à combattre Napoléon, celui-ci, à la tête des corps de Masséna et de Lannes et de la cavalerie, c'est-à-dire avec environ 50,000 hommes, marchait sur l'Inn ou plutôt sur Vienne. Le corps de Masséna, formant la gauche, descendit le Danube ; le 26, il était devant Scharding et Passau. Le blocus d'Oberhaus fut levé et Scharding évacué par l'ennemi ; quoique le pont de l'Inn fût rompu, les troupes chargées de défendre ce point se retirèrent sur Tauf-Kirchen. La colonne française de droite suivit la route de Landshut, Mühldorf et Burghausen.

La marche de notre armée sur Vienne ne fut retardée que par la nécessité de rétablir les ponts, que l'ennemi détruisait ou brûlait avec le plus grand soin sur toutes les rivières. Il essaya bien d'augmenter les difficultés locales et de nous rendre les subsistances rares et difficiles, en ravageant le pays ; mais de pareils moyens sont peu efficaces dans une contrée telle que l'Autriche. La reconstruction du pont de Burghausen sur la Salza nous arrêta deux jours. Nous ne commençâmes à y passer que le 30 avril à cinq heures du soir; à une heure du matin nous étions à Randshofen sous Braunau, d'où nous repartîmes après quelques heures de repos. Le 2 mai nous étions à Lambach. Sur son chemin, l'avant-garde avait fait mettre bas les armes, près de Riede, à un corps de 1,500 hommes de landwehr. Le 3, l'armée marcha sur Wels; une partie du corps de Lannes et de la cavalerie se dirigea sur Lintz, où l'ennemi avait pris position ; et la division Saint-Hilaire, avec le reste de la cavalerie, continua son mouvement sur Steyer. Ces troupes couchèrent à Kremsmunster.

Les Français qui ne connaissent pas l'Allemagne ne peuvent se faire une idée des richesses et des ressources immenses que renferment les abbayes de ce pays, et l'on sera sans doute surpris lorsque je dirai qu'à notre arrivée à Kremsmunster, à la nuit close, les bons pères de cette abbaye ne demandèrent que quelques heures pour nous fournir 32,000 rations de viande et autant de pain, avec 16,000 bouteilles de vin (quoique le pays n'en produise pas), et le même nombre de bouteilles de bière. Du reste, il est juste d'ajouter que, s'ils n'observent pas bien rigoureusement le vœu de pauvreté; ces moines sont de fort bonnes gens et que chez eux on s'amuse et on fait très-bonne chère (1).

Dès le 26, les Bavarois avaient été dirigés sur Salzbourg; après avoir battu le corps autrichien chargé de la défense de ce pays et l'en avoir chassé, ils furent envoyés dans le Tyrol. Plus tard, lorsque les Saxons quittèrent Lintz, ils y furent appelés, à l'exception de la division de Wrède qui rejoignit l'armée à Wagram. Dans cette campagne, on reprocha au maréchal Lefèvre de n'avoir pas eu pour le prince royal de Bavière les égards convenables; il en résulta entre ces deux personnages beaucoup d'aigreur et une dissidence, dont les opérations se ressentirent d'une manière fâcheuse et qui appela l'attention de l'Empereur.

Masséna continuait à longer le Danube et à suivre la route de Lintz. Le 3 mai, il trouva en position près de cette ville le corps aux ordres du général Hiller; mais celui-ci, dans la crainte d'être pris en flanc et tourné par les troupes déjà maîtresses de Wels, n'attendit pas que Masséna eût fait des dispositions d'attaque: il se décida à passer la Traun et à se poster sur

---

(1) Dans la campagne de Charles XII en Lithuanie, pendant l'année 1708, on regarda comme une forte contribution imposée à la ville de Wilna, en punition de son attachement au parti russe, la demande qu'on lui fit de fournir en une semaine 30,000 livres de pain, autant de viande et 200 pots d'eau-de-vie, c'est-à-dire 15,000 rations de pain et 60,000 de viande. Et pourtant Wilna est une ville de 25 ou 28,000 âmes. On peut juger par comparaison.

les hauteurs, en arrière d'Ebersberg. Sur ce point, les bords de la Traun sont marécageux, et son lit, qui est très-large, forme divers îlots, sur lesquels est établi un pont d'une grande longueur qui conduit à la ville. Pour faciliter les opérations de Masséna, l'Empereur l'avait renforcé par une des divisions d'Oudinot ; cette division, commandée par le général Claparède, se trouvait, par l'effet de divers mouvements, former, le 3 mai, l'avant-garde du corps de Masséna, au moment où il se présentait devant Ebersberg, et l'impétuosité du général Cohorn, commandant une de ses brigades, donna lieu à un combat sanglant, mais que j'aurais à peine mentionné, parce qu'il n'eut aucune influence sur le sort de la campagne, si je ne voulais rétablir un fait qui, bien que de notoriété publique à l'armée, n'en a pas moins été étrangement défiguré par le bulletin officiel.

Voyant l'ennemi se retirer précipitamment, le général Claparède crut avoir trouvé l'occasion de se distinguer à peu de frais. Sans attendre aucun ordre et sans s'embarrasser si le reste du corps d'armée était en mesure de le soutenir, il lança en avant l'intrépide Cohorn qui, toujours bouillant d'impatience, poursuivit l'ennemi à la hâte. Celui-ci défendit vivement les avenues du pont et se replia ensuite sur les hauteurs en arrière d'Ebersberg, où il occupa une formidable position appuyée au château de cette ville ; en se retirant, il avait mis le feu aux maisons les plus voisines du pont, et la division Claparède, emportée par son ardeur et isolée par l'incendie, eût payé cher son imprudence et eût peut-être été entièrement perdue, sans le patriotisme du général Legrand. Ce digne officier, dont la division suivait celle de Claparède, voyant l'imminence du danger auquel était exposée cette dernière, et n'écoutant que la voix de l'honneur, se porta sans hésiter à son secours à travers les flammes ; il dirigea sur le château le 26ᵉ léger, et sur le centre de l'ennemi le 18ᵉ de ligne, commandé par le colonel Pelport, qui avait une connaissance particulière des lieux. Ce mouvement audacieux réussit pleinement ; les positions furent enlevées et la division française fut sauvée d'une destruction totale.

Il est facile de voir, à la simple inspection de la carte, que ce combat et les pertes qu'il nous occasionna étaient tout à fait inutiles ; tourné au loin par la division Saint-Hilaire, qui marchait sur Am-Stetten, l'ennemi eût été forcé d'évacuer Ebersberg, ou de souscrire lui-même à sa ruine complète. Quant au général Legrand, lorsque je le revis après la bataille d'Essling, je le trouvai profondément affecté de la mort des généraux Saint-Hilaire et Espagne. « Comme nos amis « s'en vont, me dit-il en me tendant la main ; vieux « et jeunes, tout y passe ! » et une larme, échappée de sa paupière, me révéla le secret de sa douleur : il pleurait un fils unique récemment tué en Espagne, au début de sa carrière. Pour faire diversion à ces souvenirs amers, je lui parlai des premières opérations de la campagne et de son beau succès au combat d'E-

bersberg. « J'ai pardevers moi assez d'actions remar-
« quables, me répondit-il, pour que je puisse me pas-
« ser de celle-là, mais je regrette vivement qu'on prive
« ma division, et surtout mon brave 26°, d'un hon-
« neur si bien mérité, et qu'on l'attribue gratuitement
« à la division Claparède. Quand j'eus passé le pont,
« ajouta-t-il, je trouvai ce général s'abritant avec quel-
« ques troupes derrière des ruines de maisons, et ce
« ne fut pas sans peine que j'en pus obtenir de va-
« gues renseignements. » Curieux de savoir si ces détails étaient connus au quartier impérial, j'allai voir,
à quelque temps de là, le comte de Lobau. Il logeait
à Schœnbrunn, et il était encore très-souffrant de la
blessure qu'il avait reçue à Essling. Ayant amené la
conversation sur l'affaire d'Ebersberg, je n'eus pas de
peine à le faire expliquer. « Toute la gloire, me dit-il,
« en appartient au général Legrand, et il est pitoyable
« qu'en en fasse honneur à Claparède. » Bientôt j'acquis la certitude que, dans l'armée, personne n'avait
été induit en erreur par la relation officielle.

Après le combat d'Ebersberg, l'ennemi parut vouloir défendre la position d'Enns, ou plutôt il essaya
par cette feinte de retarder notre marche sur Vienne.
En effet, quoique, dans cette partie de l'Autriche, le
pays soit montueux, boisé, coupé, sans routes et d'un
accès difficile, il eût été fort imprudent à lui de per-
sister à s'y maintenir. La colonne aux ordres de Lannes, qui s'était portée sur Steyer le 4, de très-bonne
heure, marchant par Saint-Peter, Seitenstetten, Bi-

berbach et la rive gauche de l'Ips, pour s'emparer du débouché d'Am-Stetten, le forçait à battre en retraite, ou à condamner à une destruction inévitable les troupes qui seraient restées en arrière de ce défilé. Entre Am-Stetten et Neumarckt, notre avant-garde rencontra dans la plaine un corps de cavalerie qui fit mine de vouloir lui disputer le terrain ; mais sa résistance fut courte ; il fut chargé, sabré et si vivement poursuivi, qu'il n'eut pas le temps de couper le pont de l'Ips. Il s'en dédommagea en brûlant ceux de l'Erlaph et de la Molk. Dans ce combat, ce qui valut à notre cavalerie une supériorité décidée fut l'idée que l'on eut de mêler à nos escadrons quelques compagnies de voltigeurs ; ceux-ci gagnant toujours sur les flancs de la cavalerie ennemie, non-seulement lui faisaient éprouver par leur feu des pertes considérables, mais encore menaçaient de la couper de Neumarkt : aussi chercha-t-elle par une prompte retraite à se tirer de cette dangereuse position.

Nous arrivâmes à Molk le 6 mai. A cette date, Masséna était à Am-Stetten, Davoust à Lintz, ainsi que les Wurtembergeois, et Bernadotte à Retz ; la Garde commençait à nous rejoindre. A Molk, nous trouvâmes une proclamation autrichienne, où l'on cherchait à rassurer les habitants sur les suites de notre invasion, et où l'on promettait de nous attendre dans la position de Saint-Polten ; nous n'y trouvâmes cependant que le pont de la Drasen coupé. Molk est remarquable par les belles caves de sa riche abbaye, bâtie sur un roc qui domine le Danube. L'Empereur y fit prendre 100,000 bouteilles de vin, qui furent distribuées à l'armée.

En quittant Saint-Polten, le général Hiller avait divisé ses troupes en deux corps : l'un avait passé le Danube et s'était placé à Krems pour se réunir au prince Charles, l'autre s'était retiré sur Vienne pour en renforcer la garnison. Nous arrivâmes devant cette capitale le 10 mai, à sept heures du matin. L'esprit public y était fort exalté : on ferma les portes, on tira sur nous, et le parlementaire chargé de sommer la ville fut insulté par la populace et pensa être victime de sa fureur. Quoique la partie de l'Autriche que nous avions à parcourir fût hérissée de difficultés naturelles et n'offrît, depuis Ebersberg, qu'une seule grande route (car c'est dans cette ville que se réunissent et se confondent les différentes routes qui partent de l'Inn et de la Salza), le général Hiller n'était pas assez fort pour la défendre, et il devait se borner nécessairement à des démonstrations, nous forcer à des manœuvres, retarder notre marche et donner ainsi à son Gouvernement la facilité de préparer la défense de Vienne, et au prince Charles le temps d'arriver à son secours. Mais ce qui était impossible au général Hiller, avec l'aile gauche seule, aurait été facile à l'armée tout entière; et en réfléchissant sur un point si important pour le succès et la durée de la guerre, nous sommes amenés à considérer sous un nouveau jour la profondeur des combinaisons de l'Empereur, lorsqu'au commencement de cette campagne il réussit à couper le généralissime de sa ligne d'opérations, et à le rejeter au delà du Danube.

Nous étions devant Vienne et maîtres de ses faubourgs; mais cela ne nous suffisait pas: la possession de la ville nous était absolument nécessaire, et il fallait l'occuper avant l'arrivée du prince Charles, car il eût été bien autrement difficile de s'en emparer après. Aussi Napoléon ne négligea-t-il aucun des moyens qui pouvaient en accélérer la reddition. L'ennemi avait remué de la terre dans le Prater (promenade formée par un des bras du Danube); il y avait fait des abatis et quelques autres préparatifs de défense. L'Empereur y envoya, dans la nuit du 11, quelques compagnies de voltigeurs qui attaquèrent la partie où est bâti le Lusthaus (maison de plaisance); les troupes qui le défendaient firent une faible résistance; elles se retirèrent dans la ville et y portèrent l'alarme. L'archiduc Maximilien, frère de l'Impératrice et gouverneur de Vienne, fit bien une tentative pour nous chasser du Prater, mais elle échoua contre la résolution de nos soldats. Dans la même nuit on jeta une grande quantité d'obus sur la ville; ils mirent le feu à un des quartiers les plus fréquentés. L'occupation du Prater et l'incendie d'une partie de la capitale, en répandant la consternation parmi les habitants, eurent le double avantage de calmer l'humeur martiale de quelques têtes ardentes et de préparer les esprits à la reddition de la place. L'archiduc Maximilien, craignant sans doute d'y être bloqué et pris, se hâta de l'évacuer, et, pour assurer sa retraite, il fit brûler le pont du Tabor.

Aussitôt après la reddition de Vienne, on se mit en devoir de franchir le Danube. Le 14, le maréchal Lannes tenta le passage vis-à-vis de Nussdorf; on débarqua 2 ou 300 hommes dans une petite île, et le maréchal y passa lui-même pour reconnaître les lieux. Malheureusement, le bras du Danube qui la sépare du continent est si étroit et si peu profond, que les Autrichiens l'avaient comblé avec des fascines, et que les voitures pénétraient dans l'île sans difficulté. Aussi cette troupe trop peu nombreuse, attaquée par des forces supérieures, munies de canons, fut-elle bientôt acculée au bord du fleuve; là, elle se couvrit d'une petite baraque et s'y défendit quelque temps; nous tentâmes vainement de la protéger par le feu de nos pièces de 12, un aussi faible secours ne put la sauver d'une destruction presque totale, et à peine se sauva-t-il quelques hommes dans des barques qu'on était parvenu à y faire arriver. Il est permis de penser que cette tentative aurait réussi, si elle avait été faite moins précipitamment et avec plus de précaution, et que l'une des plus difficiles opérations de la guerre, le passage d'un grand fleuve, se serait trouvée exécutée, sans perdre un seul homme et presque à l'insu de l'ennemi. Mais, une fois son attention éveillée, il eût été inutile et dangereux de renouveler nos essais sur ce point; le Danube, réuni dans un seul canal, y était trop large et trop rapide pour nous permettre de jeter un pont en présence des Autrichiens. C'est en ce même endroit et sous nos yeux qu'ils construisirent les radeaux qui, quelques jours plus tard, jouèrent un rôle considérable.

Le 19, l'Empereur fit jeter un pont près d'Ebersdorf, où la largeur du fleuve est de plus de 400 toises, mais où il est divisé en trois bras. Le premier a 240 toises de large; le deuxième, qui sépare l'île de Lobau d'une première île fort sablonneuse, a 120 toises, et le troisième, qui coule entre cette île et le continent, n'en a que 80. On comprend facilement combien ces îles facilitaient notre opération, et combien le peu de largeur du dernier bras mettait le passage sous la protection de notre canon. Aussi l'ennemi nous opposa-t-il fort peu de résistance; il abandonna même des pièces de gros calibre qu'il avait amenées dans la première des îles, avec le dessein sans doute de battre la rive d'Ebersdorf. Le 20, une portion du corps de Masséna était déjà sur la rive gauche; le 21 au soir, le corps de Lannes, la garde et une partie de la cavalerie avaient passé les ponts, et le 22, de très-bonne heure, les parcs, le corps de Davoust et le reste de la cavalerie étaient réunis sur les bords du Danube et se trouvaient prêts à le franchir. A cette date, Bernadotte et les Wurtembergeois s'étendaient de Lintz à Saint-Polten.

Revenons un moment sur nos pas. Au 24 avril nous avons laissé le prince Charles sur les frontières de la Bohême; il croyait sans doute qu'il y serait suivi par l'armée française, car il resta jusqu'au 30 dans la même attitude. A cette époque, informé de la marche de Napoléon sur Vienne, il laissa un corps d'observation en face de Davoust, tant pour masquer son mouvement que pour défendre la Bohême contre les entreprises de ce maréchal et contre celles du prince Bernadotte qui, dans sa marche vers le Danube, avait insulté plusieurs points de la frontière. Avec le reste de ses forces, il courut au secours de la capitale, se flattant sans doute d'arriver sous ses murs aussitôt que nous, ou espérant du moins que la garnison ferait assez de résistance pour lui donner le temps de terminer son mouvement avant que la place ne tombât en notre pouvoir. Il arriva le 16 au pied du Bisamberg, à l'entrée de la plaine de Marckfeld, si célèbre dans les annales de la maison de Hapsbourg (1). Il nous trouva maîtres de Vienne et il ne put douter du projet qu'avait Napoléon de passer le Danube; mais, quel que fût son désir de nous attaquer, comme son armée était harassée de fatigue et découragée, il jugea convenable de la faire reposer avant de la mener au combat. Dès que Davoust se fut assuré de la marche de l'archiduc sur Vienne, il repassa le Danube, et s'arrêta d'abord à

---

(1) C'est dans cette plaine que Rodolphe de Hapsbourg, fondateur de la maison d'Autriche, défit, le 26 août 1277, Ottocare, roi de Bohême, duc d'Autriche et de Carinthie, dont il avait été le maître d'hôtel. La tradition indique le lieu où ce prince fut tué.

Lintz, où les Wurtembergeois étaient déjà en observation ; remplacé bientôt sur ce point par les Saxons, il se porta à Saint-Polten et ensuite auprès de Vienne, marchant toujours à la hauteur de l'armée autrichienne, dont il suivait pour ainsi dire de l'œil toutes les opérations.

Après avoir donné quelques jours de repos à ses troupes, l'archiduc se mit en devoir de nous disputer le passage du Danube, et, voulant s'assurer un succès, dont il avait grand besoin pour rendre la confiance à son armée, il résolut de nous attaquer avant que toutes nos forces ne fussent réunies sur la rive gauche. A cet effet, il leva son camp le 21 au soir, et marcha avec près de 100,000 hommes contre le maréchal Masséna, qui en avait à peine 25,000. Il pensa le surprendre dans Gros-Aspern. La cavalerie du général Lassalle avait cependant battu la plaine ; mais, soit que cette reconnaissance eût été faite légèrement, comme cela arrive trop souvent, soit que le mouvement de l'ennemi eût été masqué par sa cavalerie, par les villages et par les accidents de terrain, on ne se doutait en aucune façon de l'approche de l'armée autrichienne, et l'on était dans la plus profonde sécurité, lorsque la curiosité ayant conduit un officier au haut du clocher de Gros-Aspern, il aperçut les colonnes ennemies s'avançant en bon ordre et se rapprochant de notre ligne.

Heureusement que Napoléon se trouvait sur la rive gauche, accompagné du maréchal Lannes. Il fit rapidement la reconnaissance du terrain et détermina la position des troupes : la gauche, à Gros-Aspern, et la droite, à Enzersdorf. Ces points, immédiatement occupés, furent bientôt assaillis par l'ennemi avec beaucoup de vigueur. Malgré l'immense infériorité de ses forces, Masséna fit une résistance opiniâtre dans Aspern ; Lannes, qui n'avait point de troupes appartenant à son corps d'armée, se mit à la tête de celles qui défendaient Essling et rendit vains tous les efforts des assaillants. Quelques charges de cavalerie, que Napoléon ordonna contre l'aile gauche des Autrichiens, firent une diversion heureuse, et la nuit mit fin à ce combat sanglant. Les deux armées campèrent en présence l'une de l'autre, n'attendant que le jour pour recommencer la lutte. Cette attaque de l'ennemi avait fait accélérer la marche du reste de nos troupes ; mais leur mouvement était interrompu à chaque instant par la rupture des ponts. L'ennemi avait profité d'une crue du Danube, pour lancer contre eux des radeaux, des moulins à blé et de grosses barques remplies de pierres ; l'habileté et le dévouement de nos marins et de nos pontonniers parvenaient à réparer assez promptement le dommage, et le passage n'avait pas éprouvé de longues interruptions. Nous ne fûmes pas aussi heureux le lendemain, 22.

Bien avant le lever du soleil, les avant-postes avaient échangé des coups de fusil. Le maréchal Masséna, appuyé à Gros-Aspern, formait la gauche ; le corps de Lannes était au centre, et la cavalerie, à la droite, entre Essling et Enzersdorf; la Garde, comme à l'ordinaire, était en réserve (1). L'action fut bientôt engagée sur tout notre front. L'ennemi, suivant son plan d'attaque de la veille, marcha sur Essling et sur Gros-Aspern, où il obtint quelques succès momentanés; mais il ne les conserva pas longtemps. Napoléon, en parcourant la ligne et en observant les dispositions de l'archiduc, remarqua qu'il avait porté ses principales forces sur ses ailes, et que son centre et ses réserves, établis en avant d'Essling-Hof, formaient une ligne très-étendue et très-mince; pour profiter de cette faute, il ordonna au maréchal Lannes d'attaquer ce centre et de le percer. Lannes se mit à la tête de la division Saint-Hilaire, et, flanqué à droite et à gauche par les divisions Oudinot et Boudet, appuyé par une nombreuse artillerie et soutenu par une grande partie de la cavalerie, il aborda la ligne ennemie avec sa résolution accoutumée. Elle fut renversée au premier choc et aux cris de vive l'Empereur! et bientôt jetée dans le plus grand désordre. En vain le prince Charles s'y porta de sa personne, et, saisissant le drapeau du régiment de Zach, essaya de rallier les fuyards : ses efforts n'eurent aucun résultat, nous poussâmes toujours en avant et, vers neuf heures du matin, nous avions atteint Breitenlée, à une lieue du point où la bataille avait commencé. Nos troupes, pleines d'ardeur, poursui-

---

(1) Elle n'était pas encore arrivée en entier.

vaient leurs succès, lorsqu'il leur arriva tout à coup des ordres de l'Empereur, qui leur prescrivaient de s'arrêter et de se rapprocher petit à petit de Gros-Aspern et d'Essling.

Un tel ordre, survenant au moment où la bataille semblait être gagnée, surprit autant les généraux que les soldats ; mais bientôt on apprit que tous les efforts de nos pontonniers étaient devenus inutiles pour réparer les graves dommages que les ponts avaient soufferts, que leur rupture était complète sur le grand bras du Danube, que, par conséquent, toute communication avec le continent et même avec la première île était interrompue, et qu'ainsi nous étions privés, et du secours des troupes qui devaient nous rejoindre, et des munitions dont nous commencions à avoir le plus grand besoin. Nous battîmes lentement en retraite et, vers midi, nous étions revenus à nos positions du matin. Jugeant de la situation fâcheuse où nous nous trouvions, soit par notre mouvement en arrière, soit par les informations d'un transfuge, qui avait passé le Danube à la nage pour l'en instruire, l'ennemi ne tarda pas à se reformer et à reprendre l'offensive ; faisant avancer sur sa ligne une masse énorme d'artillerie, il nous plaça dans une espèce de demi-cercle de feu, qui se rétrécissait peu à peu et nous écrasait sous les boulets, la mitraille et les obus, sans que, faute de munitions, il nous fût possible de répondre. Plusieurs fois l'infanterie autrichienne assaillit Gros-Aspern, que défendait la division Legrand, et toujours elle fut repoussée; ce point était pour nous de la plus grande importance; si nous l'eussions perdu, rien n'aurait pu empêcher l'ennemi d'arriver jusqu'à notre pont. Ses entreprises contre Essling ne furent pas plus heureuses; les fusiliers de la Garde, conduits par le général Mouton, aide de camp de l'Empereur, qui gagna dans cette journée le titre de comte de Lobau, reprirent ce village et le défendirent contre les attaques réitérées des réserves de l'archiduc. Enfin, aux approches de la nuit, ce prince tenta contre Essling et contre Aspern un dernier effort qui n'eut pas un plus heureux succès que les précédents, mais pour l'empêcher de pénétrer dans Aspern, le général Legrand fut obligé de livrer aux flammes ce beau village. La nuit sépara les combattants.

Nous avions conservé heureusement le petit pont qui conduisait dans l'île de Lobau; notre armée y rentra pendant la nuit, à l'exception de la division Legrand. Celle-ci ne quitta le champ de bataille qu'à neuf heures du matin. Le pont fut replié après le passage des dernières troupes. Dès que le combat eut cessé, l'Empereur repassa sur le continent dans un petit canot, et regardant comme probable ou au moins comme possible une attaque pour le lendemain, il donna des ordres en ce sens à Davoust, et détermina, à la lueur des torches, quelques travaux à faire et des dispositions à prendre dans les prairies d'Ebersdorf. Dans cette sanglante bataille nos soldats avaient montré une constance et un sang-froid dont beaucoup de personnes croient le caractère français incapable. Pendant huit heures sous un feu meurtrier, qu'ils ne pouvaient repousser, ils manœuvrèrent avec un calme et une précision qui leur auraient fait honneur sur un champ d'exercice. Au reste, quand on a beaucoup vécu avec eux, loin d'être surpris de leur valeur, on se demande plutôt de quel genre d'héroïsme ils n'ont pas donné l'exemple dans le cours de nos longues guerres.

On a calculé que nous n'avions en ligne ce jour là que 50,000 hommes, tandis que l'armée autrichienne était forte d'environ 100,000 hommes ; on a aussi évalué à 15,000 le nombre des morts et des blessés que perdirent les ennemis. Je ne sais sur quelle donnée ce calcul est appuyé, mais il n'a rien d'invraisemblable, car il offre le rapport d'un à sept à peu près. Nos pertes furent aussi très-considérables ; si j'en jugeais par celles de quelques régiments, elles se seraient élevées à 12 ou 14,000 hommes, ce qui donnerait le rapport d'un à quatre, c'est-à-dire qu'elles auraient été dans une proportion presque double de celles de l'ennemi, mais cela est peu probable, malgré le désavantage de notre position pendant une partie de la journée, et je crois pouvoir les estimer, comme beaucoup de témoins oculaires, à 10,000 hommes, ou à un sur cinq.

Quelque grandes que fussent ces pertes par leur nombre, elles le furent encore bien davantage par leur nature. Il n'y eut peut-être pas de régiment qui n'eût des officiers supérieurs à regretter, et l'on compta quinze ou seize généraux tués ou blessés plus ou moins grièvement. Au nombre de ceux qui succombèrent, on doit citer le maréchal Lannes, l'un des premiers lieutenants de Napoléon et l'un des hommes les plus braves de son siècle ; le général Saint-Hilaire, aussi brillant sur le champ de bataille que doux et aimable dans la vie privée, et le général Espagne, que l'opinion publique rangeait parmi nos meilleurs officiers de cavalerie. On me permettra quelques détails sur les deux premiers, que je range au nombre des morts, quoiqu'ils aient survécu un certain temps à leurs blessures.

Le maréchal Lannes avait combattu jusque vers midi, à la tête de la division Saint-Hilaire ; l'action s'étant alors ralentie par suite de la lassitude des deux armées, il voulut profiter de ce moment de répit pour changer de cheval ; en attendant qu'on lui en amenât un frais, il s'adressa au chef de bataillon Deslons, du 10e léger, qu'il affectionnait particulièrement, et lui dit qu'il allait se reposer à cent pas derrière le régiment ; s'ils reviennent, ajouta-t-il en désignant les Autrichiens par une expression énergique et soldatesque, recevez-les bien et faites m'en prévenir ! Il s'éloigna un peu et se coucha par terre dans un sillon, la tête appuyée sur sa main. A peine était-il dans cette position, qu'un boulet parti d'une nouvelle batterie, placée dans la direction d'Essling, lui fracassa les cuisses. Il s'évanouit ; des carabiniers du 10e léger l'enveloppèrent dans leurs capotes et le portèrent au pied de l'Empereur. Là, il reprit connaissance ; Napoléon se précipita sur lui, le tint étroitement embrassé et l'arrosa de ses larmes : « Sire, lui dit le maréchal, je pro« fite de ce dernier moment pour assurer Votre Ma« jesté que j'ai toujours été son meilleur ami ! » Cette scène de douleur émut tous ceux qui en furent témoins ; les officiers et les soldats étaient profondément tristes ; quant aux courtisans, singes du maître, ils pleuraient tout haut une mort dont quelques-uns se réjouissaient peut-être au fond de l'âme.

Pendant tout le temps que Lannes vécut encore, l'Empereur le visita plusieurs fois par jour ; et lorsque le maréchal désirait le voir, il quittait tout pour se rendre auprès de lui. Je suis tenté de croire que Lannes est le seul homme que Napoléon ait vraiment aimé. J'ai vu depuis mourir Bessières et Duroc ; mais combien il fut différemment affecté ! Ce qu'il y a de certain, c'est que son humeur variait avec l'état du malade. Un jour que la position de Lannes donnait quelque espérance, Oudinot, qui l'avait remplacé dans le commandement de son corps d'armée, s'étant rendu près de l'Empereur et lui trouvant l'air plus satisfait que de coutume, se permit de lui demander quelle heureuse nouvelle il avait reçue : « Il guérira, » répondit-il, la figure radieuse, « il guérira ! nous le sauverons ! ! » Cet espoir ne devait pas se réaliser ; on sait quels magnifiques honneurs funèbres il se plut à lui faire rendre.

Le général de division Saint-Hilaire était un des officiers les plus distingués de son grade. Déjà, dans les premières campagnes d'Italie, il avait fixé l'attention de Bonaparte et mérité sa bienveillance. Une blessure grave à la jambe l'empêcha seule de faire partie de l'expédition d'Egypte. Doué d'un jugement sain, il était aussi calme qu'intrépide sur le champ de bataille, et, dans les occasions les plus difficiles, on le vit toujours choisir le meilleur parti. Ses mœurs étaient douces et ses formes agréables; le blâme même et le reproche, dont il était sagement avare, avaient dans sa bouche quelque chose de bienveillant. Aussi, dans sa division, tous le regardaient comme un ami et tous servaient sous ses ordres encore plus par affection que par devoir. « Si Saint-Hilaire n'eût pas vécu, je n'aurais « jamais cru que l'on pût faire bien servir sans em- « ployer la sévérité! » me disait l'un des plus durs, mais des plus justes de nos généraux, le maréchal Davoust.

Blessé au pied, Saint-Hilaire eût pu être sauvé en sacrifiant sa jambe, mais il ne le voulut point, et préféra subir l'amputation plus douloureuse et plus incertaine de la moitié du pied. Il tenait à ne rien perdre de ses avantages physiques et souriait à l'idée de conserver sa jambe; le lendemain de sa blessure, il me parlait de cet espoir avec plaisir, et se flattait même d'une guérison si prompte, qu'elle lui permettrait de continuer la campagne. Mais bientôt il fut atteint par le tétanos, maladie cruelle qui fit tant de ravages parmi nos blessés, et ses amis perdirent tout espoir. Il connaissait les effets de ce terrible mal, mais il ne se douta pas un instant qu'il en fût attaqué : « Si j'étais aux « Indes, me disait-il un jour, je craindrais le tétanos. »

Il conserva sa tête jusqu'au dernier moment. Peu d'heures avant d'expirer, ne pouvant plus parler, n'y voyant plus, et le corps déjà raidi et contracté en arrière, il fit signe qu'il voulait écrire ; on lui donna un crayon et il traça ces mots : « Je meurs avec le senti- « ment d'avoir toujours bien rempli mes devoirs. » Celui qui, à son heure dernière, peut se rendre un semblable témoignage, devait être à coup sûr un homme de bien. La mort du général Saint-Hilaire fut pour sa division tout entière un malheur très-grand, et que les événements postérieurs lui rendirent encore plus sensible. Napoléon l'associa aux honneurs décernés au maréchal Lannes; il ordonna de plus, pour honorer particulièrement sa mémoire, que sa division continuerait à porter le nom de *division Saint-Hilaire*, bien qu'elle fût commandée par un autre général.

Revenons à Essling. Si l'on eût pris toutes les précautions nécessaires pour mettre nos ponts à l'abri des tentatives de l'ennemi, non-seulement les malheurs de cette journée auraient été évités, mais il est permis de penser avec quelque fondement, d'après le début de la bataille, qu'une victoire éclatante serait venue couronner nos efforts. Je ne déciderai point ici si les avantages qui pouvaient résulter de notre prompt établissement sur la rive gauche du Danube devaient, ou non, engager à brusquer cette grande opération, et faire passer par-dessus les règles ordinaires ; c'est une question grave et qui se complique de trop de considérations diverses, pour que j'ose ainsi la trancher. Je me bornerai à faire observer, en thèse générale, que le dédain ou l'oubli des précautions reste rarement impuni à la guerre.

J'ai déjà parlé d'un transfuge qui avait traversé le Danube, pour rendre compte à l'ennemi de ce qui se passait dans notre armée; les détails que je vais ajouter à son sujet fourniront un nouvel exemple de ce que peut l'exaltation des idées sur certains individus. Cet homme avait été officier dans nos armées, sous la République; il s'était retiré avec une pension à Lunéville, détestant Napoléon, parce qu'il avait, disait-il, *assassiné la liberté*. Après avoir rêvé longtemps aux moyens de lui faire le plus de mal possible, il se décida pour le rôle d'espion au profit des ennemis de la France. Sa résolution étant prise, il couvrit ses projets sous un extérieur de zèle patriotique, s'engagea comme remplaçant et rejoignit l'armée. A Ratisbonne, il disparut pendant quelques jours et on le crut déserteur; il avait été donner des avis au général Bellegarde, et rejoignit ensuite son régiment, avec un billet de sortie d'hôpital et des certificats de maladie. Le jour d'Essling, il trouva le moyen de rester sur la rive droite, et, après s'être assuré de la rupture de nos ponts, il franchit le Danube pour en avertir l'ennemi, et revint ensuite de notre côté; il se disposait encore à repasser le fleuve, lorsqu'il fut arrêté par une patrouille : on le traduisit devant un conseil de guerre, et on le fusilla, après qu'il eut avoué son crime. Cette affaire fut étouffée en faveur du corps auquel appartenait ce scélérat (1).

Le résultat inattendu de la bataille d'Essling tourna la tête aux Viennois. Dans leur ivresse, ils l'érigèrent en victoire décisive (2), et l'archiduc Charles, chanté sur tous les tons et loué de toutes les manières, fut proclamé sauveur de l'Autriche et libérateur de l'Allemagne. Cependant, aux yeux d'un observateur impartial, qu'avait-il fait d'assez éclatant pour motiver un pareil enthousiasme? Avec une armée double en nombre, et à la faveur de certaines circonstances indépendantes de son action, il avait empêché l'armée française de s'établir sur la rive gauche du Danube ; on pouvait même lui reprocher avec quelque apparence de raison de n'avoir pas su profiter de l'occasion que lui offrait la fortune de nous détruire dans l'île de Lobau. Je ne sais si je me trompe, mais il me semble que, privés de munitions, mourant de faim et exténués de fatigue, comme nous l'étions, s'ils nous avait attaqués dès le lendemain avec toutes ses forces, nous aurions été écrasés sous le nombre, et très-probablement perdus sans ressource : car il ne faut pas oublier que pendant plusieurs jours tous les efforts pour rétablir les ponts fu-

---

(1) Il avait fait partie de mon régiment.
(2) « Ce n'est pas gagner une bataille que de repousser l'ennemi, « c'est dans une action offensive, et non dans la résistance, qu'est la « victoire. » (LLOYD, *de la Guerre offensive.*)

rent inutiles, et que par conséquent nous ne pouvions recevoir ni munitions, ni secours d'aucune espèce, qu'au moyen de quelques légères embarcations. Il est vraisemblable que les pertes que l'archiduc avait faites, que la résistance qu'il avait éprouvée, que l'ignorance où il était de la véritable situation des choses, et que par dessus tout la réputation de notre armée, lui firent regarder cette entreprise comme beaucoup trop hasardeuse. Quoi qu'il en soit des motifs qui le déterminèrent, il nous laissa tranquilles et nous profitâmes de ce repos inespéré pour approvisionner peu à peu les troupes et pour travailler, dès le jour même, à des ouvrages qui servissent au besoin à rendre l'attaque de l'île plus difficile et à prolonger sa défense.

Les jours suivants, le corps de Lannes et la cavalerie repassèrent sur la droite; Masséna resta seul dans l'île, et Davoust se porta sur Presbourg, où l'ennemi avait conservé une tête de pont, à Engerau : il le força de se retirer sur la rive gauche. Peu de jours après, l'Empereur reçut l'avis que les Autrichiens avaient passé le Danube vers Krems : ce mouvement lui parut si digne d'attention, qu'il donna l'ordre au corps de Lannes de prendre les armes sur-le-champ et de se tenir prêt à marcher. Il présumait que le prince Charles s'était porté sur ce point, aussitôt après Essling, pour y passer le Danube avec plus de facilité et pour marcher sur Vienne par la rive droite, après avoir écrasé les troupes qui gardaient cette partie de notre ligne d'opérations. Nous en fûmes quittes heureusement pour une vaine alarme : un nouveau courrier apporta la nouvelle que cette tentative avait été faite par un corps peu considérable, et qu'il venait d'être battu et rejeté sur la rive gauche.

Dès le lendemain de la bataille d'Essling, Napoléon s'était occupé des moyens de réparer cet échec et d'assurer le passage du Danube. Son premier soin fut de tracer, dans l'île de Lobau, des ouvrages également propres à la défense et à l'attaque ; le corps de Masséna, resté dans l'île, fut occupé à ces travaux qui, sous peu de jours, se trouvèrent mis dans un état respectable. Cette île était pour nous d'une haute importance : assez spacieuse pour servir au rassemblement de l'armée et séparée seulement du continent par un étroit canal de quatre-vingts toises, elle offrait un vaste camp retranché, d'où nous pouvions franchir le fleuve sous la protection de notre artillerie. Mais il fallait, avant tout, qu'elle fût réunie à la rive que nous occupions par des ponts d'une construction assez solide pour que le salut de l'armée ne risquât plus d'être compromis.

On s'occupa avec activité de l'établissement de ces ponts, et les soldats furent employés à enfoncer les pilotis. Pour mettre nos travaux à l'abri des tentatives de l'ennemi, on plaça, de distance en distance, sur les bords du Danube, des sentinelles dont l'unique soin devait être d'annoncer l'approche des barques, des radeaux ou des brûlots que pouvaient lancer les Autrichiens. Prévenus par elles, nos marins, montés sur des bâtiments légers s'avançaient au-devant des embarcations destructives, les accrochaient avec des grappins ou les faisaient échouer. Une triple et forte estacade, établie en amont, et qui remplit le double but de protéger les ponts et de servir au passage des piétons, acheva de mettre nos communications hors de toute atteinte. Pour compléter ces préparatifs, on construisit, avec des poutrelles ou pièces de bois de forte dimension, un grand nombre de radeaux propres au transport des troupes ; quelques-uns furent armés de canons.

Au milieu de ces travaux d'un ordre supérieur, on ne négligeait aucun des détails qui pouvaient contribuer au succès des opérations. Les régiments réparaient leurs armes et leurs équipements, l'artillerie recomplétait ses attelages, et, dans cette occasion, les chevaux, dont l'usage abusif s'était introduit dans les régiments d'infanterie, rendirent un service important : ils offrirent à l'artillerie une remonte prompte et facile. On organisa aussi, dans chaque régiment, une compagnie d'artillerie. J'avoue que je ne suis point partisan de cette mesure ; je n'ose pas décider si elle est mauvaise en elle-même, mais je peux dire que les différents essais dont j'ai été témoin ne m'ont jamais offert de résultats avantageux. Loin de là, j'ai toujours vu que les régiments qui étaient ainsi surchargés d'artillerie devenaient plus timides et plus lents dans leurs mouvements, par la crainte de compromettre leurs canons et de s'exposer à la honte que le préjugé attache indistinctement à leur perte.

16.

Pendant que ces choses se passaient à la grande armée, l'armée d'Italie franchissait le Sommering, montagne qui sépare la Styrie de l'Autriche, et donnait la main à un corps de cavalerie destiné à faciliter sa jonction avec l'Empereur. Surprise d'abord par l'archiduc Jean avant d'être tout à fait réunie, cette armée avait éprouvé sur les rives de la Livenza, près de Fontana-Fredda, un échec, à la suite duquel elle avait dû se retirer sur l'Adige (1). Bientôt renforcée et dégagée par nos succès, elle avait repris l'offensive et pressé la retraite des Autrichiens, que les alarmes de la cour rappelaient au secours de la capitale.

Au nombre des engagements qui eurent lieu sur cette partie du théâtre de la guerre, la bataille de la Piave et celle de Raab peuvent être citées comme les plus remarquables. Cette dernière, gagnée le 14 juin, fut appelée la *petite-fille* de Marengo. Le prince Eugène en eut l'honneur, comme cela devait être en sa qualité de général en chef, mais, en réalité, tout le succès en fut dû au général Grenier, qui engagea et dirigea l'action. La victoire aurait été plus complète et moins chèrement achetée, si le corps de Macdonald,

---

(1) Je sais bien qu'on a blâmé les dispositions du prince Eugène; mais je ne peux pas les discuter, faute de renseignements suffisants, et je m'en tiens à la version officielle. Ce qui est incontestable, c'est que l'archiduc Jean avait des forces triples ou quadruples, et que peut-être le seul tort du prince Eugène fut de s'être compromis. Les rapports des deux armées appellent cette affaire le combat de *Sacile*.

qu'on attendit toute la matinée, fut arrivé à temps ; mais il ne parut que le soir, lorsque l'ennemi était déjà en pleine retraite. Après cette affaire, l'archiduc Jean, sentant l'impossibilité de se soutenir sur la rive droite du Danube, passa ce fleuve sous Comorn. Le prince Eugène le suivit, menaçant à la fois cette place et Pesth. A la même époque, le corps de Dalmatie, commandé par Marmont, était arrivé en Styrie et bloquait la forteresse de Graëtz.

La réunion des deux armées d'Italie et d'Allemagne était un événement heureux et d'une importance majeure ; il mettait à la disposition de Napoléon des corps français, composés de vieux soldats, et lui apportait ainsi un renfort considérable pour ses troupes, qui comptaient dans leurs rangs tant d'étrangers et de soldats de nouvelles levées. Aussi le salua-t-il d'une proclamation, dont voici les principaux passages :

« Soldats de l'armée d'Italie ! Vous avez glorieuse-
« ment atteint le but que je vous avais marqué. Le
« Sommering a été témoin de votre jonction avec la
« grande armée.

« Soyez les bienvenus : je suis content de vous.
« Surpris par un ennemi perfide avant que vos co-
« lonnes ne fussent réunies, vous avez dû rétrograder
« jusqu'à l'Adige. Mais lorsque vous reçûtes l'ordre de
« marcher en avant, vous étiez sur le champ mémo-
« rable d'Arcole, et là vous jurâtes sur les mânes de
« nos héros de triompher. Vous avez tenu parole à la
« bataille de la Piave, aux combats de Saint-Daniel,

« de Tarvis, de Goritz, etc. La Drave, la Save, la
« Muhr, n'ont pas retardé votre marche.

« La colonne de Jellachich, qui, la première, entra
« dans Munich, qui donna le signal des massacres
« dans le Tyrol, environnée à Saint-Michel, est tombée
« sous vos baïonnettes. Vous avez fait une prompte
« justice de ces débris, échappés à la colère de la
« grande armée. »

L'armée ennemie se renforçait sans doute, en même temps que la nôtre, et au premier aperçu, il semblait que leurs rapports respectifs ne fussent point changés. Il n'en était pas ainsi cependant ; outre qu'elle ne recevait que des troupes déjà battues et découragées, il faut considérer de plus qu'il n'est donné qu'à fort peu d'hommes de savoir manier de grandes masses ; Napoléon ne l'ignorait pas et il dut concevoir l'espérance de paralyser une partie des forces ennemies, espérance qu'il sut réaliser bientôt avec autant d'habileté que de bonheur.

En présence de tant de préparatifs qui le menaçaient, le généralissime autrichien ne restait pas oisif ; présumant, d'après notre position dans l'île de Lobau et les grands travaux qui s'y exécutaient, que Napoléon voulait effectuer son passage sur les mêmes points qu'il avait choisis avant la bataille d'Essling, il réunit Gros-Aspern, Essling et Enzersdorf par une ligne de redoutes qu'il fit palissader et armer d'une nombreuse artillerie, dans l'espoir d'écraser par ses feux nos colonnes au moment où, après avoir traversé le fleuve, elles essaieraient de se développer. Pour compléter sa défense, il choisit, en arrière de cette première position, un champ de bataille avantageux, où il put au besoin recevoir l'armée française, mutilée par une première lutte, et en achever la destruction. Nous verrons bientôt avec quel art le général français sut confirmer l'archiduc dans son erreur et rendre tous ses travaux inutiles. En attendant, la grande armée autrichienne, dont on cherchait à retremper le moral par tous les moyens propres à agir sur son esprit, se renforçait journellement par les levées de la Bohême, de la Moravie et de la Hongrie. Elle était campée aux environs de Wagram et de Wolkersdorf; des détachements considérables gardaient ses lignes et formaient un corps d'observation, vers Mühlleiten, au-dessous de l'île de Lobau.

De son côté, Napoléon pressait par tous les moyens l'achèvement de ses travaux, il passait de fréquentes revues et visitait tous les jours les bords du Danube, pour reconnaître, autant que les lieux le lui permettaient, la position de l'ennemi. Plusieurs fois on le vit, dans la partie inférieure de l'île, revêtu d'une capote de soldat et le fusil au bras, se placer sur la ligne des sentinelles, afin de faire ses observations avec plus de facilité. A la fin de juin, nos préparatifs étaient terminés, et, quoique tous les corps restassent immobiles dans leurs cantonnements respectifs, cependant tout faisait pressentir une attaque prochaine; l'Empereur y préluda par celle des îlots que l'ennemi occupait encore, près de la rive gauche. Masséna fut chargé de nettoyer cette partie du Danube, et, après quelques combats assez vifs, les Autrichiens ayant été rejetés sur le continent, les différentes petites îles en face d'Enzersdorf furent successivement armées d'une nombreuse artillerie. Le 2 juillet, on s'empara d'un de ces îlots, et, pour donner de l'inquiétude à l'archiduc, on le joignit immédiatement au continent par un pont, que l'on couvrit d'une flèche (1). Ainsi qu'on l'avait prévu, il devint aussitôt le point de mire de tous les feux de l'ennemi, et ne contribua pas peu à le confirmer dans son erreur.

Dans les premiers jours de juillet, sur toute notre ligne de Lintz à Comorn et à Graëtz, les différents corps levèrent leurs camps et précipitèrent leur marche vers l'île de Lobau. Le 4, ce beau mouvement, habilement dérobé à l'ennemi, était entièrement exécuté, et la

---

(1) Ces opérations de Masséna me rappellent une anecdote qui fera connaître par quels artifices on arrachait à Napoléon des faveurs, qui étaient parfois le scandale de l'armée. — Sainte-Croix, jeune colonel, aide de camp de Masséna et destiné à être l'époux de sa fille, la même qui devint plus tard madame Reille, fut blessé dans le cours de cette campagne. On ne laissa pas passer une aussi belle occasion, sans exalter le mérite rare, la bravoure distinguée et le dévouement de cet officier ; on fit plus, on annonça sa blessure comme dangereuse, bientôt il n'y eut plus d'espoir de guérison, enfin il fut à l'agonie. Alors on demanda pour lui le grade de général de brigade, destiné à adoucir les derniers instants d'un mourant. L'Empereur l'accorda, et bientôt Sainte-Croix se trouva entièrement rétabli. Peu de temps après il fut tué en Portugal.

concentration de l'armée se trouvait opérée. Il ne restait plus qu'à déboucher de l'île de Lobau sur la rive gauche ; les dernières mesures furent prises ; chacun des corps d'armée fut informé du point qui lui était assigné pour son passage, et chaque soldat fut pourvu d'un double approvisionnement de cartouches.

Vers les dix heures du soir, nos batteries donnèrent le signal du départ par un feu terrible, qui porta la destruction dans Enzersdorf, l'incendia et en chassa l'ennemi. Déjà nos colonnes étaient en marche de tous côtés, lorsqu'un orage effroyable éclata sur l'île ; des torrents de pluie l'inondèrent et arrêtèrent le mouvement des troupes. En peu d'instants, les soldats furent trempés jusqu'aux os et leurs munitions même furent avariées dans leurs gibernes. Un accident si fâcheux, survenant au milieu d'une opération aussi périlleuse, engagea plusieurs généraux à demander à l'Empereur de renvoyer le passage au lendemain, afin d'avoir le temps de remettre les armes en bon état ; mais il s'y refusa, dans la crainte que l'archiduc Jean, qui était attendu de la Hongrie, ne profitât de ce délai pour passer la March et pour arriver sur le champ de bataille. L'orage s'étant un peu apaisé, nous continuâmes notre mouvement. Le corps de Davoust et celui d'Oudinot, montés sur des radeaux et escortés par des marins de la Garde, descendirent le Danube et débarquèrent à la hauteur de Mühlleiten. Un pont d'une seule pièce, de l'invention d'un officier d'artillerie, et ensuite trois autres ponts furent jetés un peu au-dessous d'Enzersdorf, et servirent au passage des corps de Masséna et de Bernadotte. L'armée d'Italie, le corps de Dalmatie, la Garde et la cavalerie passèrent successivement et formèrent une seconde ligne et des réserves.

A la pointe du jour, le 5 juillet, cette grande opération était achevée, et l'armée se déployait sur l'extrême gauche de la ligne ennemie qu'elle avait débordée. Les corps de Davoust, d'Oudinot et de Masséna, la droite à Wietau et la gauche sous Enzersdorf, formaient notre première ligne, dans laquelle vint s'encadrer ensuite le corps de Bernadotte. En se développant, cette ligne s'étendit du Danube au Russbach; les corps y étaient placés dans l'ordre suivant : Davoust à droite, à sa gauche Oudinot, ensuite Bernadotte, et à l'extrême gauche Masséna, longeant le Danube. Sur aucun point de notre passage l'ennemi n'avait opposé de résistance sérieuse. Nous avions fait quelques prisonniers en débarquant, ainsi qu'à Sachsengang, dont le château avait été crénelé, et dans Enzersdorf, où il était resté quelques bataillons, malgré ou peut-être même à cause de l'incendie. Pris à revers, les ouvrages élevés par l'archiduc Charles, entre Aspern et Enzersdorf, n'avaient pu lui être d'aucune utilité; aussi les avait-il abandonnés sans coup férir, se bornant à défendre les villages qui couvraient les deux extrémités de sa ligne, et à nous opposer au centre quelques batteries, protégées par de la cavalerie.

Vers une heure après midi, à l'exception du corps

de Davoust, qui était encore en arrière de Glinzendorf, nous étions arrivés à une portée de canon de la position ennemie. Elle appuyait sa gauche à Markgrafen-Neusiedel et son centre à Wagram, d'où sa droite, faisant un angle presque droit, se prolongeait jusqu'au Danube. Plus en arrière, entre le centre et la droite, le village de Gerasdorf et les hauteurs qui le commandent étaient fortifiés et garnis de grosse artillerie. Cette position était heureuse et offrait plusieurs avantages : de Markgrafen-Neusiedel à Wagram, le terrain, montueux et coupé de ravins, formait un plateau qui dominait sensiblement la plaine de Marckfeld et permettait de suivre à découvert tous nos mouvements ; tandis que le Russbach, qui baigne le pied de ces hauteurs, et dont le lit est encaissé et les bords marécageux, en rendait l'accès très-difficile. La droite n'était pas moins heureusement placée ; les villages nombreux dont elle était couverte, formaient autant de redoutes naturelles, à l'abri desquelles l'ennemi pouvait nous dérober ses dispositions et déboucher sur le point qu'il lui plairait de choisir. Tous les avantages de cette position, calculés et habilement appréciés par le prince Charles, justifiaient pleinement la confiance qu'il avait mise en elle.

Sur les cinq ou six heures du soir, Oudinot, pour faciliter le mouvement de Davoust et l'opération qu'allait exécuter l'armée d'Italie, fit insulter par une division de ses conscrits la gauche ennemie, entre Baumersdorf et Markgrafen-Neusiedel : cette division, qu'il ne fit soutenir, ni par d'autres troupes, ni par de l'artillerie, se trouva bientôt sous le feu croisé de la mousqueterie et des batteries autrichiennes ; malgré ses pertes elle avançait toujours, lorsqu'elle rencontra l'obstacle inattendu du Russbach, les soldats furent étonnés, ils hésitèrent et bientôt se retirèrent en désordre. Pour réparer cet échec, on fit avancer le 57ᵉ de ligne et le 10ᵉ léger, de la division Saint-Hilaire, le premier sur Baumersdorf, et le second entre ce village et Markgrafen-Neusiedel. Cette attaque n'était pas mieux combinée que la précédente, mais les troupes étaient beaucoup meilleures et montrèrent les heureux résultats qu'on en aurait pu obtenir, si elle eût été calculée avec sagesse et exécutée avec un plus grand nombre d'hommes. Le 57ᵉ s'empara de la partie basse de Baumersdorf, et le 10ᵉ, après avoir franchi le Russbach, gravit la hauteur occupée par l'ennemi et s'y forma en bataille. Mais le prince Charles accourut lui-même, à la tête de son état-major, et ramenant, non sans peine, ses troupes à la charge, attaqua et déborda le 10ᵉ qui, abandonné à ses seules forces, ne put soutenir ce nouveau choc et fut obligé de repasser le Russbach, après avoir perdu inutilement la moitié de son monde. « Ah! si Saint-Hilaire vivait, disaient « les soldats, les choses iraient bien autrement! »

Pendant que ceci se passait au corps d'Oudinot, l'armée d'Italie marchait sur Wagram et s'en emparait ; mais l'archiduc, rassuré sur l'état de sa gauche, était en mesure de réunir des moyens suffisants contre cette nouvelle attaque, il le fit avec un égal bonheur, et, après un combat opiniâtre, il obligea le prince Eugène à la retraite. Une méprise funeste aggrava pour nous les malheurs de cette opération. Les Saxons, établis à Raasdorf, voyant venir à eux des troupes du côté de Wagram et ne les reconnaissant pas, à cause de l'obscurité, firent feu sur nos soldats qui, se croyant attaqués par quelque corps autrichien, ripostèrent à leur tour. Il en résulta un grand désordre : heureusement, l'ennemi, satisfait d'avoir fait échouer nos projets, resta tranquille dans ses lignes ; mais 2 ou 3,000 prisonniers, que ramenait l'armée d'Italie, profitèrent de ce moment de confusion pour s'échapper.

Ainsi finit la journée du 5. Pour tout lecteur attentif il est évident que les entreprises d'Oudinot devaient échouer ; le décousu qu'il y mit, le défaut de précautions suffisantes et le trop petit nombre de troupes qu'il y employa, s'opposaient à tout heureux succès ; cette opération pouvait déjà servir à caractériser le génie du nouveau général à qui le corps de Lannes était confié. Il est encore évident que l'insuccès d'Oudinot devait faire avorter l'opération de l'armée d'Italie, avec quelque talent et quelque vigueur qu'elle fût exécutée ; mais tous ceux qui ont été témoins de la fluctuation et de l'irrésolution des colonnes autrichiennes, au moment où le 10ᵉ léger eut couronné le plateau, n'ont pu s'empêcher de penser que, si ce mouvement eût été appuyé par le corps entier d'Oudinot, l'armée d'Italie aurait conservé Wagram, que Davoust, qui déjà arrivait à Grosshofen, aurait pu s'emparer de Markgrafen-Neusiedel, et que, dès le soir même, le sort de la monarchie autrichienne aurait été décidé.

Le 6 au matin, l'armée française était disposée de la manière suivante : Davoust à droite, vers Grosshofen ; Oudinot en face de Baumersdorf ; à la gauche d'Oudinot, le vice-roi, liant ce dernier avec les Saxons, établis à Aderklaa ; Masséna était à l'extrême gauche de cette première ligne. Le corps de Dalmatie, les Bavarois, la Garde et la grosse cavalerie formaient la seconde ligne et les réserves.

A la pointe du jour, Napoléon fit une nouvelle reconnaissance de la position de l'ennemi, et vit dans leurs bivouacs les divers corps d'armée. En ce moment les Autrichiens, débouchant par Grosshofen, attaquaient vivement le corps de Davoust et, par une forte canonnade, cherchaient à appeler notre attention sur tout leur front, de Neusiedel à Wagram. Après avoir examiné avec soin le développement de leurs forces, jugeant qu'ils faisaient une démonstration dans le but de couvrir les véritables desseins du prince Charles, il donna l'ordre aux troupes de rester dans leurs positions respectives, en attendant les événements. Ils ne tardèrent pas à justifier la sagesse de cette mesure.

Pendant la nuit, le prince Charles avait considérablement renforcé sa droite ; il avait formé ses colonnes d'attaque à l'abri des villages qui le couvraient, et il attendait, avant d'agir, que le maréchal Davoust fût assez vivement engagé pour fixer sur lui l'attention de l'Empereur. Lorsqu'il crut le moment arrivé, il se mit à la tête de la principale de ses colonnes et assaillit notre gauche avec la plus grande vigueur. Les Saxons reculèrent, incapables de lui résister, et leur retraite ressembla beaucoup à une déroute; Masséna, découvert par leur mouvement en arrière, fut forcé de rétrograder à son tour et de céder une grande étendue de terrain. Profitant alors de ses succès, l'archiduc s'avança audacieusement au milieu de la plaine et jusqu'au delà d'Aspern, débordant ainsi très au loin notre ligne et menaçant nos ponts. La population de Vienne, placée tout entière sur les édifices élevés de la ville et sur les hauteurs qui bordent le Danube, et spectatrice intéressée des événements, applaudissait aux succès de ses compatriotes; mais sa joie fut de courte durée.

Napoléon, accouru au premier avis du danger qui menaçait sa gauche, fit avancer ses réserves et prit rapidement ses dispositions. Après avoir donné l'ordre à Masséna de tenir ferme, à Davoust de tourner Neusiedel et de marcher sur Wagram, et à Oudinot d'appuyer ce mouvement, il fit attaquer le centre de l'ennemi par une partie de l'armée d'Italie, soutenue du corps de Dalmatie et des fusiliers de la Garde, en même temps que le maréchal Bessières le prenait en flanc avec la cavalerie et qu'une batterie de 80 bouches à feu de la Garde s'établissait à demi-portée pour le foudroyer.

Ces habiles combinaisons, exécutées avec ensemble, obtinrent le résultat qu'il devait en attendre. Les Autrichiens furent d'abord arrêtés dans leur offensive, et, après des pertes considérables, ramenés jusqu'à Süssenbrunn et Aderklaa, qu'ils firent mine de vouloir défendre ; en même temps Masséna reprenait Aspern, et renforcé des Saxons, que Bernadotte avait enfin ralliés, poussait l'ennemi vers Jedlersdorf.

La fortune ne nous était pas moins favorable à la droite ; Davoust, exécutant heureusement les ordres de Napoléon, avait déjà tourné Neusiedel et forcé l'ennemi à l'évacuer, et Oudinot, suivant avec attention les progrès de son attaque, et saisissant le moment opportun, avait fait marcher la division Saint-Hilaire sur Baumersdorf ; ce village et les hauteurs qui le commandent furent bientôt en notre pouvoir. Toute résistance de la part de l'aile gauche ennemie devenait désormais impossible ; tournée par Davoust, coupée sur Wagram par Oudinot, elle dut penser à une prompte retraite, pour échapper à la destruction dont elle était menacée. Libre alors de toute inquiétude sur ses flancs et sur ses derrières, la division Saint-Hilaire marcha vivement sur Wagram (1), que des masses

---

(1) Oudinot, toujours prompt à courir au feu, ne cessait de crier : « *En avant, au pas de course,* » et ses ordres étaient répétés par le général Grandjean, qui en sentait tout le danger, mais qui n'avait pas assez de consistance pour lui faire les représentations nécessaires Heureusement, les troupes n'exécutèrent pas cet ordre à la lettre;

d'infanterie, protégées par de l'artillerie et par des tirailleurs établis sur la rive droite du Russbach, s'obstinaient encore à défendre. Abordées à la baïonnette par le 10° léger, chargées en même temps par une brigade de cavalerie légère, qu'elles avaient d'abord repoussée deux fois, ces masses furent culbutées et rejetées derrière le ruisseau, vers Helmhof. En ce moment Davoust arrivait sur la route de Schönkirchen et menaçait Bockflüss; notre centre, continuant sa poursuite, attaquait Gerasdorsf, et notre gauche allait atteindre Strebersdorf.

La bataille était complétement gagnée, l'armée autrichienne se retirait de toutes parts, et bientôt on ne vit plus que ses arrière-gardes. Napoléon arrêta la poursuite et fit prendre position. Les troupes étaient harassées de fatigue; depuis plus de quarante heures elles étaient sous les armes, marchant et combattant, sans vivres et sans eau, sous la chaleur écrasante d'un été brûlant. Elles furent établies, la droite à Schönkirchen, le centre à Ebersdorf et la gauche au Danube, vers Jetelsée. Elles commençaient à peine à jouir du repos dans leurs bivouacs, lorsque des cris d'alarme vinrent tout à coup les troubler; elles furent promptement sous les armes et l'Empereur monta à cheval. On se

---

elles marchaient à un pas accéléré très-vif, et c'était bien assez. Si elles eussent obéi aveuglément, elles seraient arrivées en désordre, essoufflées et hors d'état de combattre avec avantage.

demandait la cause de cette terreur panique, et on apprit enfin que des soldats qui cherchaient des vivres, s'étant trop approchés de la ligne ennemie, avaient été chargés par sa cavalerie et avaient par leurs clameurs occasionné cette alerte.

La journée avait été sanglante et, pendant quelques instants, le succès avait paru douteux. Quoiqu'il soit fort difficile d'estimer la force respective des armées qui venaient de combattre, les données à ce sujet étant en général très-fautives, je pense qu'on peut porter l'armée autrichienne à 200,000 hommes et l'armée française à 150 ou 160,000 hommes. On évalua la perte des Autrichiens à 30,000 hommes, dont 16 ou 18,000 prisonniers et 4,000 morts. Parmi ces derniers se trouvaient plusieurs généraux de réputation ; le prince Charles était lui-même au nombre des blessés. Les pertes de l'armée française furent beaucoup moindres, en raison du petit nombre de prisonniers que lui fit l'ennemi ; cependant, on ne peut guère les calculer au-dessous de 14 ou 15,000 hommes.

Les généraux Lassalle et Gauthier furent tués ; le premier, officier de cavalerie légère fort estimé, était particulièrement aimé de Napoléon et détesté de Berthier, dont il parlait très-cavalièrement. La cause première de cette inimitié avait été la liaison de Lassalle avec la belle-sœur de Berthier, qu'il avait fini par épouser, après l'avoir fait divorcer. Gauthier était chef d'état-major du corps de Lannes, qui avait passé sous les ordres d'Oudinot (1). Parmi les blessés on compta le général Grenier, commandant un des corps de l'armée d'Italie, officier du premier mérite, ayant autrefois servi avec distinction aux armées de Sambre-et-Meuse, du Rhin et d'Italie, et qui serait arrivé à tout, s'il eût eu plus d'ambition et plus de savoir-faire.

On a sans doute remarqué que, dans cette bataille, les deux généraux en chef firent à peu près les mêmes manœuvres; ils y furent amenés par la nature des choses. Il importait au prince Charles de nous couper de nos ponts; s'il y eût réussi, il aurait donné la main à son frère l'archiduc Jean, et non-seulement les fruits de cette belle campagne auraient été perdus pour nous,

---

(1) Une fatalité cruelle pesait sur le corps de Lannes. Cervoni, nommé chef d'état-major de ce corps, avait été tué à Eckmühl, l'ayant d'entrer en fonctions, Lannes et Saint-Hilaire étaient tombés dans les champs d'Essling, et Gauthier, qui avait succédé à Cervoni, succomba à Wagram. — Le général Maximilien Lamarque fut choisi pour le remplacer; c'était un homme de beaucoup d'esprit, mais ayant la réputation d'être mordant, satirique et toujours prêt à sacrifier un ami à un bon mot. Oudinot le refusa et désigna Latrille, qui avait pris le nom de Laurencez, et qui n'était guère moins caustique; mais il avait sa fortune à faire et Oudinot l'attacha à son sort en le faisant son gendre. A notre passage à Ratisbonne, le prince de Latour-Taxis ayant témoigné, dans un dîner, au général Laurencez son étonnement de ce qu'il avait changé de nom, et ayant ajouté que le nom de Latrille était fort joli; celui-ci, mécontent de cette réflexion, qui lui parut une épigramme, lui répondit sèchement : « Monsieur le « prince, il vaut mieux être le premier que le dernier de son nom. »

17.

mais le salut même de notre armée aurait été compromis. Un intérêt également pressant engageait Napoléon à manœuvrer sur le flanc gauche de l'armée autrichienne ; par là il l'isolait, la coupait de la Hongrie, et la rejetait vers les provinces occidentales, où elle ne devait trouver que peu de ressources.

Autant l'archiduc Charles avait été loué et exalté après Essling, autant il fut critiqué et déprécié après Wagram ; peu s'en fallut même qu'on ne l'accusât de trahison. Le parti de l'impératrice, femme méchante et passionnée, qui le haïssait, prévalut dans le conseil aulique, et fut assez puissant pour le faire disgrâcier. Pour prix de ses travaux et de ses efforts, il fut relégué, à la fin de la campagne, dans son gouvernement de Bohême. Cette indigne persécution était cent fois plus odieuse que n'avaient été ridicules les louanges exagérées qu'on lui avait prodiguées quarante jours auparavant. En effet, si l'archiduc, après une glorieuse résistance, avait été obligé de céder devant le génie supérieur de Napoléon, on ne saurait, du moins sans injustice, lui refuser le mérite d'avoir fait, le jour de la bataille, tout ce qu'on pouvait attendre d'un général expérimenté et d'un brave soldat ; le reste était l'affaire des troupes. Il est également juste de reconnaître qu'il y avait longtemps que l'armée autrichienne ne s'était présentée sur le terrain d'une manière aussi honorable, et c'était là encore l'ouvrage de l'archiduc. Il paraît que, parmi ses lieutenants, tout le monde ne remplit pas ses devoirs avec le zèle qu'il aurait désiré, et qu'il eut particulièrement à se plaindre d'un prince de Reuss-Pless; il le punit et, par cette conduite ferme, il irrita l'orgueil des grands et contribua à augmenter le nombre de ses ennemis.

Dans la nuit du 6 au 7, l'archiduc fit sa retraite sur la Moravie, par Corn-Neubourg, ne pouvant pas la faire directement sur Brünn, sans nous prêter le flanc. Il eût été trop dangereux pour lui de hasarder un pareil mouvement si près d'une armée victorieuse. Nous le poursuivîmes dans l'ordre où nous avions combattu; Davoust, formant la droite, se dirigea sur Nicolsbourg, et Masséna, tenant la gauche, sur Holla-brünn. Après quelques engagements d'arrière-garde peu importants, nous trouvâmes l'armée ennemie en position à Znaïm et nous l'attaquâmes le 11; déjà, la ville était tournée, le pont pris, et l'action s'engageait de tous côtés, lorsque le prince Jean de Lichstenstein, porteur de paroles de paix, se présenta à nos avant-postes ; repoussé d'abord, ce ne fut pas sans peine qu'il parvint jusqu'à Napoléon, qui ordonna soudain d'arrêter le feu.

Cette résolution de l'Empereur fut mal accueillie par les troupes : officiers et soldats, tous savaient que, depuis vingt ans, l'Autriche s'était montrée l'ennemie implacable de la France et qu'elle s'était mise à la tête de toutes les coalitions contre elle et tous pensaient que le moment était arrivé *de punir ou d'en finir*, comme ils le disaient hautement dans les rangs. Il était certain, en effet, que l'Autriche se trouvait épuisée par les efforts immenses qu'elle avait dû faire pour ouvrir la campagne et prolonger sa résistance au milieu de tant de revers, que ses peuples, mécontents et fatigués des guerres incessantes et souvent malheureuses dont ils avaient à supporter le lourd fardeau, commençaient à se désaffectionner et à se familiariser avec l'idée de passer sous une domination étrangère, et qu'enfin son armée, battue, découragée, ayant perdu ses meilleurs soldats, presque désorganisée et réduite à la situation la plus critique, touchait au moment d'être vaincue une dernière fois et peut-être entièrement écrasée. Cependant, malgré tous les motifs qui l'excitaient à la vengeance, et en dépit d'une aussi heureuse occasion de la satisfaire, Napoléon, renonçant à l'espoir d'une victoire facile, accueillit, contre l'avis de ses lieutenants, le parlementaire autrichien, dit qu'il y avait eu assez de sang versé, et lui accorda l'armistice qu'il sollicitait. Les contemporains ont vu et l'histoire apprendra à la postérité, pour l'instruction des conquérants, de quelle manière l'Autriche reconnut plus tard sa générosité. En vertu de cet armistice, qui fut signé du 11 au 12, les troupes autrichiennes durent évacuer le Tyrol et le Voralberg, et nous céder les forteresses de Graëtz et de Brünn, ainsi que le fort de Sachsenbourg.

Pendant les négociations qui s'ouvrirent pour la paix, l'armée française prit des cantonnements étendus : Masséna occupa le cercle de Znaïm, Davoust celui de Brünn, où il campa sur la Taya ; Marmont fut placé à Krems et Oudinot à Am-Spitz, sur le champ de bataille de Wagram ; la Garde forma un camp près de Schœnbrunn, et l'armée d'Italie repassa le Danube et s'établit dans la Hongrie cisdanubienne.

Le temps se passait et la conclusion de la paix se faisait attendre : l'Autriche élevait à chaque instant de nouvelles difficultés ; son armée s'était rapprochée des frontières de la Hongrie et avait pris position entre Olmütz et Comorn ; son effroi s'était calmé et elle se berçait de l'espoir que les entreprises des Anglais sur nos côtes obligeraient Napoléon à s'affaiblir en Allemagne, et peut-être même le forceraient à marcher lui-même au secours de la France. On se crut à la veille de la reprise des hostilités. De son côté, Napoléon, qui ne s'aveuglait pas encore sur la politique secrète de l'Autriche, se préparait à recommencer la guerre avec une nouvelle vigueur. En même temps qu'il pressait l'arrivée et l'instruction des recrues, il traçait à Am-Spitz un camp retranché qui pût couvrir Vienne au besoin. C'était une suite de grandes redoutes, bien palissadées, dont les feux se croisaient, et dans quelques-unes desquelles on avait construit des blockhaus à l'épreuve de la bombe. Le Bisamberg, également fortifié et muni d'un chemin couvert, servait d'ouvrage avancé à ce camp.

Le mois de septembre fut très-pluvieux, et les troupes campées à Am-Spitz, surtout deux divisions de conscrits d'Oudinot, eurent beaucoup à souffrir des maladies. Napoléon en fit rechercher la cause (1), et on l'assigna à la manière dont ces divisions étaient baraquées. Pour moi, sans nier absolument

---

(1) Il avait chargé Berthier de lui faire un rapport à ce sujet. Après avoir visité seulement quelques baraques des conscrits d'Oudinot, qu'il trouva mal construites et sans lits de camp, Berthier rendit compte en général à l'Empereur que les troupes du camp d'Am-Spitz couchaient dans l'eau, et que de là provenaient sans doute les maladies dont elles souffraient. Peu de jours après, l'Empereur se rendit au camp et, en arrivant à la tête de la division Saint-Hilaire, il dit au colonel du 10ᵉ léger, mais avec un ton de bienveillance : « Comment se peut-il que vous, un ancien du camp de Boulogne, vous « n'ayez pas construit de lits de camp? — Sire, répondit le colonel, « Votre Majesté va juger, par la manière dont nos baraques sont « construites, que les lits de camp dont elles sont pourvues ont été « montés en même temps que les baraques;..... adjudant, ajouta-t-il, « ouvrez, sur tout le front de bandière, les portes des baraques, pour « que Sa Majesté puisse voir dans l'intérieur. » Après avoir parcouru et examiné le campement, l'Empereur dit brusquement au major-général : « Berthier, quel rapport m'avez-vous fait ? vous entendez « ce que dit le colonel ; vous voyez comment les soldats sont cou- « chés ! » — « Sire ! ce n'est que dans son régiment, » répondit le prince de Neufchâtel. — « Et vos camarades? » demanda l'Empereur au colonel. — « Je ne puis répondre d'eux aussi affirmativement, ce- « pendant je crois pouvoir assurer à Votre Majesté qu'ils sont installés « comme moi. Toutes les baraques, dans la division, sont uniformes, « et le 10ᵉ, ayant campé le premier, a servi de modèle aux autres. » « — Voilà pourtant les comptes que vous me rendez ! » reprit avec humeur Napoléon, en se retournant vers Berthier. Celui-ci, ayant balbutié quelques mots de justification, l'Empereur ne lui répondit que par un coup d'œil dédaigneux et en haussant les épaules.

Pendant la durée de ce camp, j'ai été témoin, dans deux autres circonstances, du peu de cas que Napoléon faisait de Berthier, et cependant il lui confiait de hautes et importantes fonctions ; tant est puissante l'habitude sur les âmes les plus fortes !

l'influence de cette cause, je suis persuadé que les maladies dont elles étaient victimes tenaient surtout à leur qualité de jeunes soldats.

Jamais l'immense différence qui existe entre les vieux soldats rompus aux travaux et aux fatigues de la guerre et les soldats de nouvelles levées ne fut mieux sentie que dans cette campagne, où l'armée comptait dans ses rangs un si grand nombre de conscrits. Il est incontestable, pour les gens du métier, que la vigueur des opérations, la rapidité des mouvements et la conservation des hommes, sont toujours en raison directe du nombre de vieux soldats dont les corps sont composés; et tous ceux qui ont observé avec soin l'organisation intérieure des armées savent très-bien que la différence qui se rencontre parfois dans la conduite d'un régiment, à l'ouverture ou à la fin d'une même campagne, est toujours proportionnée à la quantité des recrues qu'il a reçues dans le cours de la campagne. En témoignage de cette vérité, je pourrais citer l'armée régulière autrichienne et ses landwehr; mais il me suffit, pour la rendre palpable, de prendre dans notre armée, comme termes de comparaison, les corps de Davoust et d'Oudinot, ou même de mettre tout simplement en parallèle, dans le corps d'Oudinot, la division Saint-Hilaire et les deux autres divisions, composées de conscrits. Aussi j'avoue que les discussions que j'entends journellement, sur les armées permanentes, sur les gardes nationales considérées comme troupe active, sur les levées extraordinaires au moment d'une guerre, etc., m'inspirent la plus grande pitié, et que je m'étonne qu'une question résolue jusqu'à l'évidence par tant d'expériences réitérées, puisse être encore un objet de controverse entre gens éclairés et de bonne foi.

Enfin, le 14 octobre, le traité de paix fut signé. Immédiatement après l'échange des ratifications, Napoléon quitta l'armée, dont il laissa le commandement à Berthier; ses bévues n'étaient plus à craindre, puisqu'il n'y avait plus rien à faire.

Pendant que Napoléon était à Schœnbrunn, il avait couru le danger d'être assassiné. Un jeune fanatique d'Erfurt, tisserand de son état, se présenta à une des parades qu'il passait chaque jour, l'attendit sur l'escalier et tâcha de l'approcher, au moment où il rentrait dans ses appartements. Écarté par les officiers qui entouraient l'Empereur, il revint à la charge et demanda à lui parler. Rapp, en sa qualité d'Alsacien, ayant interrogé ce jeune homme, son insistance et la position de sa main, cachée dans son sein, lui donnèrent des soupçons; il ordonna de le fouiller et on le trouva muni d'un poignard. Conduit en prison, il avoua qu'il avait eu le dessein d'assassiner Napoléon. Celui-ci voulut le voir avant qu'il ne fût livré à une commission militaire. Quoiqu'il soit toujours fort difficile de savoir ce qui se passe dans de pareilles entrevues, fort secrètes de leur nature, il paraît certain, et telle était alors l'opinion des hommes les mieux placés pour être bien informés, que l'Empereur lui ayant demandé ce qu'il ferait, s'il lui accordait sa grâce, il avait répondu que le premier usage qu'il ferait de sa liberté serait de chercher une nouvelle occasion de le tuer.

C'est encore pendant le séjour de Napoléon dans ce château impérial, que le maréchal Soult, commandant l'armée expéditionnaire de Portugal, fut accusé auprès de lui d'avoir aspiré à la couronne de ce royaume. Les généraux de division Loison et de Laborde étaient à la tête de ses accusateurs. J'ai vu, en 1812, entre les mains du général de Laborde, qui les avait conservés comme pièces probantes, beaucoup de papiers, d'ordres du jour et de journaux portugais, rédigés, disait-on, par les soins de l'état-major, où ce désir ambitieux semblait être assez clairement exprimé. Les accusations contre Soult ajoutaient que, pour faire réussir ses desseins, il avait ouvert des négociations avec le général anglais, qu'un adjudant-major, qui plus tard fut arrêté, lui avait servi d'agent, et que ces pourparlers avaient été la cause du séjour inutilement prolongé de l'armée à Oporto, séjour qui en compromit si évidemment le salut. J'ignore si Napoléon ajouta foi à cette accusation ; ce qu'il y a de certain, c'est qu'il n'a pas cessé depuis ce moment de combler de faveurs le général de Laborde. Quoi qu'il en soit de la réalité des projets attribués au maréchal Soult, il est malheureusement certain que, dès cet instant, il se manifesta une scission funeste dans son armée, et que la défiance réciproque des chefs influa puissamment sur les désastres de la campagne.

Pour se justifier auprès de l'Empereur, le maréchal Soult lui envoya Brun de Villeret, son premier aide de camp ; le motif secret de sa mission fut bientôt connu et devint le texte des plaisanteries des autres maréchaux. Au surplus, il en arriva dans cette affaire comme dans presque toutes les intrigues politiques, où les grands se sauvent et où leurs instruments seuls portent la peine de l'insuccès ; Ricard, chef d'état-major de Soult, fut disgrâcié, et l'on assura même que, dans une audience publique, l'Empereur lui dit : « Si « je vous rendais justice, je ferais rouler votre tête sur « l'échafaud. » En 1812, il fut rappelé au service et nommé général de division, par les bons offices de Berthier, à l'état-major duquel il avait été attaché autrefois en Italie. En 1814, il commandait une division, fut un des premiers à abandonner la cause impériale, et en récompense obtint la pairie.

En vertu des engagements d'Erfurt, la Russie devait nous servir d'auxiliaire dans notre guerre contre l'Autriche. Une coopération franche de sa part aurait empêché les hostilités ou tout au moins aurait forcé l'ennemi à disséminer ses forces, de façon que l'issue de la campagne n'aurait pas été douteuse un seul instant. Mais telle n'était pas la politique d'Alexandre, et la marche tardive de son armée peut faire présumer que, si la fortune nous eût été défavorable dans les champs d'Eckmühl et de Ratisbonne, nous eussions vu la Russie donner, en 1809, l'exemple des défections et des trahisons, dont nous avons été les témoins et les victimes en 1812 et 1813. Aussi l'Autriche, qui connaissait sans doute ses vrais sentiments, se mit fort peu en peine de sa déclaration de guerre, et l'armée de l'archiduc Ferdinand n'en fut pas augmentée d'un seul homme. On peut même assurer que l'occupation des Gallicies par le corps russe lui fut avantageuse, parce qu'elle comprima l'élan de ces provinces polonaises et les empêcha d'unir leurs efforts à ceux du grand-duché de Varsovie. Il me souvient très-bien avoir vu à Vienne, chez le maréchal Davoust, une députation de Polonais, à la tête desquels se trouvait un prince Jablonowsky, exprimer hautement ces plaintes contre les Russes. Malgré tous ces motifs de mécontentement, Napoléon feignit d'être satisfait d'Alexandre, et, dans le traité de paix, il qualifia la Russie du titre d'*alliée fidèle*.

La campagne d'Autriche vit augmenter de *trois* le nombre des maréchaux. Marmont, Macdonald et Oudinot furent appelés par la faveur du souverain à ces hautes fonctions. L'armée comptait peut-être dans son sein des généraux plus capables et plus dignes d'un tel honneur; aussi ces choix ne semblèrent-ils pas tous heureux, et l'opinion publique fut-elle loin de les sanctionner.

Marmont avait fourni presque toute sa carrière militaire dans l'emploi passif d'aide de camp; il avait très-rarement commandé des troupes, avant d'être envoyé en Dalmatie. Parvenu, pour ainsi dire de plein saut, au rang suprême, il fut accusé d'y avoir affecté des airs de favori et un faste de satrape. Aucune action éclatante n'est venue depuis justifier son élévation.

Depuis longtemps Macdonald comptait parmi les généraux de division les plus renommés; plusieurs fois il avait commandé des corps d'armée, et même, en l'an VII, il avait remplacé le général Championnet dans le commandement de l'armée de Naples. Souvent malheureux à la guerre, sa réputation, loin d'en souffrir, semblait s'en être accrue. Il se faisait remarquer par des mœurs douces et affables, auxquelles il joignait des sentiments élevés et une rare obligeance de cœur. Tombé dans la disgrâce de l'Empereur, il ne cessa pas pour cela d'aller aux Tuileries, ne fit point d'opposition et ne manifesta aucun mécontentement. On lui tint compte de cette conduite digne et mesurée; un jour vint où un salut affectueux de Napoléon lui apprit que le temps du malheur était passé, et, peu après, il fut rappelé au service. Son ambition fut satisfaite après Wagram, où il s'était distingué.

Officier médiocre et soldat intrépide, Oudinot devait son avancement à sa seule bravoure et paraissait avoir sa place marquée à un rang inférieur. Les hautes destinées auxquelles il fut appelé par le bon plaisir du souverain ne parurent guère profitables à sa gloire personnelle et à l'intérêt public.

EXPÉDITION DES ANGLAIS

CONTRE ANVERS.

SOUVENIRS MILITAIRES.

EXPÉDITION DES ANGLAIS

CONTRE ANVERS.

1809.

Nous avons vu l'archiduc Charles, dans sa proclamation à l'armée autrichienne, lui promettre des secours étrangers. Quoiqu'il ne nommât pas l'Angleterre, dans la situation où était alors l'Europe, ses paroles ne pouvaient s'appliquer qu'aux troupes de cette puissance, et s'il affecta quelque ambiguïté dans les mots, il est probable que ce fut dans le dessein d'accroître la confiance de nos ennemis, en leur laissant entrevoir des secours plus rapprochés, secours qui, au reste, ne leur auraient pas manqué, si la victoire eût couronné les combinaisons stratégiques de ce prince.

Le ministère anglais était trop fortement intéressé aux succès de l'Autriche, pour ne pas tenir ses engagements avec elle. Aussi, dès le mois de juin, une première expédition, préparée dans les ports de la Sicile et concertée avec la cour de Palerme, parut sur les côtes du royaume de Naples. Mais, après deux mois d'une croisière inutile, le général anglais, qui avait compté sur le mécontentement des peuples plus que sur ses propres forces, désespérant d'exciter aucune insurrection, abandonna ses projets et rentra dans les ports d'où il était sorti.

Cette première opération avait complétement échoué, lorsque la flotte qui se préparait à grands frais et avec beaucoup d'éclat, dans les ports de l'Angleterre, fut enfin prête à mettre à la voile. Lord Chatham en avait le commandement supérieur. Frère aîné du célèbre Pitt, il était loin de démentir l'observation déjà faite que, dans sa famille, l'esprit est le lot des cadets. Bien qu'à cette époque les résultats de la bataille de Wagram fussent connus à Londres, le Cabinet britannique ne crut pas devoir renoncer à ses projets, soit qu'il pensât que cette diversion, quoique tardive, pourrait encore rallumer la guerre, soit qu'il espérât la faire tourner à l'avantage particulier de l'Angleterre, en la dirigeant contre Anvers. On sait que, dans les mains de Napoléon, qui en avait fait un port de construction de première classe, cette ville était devenue l'objet de la jalousie et des craintes des Anglais, et qu'ils ne voyaient pas d'un œil tranquille la création de forces maritimes aussi considérables dans la mer du Nord et à une si petite distance de leurs côtes.

Le 29 juillet, l'escadre anglaise parut à l'embouchure de l'Escaut, au nombre de 214 voiles, ayant à bord 39,219 hommes de troupes de débarquement; 70 de ces voiles vinrent mouiller en face du pays de Cadzand, et le reste se porta dans l'Escaut oriental, en face de Breezand et du fort de den Haak. Le pays de Cadzand, que les Anglais s'obstinent à regarder comme une île, quoique de nombreux atterrissements et plusieurs ponts le joignent à la terre ferme, n'avait pour défense que quelques batteries ouvertes, servies par des canonniers gardes-côtes, et pour garnison que 250 hommes de garde nationale et 60 hommes du régiment de Prusse, dont l'officier commandant déserta à l'ennemi, le jour même où il parut sur la côte. Malgré ce dénûment presque total de forces, le général Rousseau, qui commandait à Cadzand, sut imposer si habilement à l'ennemi, en tenant ses troupes dans un état de mouvement continuel, en les faisant défiler sur un seul rang, en les montrant à propos sur tous les points du rivage, que le général anglais, effrayé des difficultés qu'il croyait rencontrer, n'osa risquer la descente.

Il n'en fut pas ainsi dans l'Escaut oriental; la grande masse des forces ennemies s'y était rendue, et 18,000 hommes débarquèrent dans l'île de Walcheren, sur le Breezand et au fort de den Haak, non loin de Terweere. Les côtes de l'île de Walcheren offrent une étendue de quatre lieues sur la mer du Nord et de neuf sur l'Escaut occidental et sur le Sloë ou Slong, canal qui la sépare du Sud-Beveland et du Wolferdyk. Sur la mer du Nord, de West-Capel à Terweere, ces côtes sont partout abordables dans les temps calmes, et ne présentent aucun obstacle à un débarquement; elles furent choisies par les Anglais pour exécuter leur opération.

L'île était partagée entre la France et la Hollande. Le général de division Monnet y commandait au nom de la France, depuis plusieurs années; il avait sous ses ordres le général de brigade Osten, homme énergique, intrépide, aimé et estimé dans le pays; mais pas assez apprécié de son supérieur, en raison de ses formes peu élégantes (1). Le général Bruce commandait dans Walcheren, pour le roi de Hollande. Il occupait Terweere, qu'il abandonna sans coup férir, pour se retirer dans l'île de Sud-Beveland, et s'y établir au fort de Batz, qu'il abandonna bientôt également, avant d'y être attaqué, et avec tant de précipitation qu'il y

---

(1) Osten était flamand d'origine, il avait conservé les mœurs et le langage du pays, et il avait tout l'extérieur d'un paysan; aussi était-il l'objet des plaisanteries de l'état-major du général Monnet.

laissa les canons sur leurs affûts. Cette conduite, inexplicable si elle n'était point l'effet de la trahison, compromettait singulièrement l'escadre française, en livrant à l'ennemi le seul point qui pouvait l'empêcher de pénétrer dans l'Escaut supérieur, où elle s'était réfugiée.

Le général Monnet, malgré les avis continuels des smogleurs (1), avait refusé de croire que cette expédition le menaçât; aussi fut-il pris au dépourvu dans Flessingue. C'était un homme d'une capacité médiocre, mais qui passait pour avoir une grande ténacité de caractère, qualité précieuse chez un officier, et surtout chez un commandant de place. Il ne soutint pas sa réputation, et l'on prétendit qu'en perdant sa femme, il avait perdu avec elle cette vertu d'emprunt. Uniquement occupé de ses plaisirs et du soin d'amasser de l'argent, il était livré à des jeunes gens présomptueux, qui lui attiraient la mésestime des troupes, en même temps que ses exactions lui valaient la haine des habitants.

Assurément rien n'empêchait en ce moment les Anglais de marcher sur Anvers et de s'en emparer; les fortifications de cette place étaient dans le plus grand état de délabrement, et la garnison ne se composait que de quelques dépôts vides de soldats; quant aux

---

(1) Les smogleurs sont des contrebandiers qui importent le genièvre sur les côtes d'Angleterre.

dépôts disséminés dans les autres places de la frontière du Nord, ils n'étaient pas mieux remplis, et se trouvaient par conséquent hors d'état de venir à son secours. Ce ne fut que le 12 août que le roi de Hollande arriva à Anvers, avec 6,000 hommes de sa garde, et qu'on put y réunir un pareil nombre de soldats français de toutes armes. Lord Chatham manqua, dans cette circonstance, de la hardiesse nécessaire au succès de pareilles entreprises qui, en général, ne peuvent réussir que comme coups de main exécutés avec vigueur et promptitude. Il regarda comme plus conforme aux règles de la prudence, de s'occuper du siége de Flessingue, avant de s'avancer dans l'intérieur du pays; c'était une grande faute.

Flessingue était une assez mauvaise place; Napoléon le reconnut lui-même dans la visite qu'il en fit l'année suivante, et, par cet aveu, ferma la bouche à quelques courtisans, qui, à la vue des fortifications, commençaient à s'étonner qu'on n'y eût pas défié toutes les forces britanniques. Il détermina alors les travaux à y faire, et leur consacra une première mise de six millions. Quand les Anglais débarquèrent, la garnison de Flessingue était à peine de 4,000 hommes, dont une grande partie d'étrangers; elle s'éleva plus tard à près de 7,000 hommes, au moyen des renforts qui lui arrivèrent par Cadzand; malheureusement, cette voie de ravitaillement lui fut bientôt enlevée.

Dès que le général Monnet avait eu connaissance de l'approche de l'ennemi, il avait envoyé le général

Osten, avec 1,600 hommes, pour le combattre au moment de la descente; mais, après lui avoir fait éprouver des pertes, Osten fut obligé de se retirer sur Flessingue. Les Anglais le suivirent; ils arrivèrent le 2 août devant cette place, prirent position à Nolle, à gauche du chemin qui mène à Middelbourg et à un nouveau fort, établi entre Flessingue et Rameskens (ces différents points sont à une distance de 900 mètres du corps de la place), et s'occupèrent incontinent de l'établissement de batteries incendiaires. Le général Monnet, qui n'avait rien préparé, ne sut prendre aucune mesure propre à prévenir les effets du bombardement; il se contenta de faire tirer sans relâche sur les points où l'on voyait remuer de la terre, prodiguant ainsi inutilement les munitions de guerre, comme il prodiguait en pure perte le sang des soldats, en s'obstinant à livrer chaque jour des combats sanglants et inégaux, tandis que sa position lui faisait un devoir rigoureux de ménager ses ressources et de se réserver, par leur emploi judicieux, les moyens de combattre avec succès l'ennemi, au passage du fossé et lorsqu'il tenterait l'assaut.

Le 13 août, lord Chatham démasqua ses batteries (1); après avoir fait un feu de vingt-sept heures,

---

(1) Le bombardement commença le 13, à deux heures après midi, et dura jusqu'au 14, à cinq heures du soir; il reprit à dix heures et cessa tout à fait le 15, à cinq heures du matin.

il somma la ville de se rendre, et recommença le bombardement après cinq heures de pourparlers inutiles ; le 15, la capitulation fut signée. Le bombardement et les fusées à la Congrève avaient causé l'incendie de quelques maisons particulières et de deux magasins de fourrages, mais les vivres et les approvisionnements de siége n'avaient pas été endommagés. Lorsque la garnison, forte encore de 4,000 hommes, apprit qu'elle était prisonnière des Anglais, elle ne put contenir son indignation et voulut continuer à se battre ; mais le général Monnet avait prévu ce cas, et, pour y échapper, il avait livré les portes aux Anglais.

La prompte reddition de Flessingue causa un étonnement général dans l'armée et dans la marine, et un cri accusateur s'éleva de toutes parts contre le général Monnet, dont la conduite fut soumise à l'examen d'une commission d'enquête, qui la jugea coupable. Cette décision était basée : sur ce que le général Monnet n'avait point rompu les digues et inondé le pays, ainsi qu'il avait l'ordre de le faire ; sur ce qu'il avait rendu Flessingue après un bombardement de trente-six heures, quoique ce bombardement n'eût fait éprouver à la défense aucun dommage notable ; lorsque l'ennemi était encore à plus de 800 mètres de la place ; sans qu'il y eût de brèche au rempart ; sans que le passage du fossé eût été effectué ; sans qu'il y eût eu d'assaut livré : tous faits incontestables et de notoriété publique.

Les Anglais, maîtres de Flessingue, parurent enfin

s'occuper sérieusement du véritable but de leur entreprise ; ils concentrèrent toutes leurs forces de terre et de mer auprès du fort de Batz, et se préparèrent à remonter l'Escaut supérieur; mais alors les obstacles s'étaient multipliés devant eux et les difficultés avaient grandi. Les rives de l'Escaut étaient complétement armées; notre escadre avait pu prendre une bonne position pour combattre la flotte anglaise ; elle était protégée par une double estacade qui la mettait à l'abri des brûlots ; enfin, la place d'Anvers était garnie de troupes et d'artillerie ; de toutes parts, les gardes nationales mobilisées accouraient à son secours, et le maréchal Bernadotte venait de prendre le commandement supérieur de toute la frontière. Après la bataille de Wagram, Bernadotte ayant, dans un ordre du jour, adressé aux Saxons qu'il commandait des compliments exagérés et qu'ils étaient fort loin de mériter, avait été vivement réprimandé par Napoléon de son manquement à la discipline et de sa vanité menteuse ; à la suite de cet incident, il était rentré en France, d'où les ordres de l'Empereur l'envoyèrent à Anvers.

Lord Chatham, instruit des formidables moyens de défense que nous avions réunis, hésita à poursuivre son mouvement ; il assembla un conseil de guerre, dont la décision fut que l'on ne pouvait essayer de se porter en avant sans compromettre évidemment l'armée anglaise ; en conséquence, renonçant à son entreprise, il abandonna l'Escaut vers la fin d'août, laissant dans l'île de Walcheren un corps de 10,000 hommes, pour assurer la conservation de sa conquête.

Les fièvres, endémiques à cette île, qui avaient déjà fait beaucoup de ravages parmi les troupes anglaises, continuèrent à sévir contre celles qui y restèrent; on porta à plus de 7,000 le nombre d'hommes qui en furent atteints, et à plus de 4,000 ceux qui y succombèrent. Les habitants accusaient à ce sujet l'ignorance des médecins anglais, ou au moins leur entêtement à suivre une mauvaise méthode curative. En effet, il est constant que cette fièvre, qui attaque annuellement presque tous les étrangers et la majeure partie des indigènes, est peu dangereuse lorsqu'on la combat par le traitement que l'expérience a consacré dans le pays. Du reste, les troupes ont un moyen bien simple d'échapper à la contagion : il leur suffit de camper sur l'Escaut pendant la saison des fièvres.

Les pertes qu'éprouvait chaque jour la garnison, et la crainte qu'elle ne fût attaquée dans le courant de l'hiver, engagèrent le Gouvernement britannique à évacuer Walcheren, au mois de décembre; mais il ordonna la destruction préalable du port et des arsenaux. L'exécution de cet ordre amena par la suite une découverte dont on se promit quelques avantages : on sait que Flessingue ne peut recevoir les vaisseaux de guerre que désarmés; en déblayant les décombres du bassin, on reconnut qu'au-dessous du premier radier, il en existait un second, et l'on espéra qu'en le recreusant on augmenterait de plusieurs pieds la profondeur du port, et que l'on parviendrait à y faire entrer les vaisseaux avec leur armement. J'ai quitté cette île avant que les travaux ne fussent terminés, et j'ignore si ces espérances se sont réalisées.

Tel fut le résultat de cette expédition si dispendieuse et annoncée avec tant d'ostentation : *Mons parturiens.*

CAMPAGNE DE RUSSIE.

1812.

SOUVENIRS MILITAIRES.

CAMPAGNE DE RUSSIE.

1812.

Malgré ses funestes résultats, l'expédition de Russie est une opération de guerre si grande et si glorieuse, elle doit, si je ne m'abuse, occuper une place si importante dans nos annales militaires, qu'il me semble nécessaire de la raconter avec les développements propres à en retracer un fidèle souvenir.

Les désastres de cette campagne ont été à coup sûr l'une des premières causes des malheurs sans nombre qui ont accablé notre patrie; leur triste influence a dominé longtemps nos destinées et nos enfants auront probablement à gémir, avec plus de raison que nous encore, sur les calamités et les fautes qui firent échouer cette mémorable entreprise. Le temps seul nous apprendra si les maux, dont nous avons été victimes, ne doivent pas retomber plus tard sur l'Europe entière, et si les Gouvernements qui se sont joints à la Russie pour détruire la puissance française, n'auront pas un jour à se repentir de s'être faits les complices de l'ambition moscovite.

Deux invasions célèbres, également malheureuses, celle de Charles XII et celle de Napoléon, ont donné naissance à l'opinion généralement accréditée aujourd'hui, que la Russie est invulnérable et que ses armées sont irrésistibles. Rien ne serait plus fâcheux pour l'avenir des peuples européens que l'affermissement d'un pareil préjugé, et si le récit que je vais entreprendre des événements de 1812 pouvait démontrer que nos revers n'ont eu rien de commun avec les armées russes, et que leur cause première et presque unique se trouve dans des fautes qu'il eût été facile ou du moins très-possible d'éviter, j'aurai le droit de me flatter d'avoir fait quelque chose d'utile à l'avenir de mon pays. Déjà, du reste, le début de la campagne de 1813 a démontré jusqu'à l'évidence que, malgré nos immenses désastres, les Russes eussent été promptement refoulés au delà du Niémen, si, tout en se détachant de notre alliance, l'Allemagne eût seulement gardé la neutralité.

Jusqu'au moment où je commence ce travail, il n'a pas encore paru en France d'histoire véritable et complète de la guerre de Russie. Lors de la première invasion, la France fut inondée par un déluge de relations plus ou moins apocryphes de cette campagne ; mais tous ces ouvrages portent le cachet de l'époque et en sont la honte : dans tous, l'ignorance des faits, le dénigrement des personnes et la calomnie contre tout ce qui est national, se trouvent réunis à la plus abjecte adulation envers nos ennemis. Plus tard, parurent des mémoires, qui se distinguent d'une manière honorable par le talent du style et par l'esprit qui les a dictés. Mais à côté de détails précieux dans certaines parties, on y trouve tant d'inexactitudes et parfois tant d'exagération, qu'on ne pourrait s'expliquer cette énigme, si l'on ne savait que leur auteur, le général Guillaume de Vaudoncourt, tombé entre les mains de l'ennemi, a peu vu par lui-même, et n'a fait que rédiger les notes particulières qui lui ont été confiées. Au surplus, il a réfuté beaucoup d'erreurs et de mensonges, propagés par des écrivains mercenaires, soit étrangers, soit nés en France, et ce qu'il dit de l'armée russe prouve qu'il a eu connaissance de documents spéciaux à Saint-Pétersbourg (1).

---

(1) L'amiral Tchitchagow l'avait chargé de faire un mémoire, pour le justifier des accusations de Wittgenstein, et c'est ainsi qu'il eut en son pouvoir toutes les pièces relatives à l'armée russe.

Je ne parle pas des rapports officiels des puissances belligérantes; ils ne peuvent guère servir qu'à fixer les dates des opérations et les positions des différents corps : on sait depuis longtemps la foi qu'ils méritent. Selon sa vieille coutume, le Gouvernement russe jugea convenable, pendant cette campagne, de nous faire battre partout et toujours (1). Ses bulletins sont fort curieux par la quantité et l'énormité des mensonges qu'on y trouve entassés. Je ne citerai que celui de l'affaire de Smolensk ; on y lit en propres termes :

« L'armée française ayant été battue le 4-16 août,
« à six verstes de Smolensk, par Rajewsky, fut encore
« attaquée le lendemain par Doctorow et complète-
« ment battue par les soldats russes, qui invoquaient
« le Tout-Puissant à leur secours. Les Français per-
« dirent 20,000 hommes et beaucoup de prisonniers ;
« des bataillons entiers mirent bas les armes ; trois ré-
« giments de cavalerie et un régiment de Cosaques ont
« battu toute la cavalerie du roi de Naples. Les Russes
« ont perdu 4,000 hommes, parmi lesquels les géné-

---

(1) Cette nation qui, à beaucoup d'égards, et surtout quant aux mœurs et aux habitudes, est encore ce qu'elle était à l'époque de la réforme de Pierre Ier, a toujours eu la gloriole de s'attribuer la victoire sur ses ennemis. Le tzar Pierre lui-même ne crut pas ce moyen au-dessous de son rôle de législateur, et il en usa plusieurs fois. — J'aurai, dans le cours de cet ouvrage, l'occasion de faire remarquer plusieurs autres traits de la parfaite identité de caractère et de principes entre les Russes d'aujourd'hui et ceux d'autrefois.

« raux Skalon et Balla ; mais pendant ce temps Smo-
« lensk brûlait, et l'armée victorieuse a pris position
« entre Pnewa et Dorogobuj. » C'est-à-dire à quinze lieues en arrière.

Il faut compter beaucoup sur la stupidité d'une population, pour oser lui faire des contes aussi absurdes et aussi contradictoires ; ce système de duperie impudente continua jusqu'au bout, et deux jours avant notre entrée à Moscou, on y criait les détails de notre défaite à Borodino. L'esprit et le style des pièces publiées par les Russes à cette époque, sont des monuments que l'histoire conservera comme une preuve de la barbarie, de l'ignorance et du fanatisme imbécile de ce peuple, encore à demi-sauvage au XIXe siècle.

Si, grâce à nos succès et à l'esprit éclairé de notre nation, nos bulletins n'affichent pas le mensonge avec cette audace, si le fond des faits y est toujours vrai, les détails y sont parfois dénaturés d'une manière déplorable. Il n'est pas difficile d'en citer des preuves, dans la guerre même qui nous occupe, on lit, par exemple, que, le 18 août, le maréchal Oudinot, lorsqu'il fut blessé, faisait des dispositions pour profiter de la victoire et acculer l'ennemi sur le défilé, etc.; tandis qu'il est connu de toute l'armée que le maréchal Oudinot, décidé à évacuer Polotsk la nuit suivante, et à passer sur la rive gauche de la Dwina, y avait envoyé par avance son artillerie et sa cavalerie, comme nous le dirons en racontant les opérations du 2e corps.

Je sais bien que souvent, en faisant ces altérations, on se proposait un but utile; ainsi, en Égypte, un régiment avait enlevé une redoute, et l'ordre du jour avait attribué cette action à un autre corps; le colonel réclama : « Je le sais, lui répondit Bonaparte, mais « votre régiment n'a pas besoin de ce fait d'armes, et « l'autre fera mieux dans une autre occasion. » A Dresde, en 1813, la prise de la redoute du centre fut attribuée à la jeune Garde, parce que, disait l'Empereur, la Garde doit jouir d'une grande réputation. Mais je sais aussi que ces licences dans la rédaction des bulletins servaient souvent à préparer ou à justifier l'élévation de quelque protégé. Ainsi, en 1814, la défense de Nogent fut attribuée à M. de Bourmont, qui n'y avait paru qu'un instant, et lui valut le grade de général de division, bien que toute la gloire en appartînt au colonel Voirol, du 18e de ligne. En somme, quelque jugement qu'on porte sur les motifs de ces substitutions, il est au moins bien sûr, qu'après de semblables travestissements, les pièces officielles n'offrent plus que de faibles secours pour arriver à la connaissance de la vérité.

Ces diverses considérations m'ont engagé à puiser dans mes notes plus largement que je n'ai fait jusqu'ici. Placé de manière à voir de très-près les principaux événements, je les raconterai avec bonne foi et impartialité, et je tâcherai toujours de les représenter d'après les impressions que j'en ai reçues sur les lieux, et d'après les jugements que j'en ai vu porter au moment même par les hommes les plus compétents. Quant aux opérations des ailes de l'armée, mon récit sera plus incomplet; je n'y étais pas, et, malgré mes recherches, il me manquera souvent beaucoup de ces détails particuliers, qui sont si précieux et si nécessaires pour juger convenablement des actions de guerre. Les documents par lesquels je me guiderai dans cette partie de mon travail, sont de deux sortes : les uns officiels, tels que les rapports des généraux commandants, et les autres privés et émanant de témoins oculaires. Les premiers me sont suspects à bon droit ; une longue expérience m'a prouvé que l'amour-propre et l'intérêt y altèrent sans cesse les faits, et qu'on y dissimule volontiers les fautes de l'incapacité ou de la mauvaise volonté ; personne à l'armée n'ignorait que les rapports adressés à l'Empereur étaient le plus souvent, moins l'expression de ce qui s'était fait, que celle de ce qui aurait dû se faire. Les seconds, étant désintéressés, méritent plus de confiance à tous égards, lorsqu'ils sont fournis par des hommes qui, à l'avantage de la position, réunissent la rectitude d'esprit et les lumières nécessaires pour bien juger des événements. Mais de pareils témoins sont fort rares, et l'on est trop souvent réduit à des à peu près. C'est avec le secours de ces divers éléments, et après avoir pesé les témoignages opposés et choisi soigneusement ceux qui m'ont semblé les plus dignes de foi, que j'ai composé mon récit.

Mais, avant d'aller plus loin, je dois dire quelque

chose des causes de cette guerre, de son but et des forces respectives des deux puissances belligérantes. Jamais les prétextes de rupture n'ont manqué à l'ambition et à la jalousie : toutes les pages de l'histoire déposent de cette triste vérité. Il serait donc bien inutile de chercher les véritables causes des guerres dans les manifestes publiés par les cabinets; destinés à capter ou à fausser l'opinion publique, tout leur mérite dépend de l'art avec lequel sont dissimulés les motifs injustes, puérils ou honteux, pour lesquels vont être prodigués l'or et le sang des peuples, et si quelque chose pouvait étonner en fait de crédulité, ce serait de voir un système de déception si usé trouver encore quelque crédit et faire des dupes. Le seul moyen de parvenir, dans ces occasions, à la connaissance de la vérité, c'est d'interroger le caractère des souverains, leurs passions, leur politique, leurs intérêts, et, plus souvent encore, ceux de leurs ministres (1).

Les protestations d'amitié et les témoignages de confiance que les deux Empereurs s'étaient donnés aux conférences d'Erfurt, joints aux concessions réciproques qu'ils s'étaient faites, semblaient assurer entre

---

(1) La cause secrète de la guerre que Louis XIV fit à la Hollande, en 1688, fut la mauvaise humeur que lui causa la vue d'une croisée de Trianon, qui n'était pas d'aplomb. (Voyez les *Mémoires du duc de Saint-Simon.*) — Les plaisanteries que le roi de Prusse faisait contre madame de Pompadour décidèrent la guerre de Sept-Ans.

eux une paix longue et durable. Immédiatement après, Napoléon s'occupa sérieusement de la guerre d'Espagne, et Alexandre poussa avec vivacité les opérations de ses armées en Moldavie, en même temps qu'il enlevait la Finlande à l'illuminé Gustave, son beau-frère. L'année suivante, lorsque l'Autriche, voyant la France engagée dans une guerre opiniâtre, jugea le moment favorable pour reparaître avec honneur sur la scène du monde, et recommença la guerre, la Russie, pour tenir en apparence ses engagements envers Napoléon, fit marcher une armée contre la Gallicie. Plus tard, les victoires de Ratisbonne, d'Eckmühl et de Wagram, ayant forcé François II à demander la paix, Alexandre profita de ses malheurs et partagea ses dépouilles (1). Mais sa coopération n'avait point paru franche ; on lui reprochait tout bas de n'avoir fourni que le tiers de son contingent et de s'être opposé à l'élan patriotique des Galliciens, qui voulaient se réunir aux Polonais du grand-duché de Varsovie. Là, peut-être, prit naissance ou, du moins, commença à se développer une mésintelligence, dont le germe était depuis longtemps dans les dispositions des deux cabinets, et qui se termina trois ans après par une rupture ouverte (2).

---

(1) On sait que, par le traité de paix du 14 octobre, la Russie reçut de l'Autriche un territoire de 400,000 âmes, dans la partie la plus orientale de l'ancienne Gallicie.

(2) J'étais dans l'erreur en écrivant ceci. A Tilsit même, Alexandre

Quoi qu'il en ait été, dès l'année 1810, on s'aperçut d'une certaine mésintelligence entre les deux cours. En même temps qu'un ukase détruisait les relations commerciales de la France, garanties par le traité de Tilsit, l'Empereur Alexandre protesta contre l'occupation du duché d'Oldenbourg. Il rappela une partie de l'armée de Moldavie, porta des forces considérables sur la frontière du grand-duché de Varsovie, augmenta ses armements, fit des levées extraordinaires, rassembla des magasins immenses sur plusieurs points de la Lithuanie et de la Samogitie, renoua ses liaisons avec l'Angleterre, resserra celles qu'il avait avec la Suède, couvrit l'Allemagne de ses émissaires, et se plaignit de l'incorporation à l'empire français de la Hollande et des villes Anséatiques ; enfin il demanda, comme préalable indispensable de toute négociation ultérieure, l'évacuation entière de toutes les places fortes de la Prusse, celle de la Poméranie suédoise, un arrangement avec le roi de Suède et la diminution de la garnison de Dantzig.

A ces plaintes de la Cour de Russie Napoléon répondait : qu'elle avait violé ses engagements et anéanti les conventions de Tilsit ; que l'ukase de 1810, si préjudiciable au commerce français, était une violation de

---

avait eu la pensée de nous faire la guerre ; il n'attendait qu'une occasion et le temps de se préparer. Nous devons cette révélation à M. de Butturlin, aide de camp d'Alexandre, dans son *Histoire de* 1812.

ce même traité ; que l'admission des vaisseaux anglais et des marchandises anglaises était une autre infraction que rien ne pouvait justifier ; que l'occupation de la Hollande, des villes Anséatiques et du duché d'Oldenbourg, était dans l'esprit du traité de Tilsit ; que la Russie jetait le gant pour une difficulté qui lui était étrangère ; que les conditions préalables à tout accommodement qu'elle exigeait, étaient incompatibles avec la dignité de la France et constituaient une véritable déclaration de guerre (1); et, qu'après les victoires d'Austerlitz et de Friedland, la France n'avait rien demandé d'aussi ignominieux pour les vaincus ; il finissait par proposer une indemnité pour le duché d'Oldenbourg, des mesures propres à concilier les intérêts de la Russie avec les principes du système continental, et enfin, un traité qui, en assurant les relations commerciales de la France, ménagerait convenablement toutes celles de l'Empire russe.

Au milieu de cette guerre de plume, par laquelle on se préparait à une lutte plus sanglante, chacun des deux souverains vantait sa modération et son désir de la paix, et accusait l'autre de mauvaise foi et d'ambition. L'ambition de Napoléon était, comme toujours, le texte obligé des déclamations de ses ennemis ; mais,

---

(1) En 230 de notre ère, Artaxerxès fit à Alexandre-Sévère une pareille sommation au sujet de l'Asie et de l'Égypte, et l'histoire a regardé avec justice ce message comme une déclaration de guerre.

sans chercher à le justifier à ce sujet, que l'on juge si le monarque qui avait enlevé la Finlande à son beau-frère, qui s'emparait de la Moldavie, qui étendait ses conquêtes en Asie, et qui, pour monter sur le trône, avait consenti, tout au moins, à l'abdication forcée de son père, que l'on juge, dis-je, si un tel homme était bien fondé à accuser un autre prince d'ambition. On sait que le tort irrémissible du malheureux Paul Ier avait été de menacer les possessions anglaises dans l'Inde; le cabinet de Saint-James n'ignorait pas qu'il avait proposé à Napoléon de faire, de concert avec lui, une expédition contre ce pays (1), et dès lors, sa perte fut jurée. Dans la circonstance qui nous occupe, ce fut encore l'or de l'Angleterre qui acheta la guerre; le ministère fut corrompu, les intérêts anglais prévalurent et il n'y eut plus de chances pour la conservation de la paix.

Les raisons des souverains sont, dit-on, toujours bonnes lorsqu'elles sont couronnées par le succès; cependant il appartient à l'histoire d'appeler à son tribunal ces terribles potentats, l'effroi et le malheur de la terre, et d'imprimer le sceau de la réprobation aux actes de leurs règnes dictés par l'injustice et contraires au bonheur des peuples. Débarrassons les allégations respectives des deux Empereurs de tout le fatras des déceptions diplomatiques, examinons-les avec atten-

---

(1) Elle devait partir des bords de la mer Caspienne.

tion, pesons-les avec équité, et il restera pour constant que les griefs, mis en avant par Alexandre, ne sont au fond que des prétextes plus ou moins spécieux. Il est bien évident, pour tout homme de bonne foi, qu'il avait éludé et violé l'esprit et la lettre du traité de Tilsit, dont le but essentiel était de forcer l'Angleterre à la paix, et qu'en proposant de nouvelles conventions commerciales qui conciliassent les intérêts et les besoins de la Russie avec ceux de la France, Napoléon satisfaisait à ce que les plaintes d'Alexandre pouvaient avoir de juste et de raisonnable. Celui-ci, au contraire, en exigeant impérieusement l'évacuation de la Prusse, faisait réellement une déclaration de guerre; il insultait la France dans son honneur et la menaçait dans ses alliés; vainement couvrait-il cette exigence du prétexte de la sûreté de ses états : car, en admettant même la validité de cette raison, une telle condition n'aurait pu être imposée que comme conséquence d'un traité antérieur. Au reste, tout homme impartial sera forcé de reconnaître qu'en rejetant l'armée française derrière l'Elbe, la Russie voulait s'emparer du grand-duché de Varsovie, se renforcer par l'alliance de la Prusse, et probablement par celle de l'Autriche, et se mettre ainsi en position de dicter des lois à sa rivale. Il eut donc été souverainement imprudent à Napoléon de se soumettre à des conditions aussi humiliantes; la Russie ne s'en flattait certes pas, mais il lui fallait colorer par ces vains prétextes les vrais motifs qu'elle n'osait avouer. Quels étaient ces motifs? Le Cabinet russe ne voyait pas sans crainte et sans jalousie la Pologne prête à renaître de ses cendres; humilié des défaites continuelles que ses armées avaient essuyées, en Suisse, en Hollande, en Autriche et en Prusse (1), il pensait que ses intérêts politiques, autant que son amour-propre, exigeaient quelque tentative éclatante pour rétablir l'honneur de ses armes et ressaisir la prééminence que lui avait acquise autrefois le règne de Catherine. Son ardente ambition dévorait déjà le grand duché de Varsovie, l'incorporait à ses immenses états, et s'asseyait ainsi d'une manière stable sur les deux rives de la Vistule, afin de péser de son énorme poids sur l'occident de l'Europe.

Pour mettre ces desseins à exécution, il ne lui fallait qu'une occasion heureuse; il crut l'avoir trouvée. Nos vieilles bandes étaient presque toutes dans la Péninsule espagnole; la Prusse humiliée soupirait ar-

---

(1) Si je ne parle pas de la campagne des Russes en Italie, en l'an VII, c'est qu'à leur arrivée le sort de ce pays était décidé. Schérer avait tout perdu sous Vérone le 16 germinal.—Mais, dans ce pays-là même, la première fois qu'ils parurent devant notre armée, réduite à 16,000 hommes, ils furent battus et obligés de repasser le Pô. On doit ajouter que, si le général Victor eût obéi aux ordres du général en chef Moreau, pas un seul d'entre eux n'eût échappé.— Ils coopérèrent, il est vrai, au gain des batailles de Plaisance et de Novi, mais on sait qu'à cette dernière, leurs forces étaient presque doubles de celles des Français, et quant à la première, ils pouvaient remercier Macdonald des chances favorables qu'il leur avait apportées.

demment après le moment de la vengeance; l'Autriche, nonobstant son alliance, était toujours notre ennemie, la Confédération du Rhin elle-même, fatiguée de guerres continuelles, n'envoyait plus ses soldats au loin qu'avec regret; enfin l'Allemagne tout entière supportait avec impatience le joug de Napoléon. Des sociétés secrètes, dirigées contre nous, excitaient les peuples à la révolte et réveillaient en eux l'amour de la patrie et de l'indépendance nationale. Il était presque certain qu'une grande victoire soulèverait cette vaste contrée et en ferait l'auxiliaire de la Russie ; ce calcul était juste, et l'entreprise du major Schill, en 1809, avait mis à jour les dispositions des peuples allemands. Le Danemark seul, froissé entre l'Angleterre et la Russie, nous était resté fidèle, comme au seul allié qui pût le protéger contre les fusées à la Congrève et le knout des Cosaques.

L'aveuglement des cabinets et des princes sur le système d'envahissement de la Russie qui, depuis cinquante ans, a conquis plus d'étendue de pays que l'Europe n'est grande, eût été inconcevable, si la puissance de Napoléon ne les eût alors épouvantés d'un danger qu'ils regardaient comme bien plus imminent, et si l'Angleterre, toujours jalouse de la prééminence française, n'avait, à force d'or, propagé et grossi ces craintes. Le temps n'est peut-être pas éloigné où nous verrons si elle n'a pas fait de mécompte dans son calcul, et si, par la ruine de la France, elle a pu assurer sa prospérité et le repos des autres Gouvernements de l'Europe; déjà, du reste, le ton impérieux des ministres russes au congrès de Vienne a donné la mesure des prétentions de leur maître.

Napoléon, de son côté, regardait la Russie comme un obstacle à ses desseins, c'est-à-dire à l'affermissement de la paix maritime et de la suprématie de la France; il désirait l'affaiblir et la refouler vers le Nord, et il considérait le rétablissement de la Pologne comme le moyen le plus sûr d'arriver à ce résultat. Heureux, s'il n'eût jamais perdu de vue ce but honorable! Tout prouve que dès la campagne de Prusse, en 1807, il avait conçu ce dessein, et que l'érection du grand-duché de Varsovie était la pierre d'attente sur laquelle devait en reposer l'édifice. En 1809, il avait accru le Grand-duché de toute la Gallicie occidentale, du cercle de Zamosc, dans la Gallicie orientale, et d'un arrondissement autour de Cracovie, sur la rive droite de la Vistule (1). Cependant, il est hors de doute que, d'une part, très-préoccupé de l'Espagne, où le manque d'ensemble et d'unité dans les opérations rendait chaque jour nos succès plus équivoques et plus meurtriers, et que, de l'autre, dominé par le désir de faire triompher son système continental, dont il voyait déjà les heureux

---

(1) Un général polonais, membre de la Diète, m'a assuré que l'Empereur avait écrit de sa propre main, en 1812, à la Diète de Varsovie, que le nouveau royaume de Pologne aurait quinze millions d'habitants.

effets et à qui la France devait être redevable de tant de découvertes heureuses, il aurait voulu différer la guerre et la remettre à des temps plus favorables. Mais la Russie, dont les intérêts étaient diamétralement opposés, ne lui en laissa pas le choix et le força d'entrer en lice (1).

Le projet de rétablir le royaume de Pologne était une idée grande, juste et politique; il était digne du dix-neuvième siècle de réparer la plus odieuse injustice que la force et la ruse eussent jamais consommée; il était digne aussi de la France d'être à la tête d'une si belle entreprise. Quand il serait vrai d'ailleurs que l'ambition, bien plus que la sainteté et la justice de la cause polonaise, eût inspiré à Napoléon cette noble pensée, il n'en était pas moins glorieux pour lui d'avoir voulu expier le crime de l'Europe et tenté de mettre la civilisation à l'abri des irruptions de la barbarie. Quoi qu'en aient dit des déclamations passionnées, l'entreprise n'était ni au-dessus de ses moyens, ni au-dessus de son génie, et les résultats probables qu'elle devait avoir étaient la consolidation de la pré-

---

(1) Longtemps après que ceci a été écrit, M. de Butturlin, aide de camp de l'empereur de Russie, a avoué, dans une relation de cette campagne, que son maître avait été l'agresseur ; il a donné par là un démenti formel aux déclamations serviles et vénales de certains écrivains, toujours prêts à dénigrer un Gouvernement, qui avait cependant élevé la gloire et la prospérité de notre pays au delà de tout ce qu'avaient vu les temps modernes.

pondérance de la France, la résurrection définitive de la Pologne et la sécurité future de l'Europe ; la gloire et la politique se trouvaient donc d'accord avec la justice et l'équité.

Les dispositions hostiles de la Russie, ses préparatifs, la marche de ses troupes vers le grand-duché de Varsovie, son traité de paix avec la Turquie, conclu sous les auspices du cabinet anglais et par l'influence de ses agents, mais dont on aurait empêché peut-être la ratification en sacrifiant un peu d'or (1), ses nouvelles liaisons avec l'Angleterre et ses intrigues auprès des souverains et des hommes influents de l'Allemagne, mirent Napoléon dans la nécessité de renforcer la garnison de Dantzig, de recruter le corps d'observation sur la Baltique, de faire passer le Rhin à tout ce qu'il avait de troupes disponibles, d'augmenter sa Garde et de presser les remontes de la cavalerie et les travaux de l'artillerie. Il exigea en même temps des membres de la Confédération du Rhin, qu'ils armassent leurs contingents et les tinssent prêts à marcher. Enfin, pour se livrer sans réserve à cette guerre et ne laisser aucun sujet d'inquiétude derrière lui, il se fortifia de l'alliance de son beau-père et de celle du roi de Prusse, alliance que ces monarques lui demandaient en vain

---

(1) Il me semble que Cambacérès manifesta cette opinion en ma présence.

depuis longtemps comme une faveur (1). C'eût été sans doute une précaution fort sage, si les traités pouvaient engager la bonne foi des princes et si trop souvent ils n'étaient des piéges d'autant plus dangereux qu'ils se couvrent du masque de l'amitié et de l'intérêt commun : Napoléon devait bientôt l'éprouver (2). Par ces traités d'alliance (3), les puissances contractantes se garantissaient mutuellement leurs possessions actuelles, et se promettaient des secours réciproques en cas de guerre ; le contingent de l'Autriche était fixé à 30,000 hommes et celui de la Prusse à 20,000. Enfin, prévoyant les chances de l'avenir, des articles secrets assuraient à l'Autriche les provinces Illyriennes en dédommagement de la Gallicie, dans le cas où le royaume de Pologne serait rétabli, et à la Prusse, un accroissement de territoire pris sur la Courlande (4).

Presque à la même époque où fut signé ce traité, le maréchal Davoust, à qui les dispositions du nord de l'Allemagne, et particulièrement celles de la Prusse, étaient parfaitement connues, proposa de déclarer la guerre à cette puissance (et certes les motifs ne man-

---

(1) Dès le commencement de 1811, le roi de Prusse avait sollicité cette alliance. Voyez les lettres du Roi, du 14 mai 1811, et de MM. de Krusemarck et de Hardenberg, du 30 août même année, etc.
(2) M. de Metternich n'a pas empêché le journal *Der-Beobachter* de dire que la maison d'Autriche avait conspiré la perte de Napoléon, en lui offrant des traités et la main de Marie-Louise.
(3) Le traité avec l'Autriche est du 4 mars 1812. Celui avec la Prusse du 24 février même année.
(4) Article 13 de la convention spéciale du 24 février 1812.

quaient pas pour le faire) (1), et d'en changer le gouvernement, avant de porter plus loin ses armes. Cet avis d'une politique prévoyante aurait été peut-être goûté par l'Empereur, s'il n'eût jusqu'à la fin conservé le plus vif désir d'éviter une rupture avec la Russie. Tout ce qu'il fit alors pour atteindre ce but est incroyable, mais ses démarches furent méprisées, et le Cabinet russe n'y vit qu'un aveu de faiblesse.

Tandis que Napoléon admettait ainsi dans son amitié des alliés perfides ou parjures, la Suède, cette ancienne amie de la France, que ses intérêts et sa position devaient nous rendre également fidèle et utile, se détachait de notre alliance, et, par une erreur difficile à croire, au milieu même de toutes les aberrations de la politique moderne, Bernadotte passait dans les rangs de nos ennemis et devenait l'auxiliaire de la Russie : tant les passions sont de funestes conseillères !

Bernadotte avait toujours été jaloux de la gloire et de la fortune de Napoléon. Au 18 brumaire, et depuis cette révolution, il avait affecté de se poser en chef des républicains mécontents, et, sous ce masque de patriotisme, il avait plusieurs fois ourdi des intrigues

---

(1) La France n'aurait pas manqué de raisons pour justifier cette déclaration de guerre : la levée de boucliers de Schill, en 1809, l'assassinat des Français qui en avait été la suite, l'envoi des vieux soldats prussiens à ce partisan, l'existence des sociétés secrètes, dirigées contre la France et protégées par le Gouvernement, les retards dans le paiement des contributions de guerre, etc., offraient assurément des motifs plus que suffisants de rupture.

plus ou moins obscures contre le Gouvernement. Les titres et les honneurs dont il fut plus tard revêtu, n'avaient pas satisfait son ambition ; il porta ces sentiments sur le trône de Suède, où l'appelèrent les suites de la révolution de 1810, et, par malheur, peu de temps avant la guerre de Russie, la conduite impolitique d'un lieutenant de l'Empereur vint lui fournir des motifs légitimes de plainte. Le maréchal Davoust commandait à Hambourg l'armée d'observation. Informé qu'au mépris des traités, les ports de Stralsund et de Rugen servaient à la contrebande des productions anglaises, et sans autre ordre que ses instructions générales contre le commerce anglais, il fit occuper la Poméranie et désarmer les garnisons suédoises. Peut-être ne fut-il pas fâché de trouver une occasion de se venger de son ancien collègue, devenu prince royal de Suède. L'inimitié déclarée qui régnait entre eux, remontait à l'époque de la campagne de Prusse. Le jour de la bataille d'Iéna, Bernadotte avait été placé de manière à soutenir Davoust, qui était aux prises avec des forces infiniment supérieures aux siennes ; mais, au lieu d'obéir aux ordres de l'Empereur, et de se porter directement sur les champs d'Aüerstadt, il temporisa, fit un long détour, chercha au loin des ponts qui étaient près de lui, et, par cette malveillance coupable, compromit le succès de la journée et le salut des troupes que commandait un rival odieux ; jamais Davoust ne lui avait pardonné cette conduite, quoiqu'elle n'eût servi qu'à augmenter sa propre gloire. Au surplus, que le

20.

ressentiment eût influé ou non sur sa détermination, toujours est-il certain que cet acte d'hostilité offensa la Suède : cependant elle l'eût promptement oublié et serait même entrée dans notre alliance, si Napoléon eût consenti à l'occupation de la Norwége ; mais il refusa de sanctionner la spoliation d'un de ses alliés, et ce trait honore sa politique. Reste à savoir cependant, si le Danemarck lui-même n'aurait pas échangé volontiers la Norwége contre les villes de Hambourg et de Lübeck, avec la Poméranie suédoise, et si, dans les circonstances graves où nous nous trouvions, ce moyen de conciliation ne valait pas la peine d'être tenté. Ce qui est hors de doute, c'est qu'une diversion dans le Nord nous eût été très-utile et eût amené pour la Suède des avantages incalculables.

Dès que l'Empereur vit qu'il lui était impossible d'éviter la guerre, il résolut d'en hâter le moment, afin de prévenir la réunion des forces russes ; il s'occupa donc sans relâche, et avec un zèle infatigable, de tous les détails relatifs à son armée. Avant tout il voulut pourvoir à sa nourriture et à sa santé ; il ordonna que chaque régiment et chaque division fussent accompagnés d'un certain nombre de caissons, destinés au transport des vivres, des médicaments et des blessés. Il fit faire sur plusieurs points, et surtout à Dantzig, des approvisionnements considérables en farine et en riz. Enfin, il prescrivit qu'une réserve de médicaments, de linge à pansements et de voitures, suivît l'armée pour servir à remplacer la consommation journalière.

Malheureusement ses ordres furent exécutés presque à contre-sens. L'expérience nous avait appris que le nord de l'Europe était un pays très-sablonneux, qu'il n'y avait point de grands chemins ferrés, encore moins de routes pavées, que l'espèce des chevaux y était petite et chétive, que par conséquent les voitures destinées aux transports devaient être très-légères et semblables à celles du pays ; et, tout au contraire, l'administration fit construire de lourds et massifs véhicules, propres seulement à rouler sur des grandes routes, comme celles de Versailles et Saint-Cloud. Aussi, presque tous ces immenses approvisionnements furent perdus pour l'armée ; ils restèrent abandonnés sur les chemins ou enterrés dans des fondrières.

Au milieu de ces soins donnés à l'administration militaire, Napoléon ne négligeait pas l'intérieur de la France : il pourvut à l'approvisionnement des grains, qu'une année de disette avait rendu rares et chers ; il organisa la population en bans et en arrière-bans, et ordonna la formation de cent cohortes actives, prises sur les hommes restant des classes de 1807 à 1812. Cette mesure était nécessaire pour prévenir, de la part de l'Angleterre, des entreprises semblables à celles de 1809, pour parer à un échec, s'il avait lieu, et pour assurer au dedans la tranquillité publique (1). Les

---

(1) La récolte de 1811 avait été très-mauvaise ; au milieu des fêtes du 15 août, Napoléon s'occupa des moyens de remédier à ce malheur, et il y réussit, grâce à quelques sacrifices en argent.

droits réunis et l'exécution rigoureuse de la loi sur la conscription avaient jeté dans certaines provinces de fortes semences de mécontentements ; ces germes auraient pu se développer pendant son absence et amener des conséquences dangereuses.

Après avoir pris ces diverses précautions, il partit de Paris, le 9 mai, et fit publier par le *Moniteur* qu'il allait visiter les cantonnements de la Vistule. Il avait envoyé quelques jours auparavant un de ses aides de camp, le comte de Narbonne, auprès de l'empereur Alexandre, qui, depuis peu de temps, avait porté son quartier général à Wilna, pour faire une dernière tentative en faveur de la paix ; elle n'eut pas un plus heureux résultat que les autres. Cependant il s'était rendu à Dresde, où il s'arrêta quelques jours ; il y fut rejoint par son beau-père et par le roi de Prusse, que ses peuples estimèrent heureux d'y être appelé. Le retour du comte de Narbonne mit bientôt fin à ce colloque de souverains. Napoléon ne pouvant plus conserver aucun espoir de la paix, voulut mettre à profit la saison qui s'avançait, et, dès le lendemain, il partit pour aller se mettre à la tête de son armée cantonnée sur les bords de la Vistule.

Si nous examinons les ressources qu'il avait pour entreprendre la guerre et la soutenir avec succès, nous trouvons, en premier lieu, une armée française, nombreuse et aguerrie, et dont la supériorité sur les autres troupes de l'Europe ne pouvait être contestée ; en second lieu, l'alliance de tous les souverains de l'Allemagne, et, ce qui valait beaucoup mieux, les efforts que le patriotisme inspirait aux Polonais. Tant de forces, entre les mains d'un tel homme, étaient imposantes, proportionnées à la grandeur de l'entreprise, et paraissaient bien propres, au premier coup d'œil, à faire concevoir les plus heureuses espérances. Cependant, si l'on faisait attention d'abord aux dispositions réelles des cours d'Autriche et de Prusse, et à la langueur inévitable que ces dispositions bien connues devaient imprimer à la coopération de leurs armées ; ensuite aux vœux secrets ainsi qu'à l'opinion publique de l'Allemagne, et à l'influence qu'elle devait exercer sur nos contingents auxiliaires ; et enfin, à l'étendue de notre ligne d'opération, aux difficultés locales, à l'inclémence du climat, et surtout aux privations sans nombre auxquelles l'armée allait être exposée, on venait à comprendre qu'une défaite pouvait tout à coup placer Napoléon dans une situation très-critique et le réduire aux seules ressources de la France. Ces ressources elles-mêmes étaient déjà bien épuisées, car la conscription avait été levée chaque année avec une grande rigueur, et de plus, il avait été fait un appel sur six classes antérieures. Cette mesure, quoique revêtue des formes légales, ne m'en paraît pas moins injuste. La loi entendait sans doute que celui qui avait échappé au sort fût libéré de tout service militaire ; le danger seul de la patrie pouvait engager les puissances législatives à violer cette disposition, et nous n'étions pas dans ce cas. Mais les gouvernements ont un dictionnaire particulier, connu d'eux seuls, au moyen duquel ils dénaturent les mots sans scrupule dans leur sens le plus évident. N'avons-nous pas vu tout récemment des ministres prouver que *prévenir* était le synonyme de *réprimer*, et *amnistier* celui de *proscrire?*

Quant à la Russie, sa position, désavantageuse au contraire à l'ouverture de la campagne, pouvait changer promptement de face. Il suffisait pour cela que la fortune favorisât ses armes ou que quelque événement imprévu compromît le sort de l'armée française. Jetons un coup d'œil rapide sur l'état intérieur de cet empire. On s'en ferait une bien fausse idée si l'on en jugeait par comparaison avec la France, l'Allemagne ou toute autre partie de l'Europe civilisée. Les seigneurs russes qui voyagent, et les officiers d'état-major qui se montrent dans les capitales, sont des hommes choisis, dont le cabinet russe se sert adroitement pour donner une idée avantageuse de la nation. C'est ainsi qu'autrefois, lorsque les grands seigneurs anglais voyageaient seuls, l'Europe était pleine d'admiration pour la générosité et la grandeur d'âme anglaises, et cette circonstance n'avait pas peu contribué à l'anglomanie. Mais, depuis que tout le monde a voyagé et qu'on a connu l'Angleterre, le prestige a été détruit et ces vertus d'emprunt ont disparu, pour faire place à la morgue et à l'inhospitalité. On commettrait de même, à l'égard de la Russie, une erreur bien grossière, si l'on voulait conclure du connu à l'inconnu.

Quand on a vu de près ce pays, on regrette amèrement qu'un des plus beaux génies du siècle dernier ait consacré son talent à favoriser l'influence russe, en répandant des erreurs funestes au bonheur et à la civilisation des autres peuples. Quoi qu'il ait dit des prétendus miracles du tzar Pierre et de ses successeurs, il n'en est pas moins constant que la Russie est toujours un pays désert, où l'agriculture, les arts et l'industrie sont encore dans l'enfance. Les marais, les bois et les lacs en occupent la majeure partie ; du Niémen à Moscou, c'est-à-dire dans un espace de près de 250 lieues, on ne trouve sur la grande route que quatre villes : Wilna, Minsk, Smolensk et Wiasma. Beaucoup d'autres endroits en portent sans doute le titre, mais ils n'offrent réellement que la réunion de quelques mauvaises baraques en bois. Dans tout l'empire, en général, la population est très-faible et les terres cultivées sont très-rares. Il y a des provinces où l'on parcourt de longues distances sans trouver une seule hutte, et la cupidité des seigneurs, en accordant à un trop grand nombre de leurs serfs la faculté de se livrer au commerce et aux professions mécaniques, tend sans cesse à faire déchoir l'agriculture : déjà le Gouvernement s'en plaignait sous le règne de Catherine.

Le paysan, réduit à la condition des brutes, est dans un état de dégradation égal à sa misère; comme le bétail, on ne le compte que par têtes (1). Il ne vit, il

---

(1) Quand un seigneur vend ou joue une terre, ce n'est jamais la

ne travaille que pour un maître dur et barbare, qui peut tout ce qu'il veut et qui veut souvent tout ce qu'il peut ; rien ne lui appartient, pas même sa femme ou sa fille, si elle tente la lubricité du seigneur. Aucune loi ne protège le faible contre les violences du puissant ; la bastonnade, le fouet et le carcan sont les traitements les plus habituellement infligés aux esclaves, et, si le patient expire sous le bâton ou dans les tortures, personne ne poursuit le meurtrier, car personne ne l'oserait. Enfin, livré à tout ce que l'ignorance et la superstition ont de plus grossier, le peuple est aussi corrompu qu'avili. A Witepsk, j'ai trouvé consigné dans les notes d'un général russe, d'origine allemande, que dans le gouvernement de……, sur cent recrues venues de la campagne, quatre-vingt-dix se trouvèrent infectés du mal vénérien, et il en donnait pour cause l'abus que les jeunes seigneurs font de leur autorité sur les filles de leurs serfs. Une hutte de dix pieds carrés, faite de sapins non équarris et calfatée de mousse, sert d'habitation au paysan russe. Il lui est défendu d'avoir une cheminée (ce serait un signe de liberté), un four lui en tient lieu ; et la fumée qui s'y accumule sert à le chauffer ; une table et des planches attachées aux parois de la hutte composent son ameu-

---

quantité de terrain qui détermine le prix, mais celle des esclaves ; c'est de la même manière que le souverain mesure les récompenses qu'il accorde à ses favoris ou à ceux qui l'ont bien servi.

blement et lui servent de lit et de chaises. Il est riche quand il a une vache et un cochon. Ses vêtements sont en harmonie avec le reste de sa fortune; en été, il est presque nu, et, en hiver, il se couvre de la peau de quelque animal. Tel était le sort de nos pères et telles étaient les mœurs de ce bon vieux temps, si vanté par quelques romanciers, si regretté par quelques hommes à priviléges, et vers lequel on voudrait, dit-on, nous faire rétrograder.

Cet état de misère et d'abrutissement où est réduit le peuple, semblerait devoir faciliter au Gouvernement la formation de ses armées. En effet, le métier de soldat, qui dans les autres pays est le moins bon des métiers, devient un bienfait pour le serf russe; mieux vêtu, mieux nourri pendant la durée de son service, il y gagne encore son affranchissement au bout d'un certain nombre d'années. Ces avantages sont bien positifs, et cependant, quelle qu'en puisse être la cause, il paraît que le recrutement éprouve en Russie autant de difficultés que partout ailleurs; mais, malgré sa répugnance pour l'état militaire, il n'en est pas moins incontestable que le paysan moscovite apporte au service plusieurs dispositions précieuses, inhérentes à sa nature et à son existence antérieure. Le régime rigoureux auquel il est soumis dès son enfance, les mauvais traitements de ses maîtres, l'âpreté du climat, les privations et les souffrances de toute espèce auxquelles il est habitué, endurcissent son tempérament, le façonnent d'avance au joug de la discipline et le rendent propre à supporter au besoin l'intempérie des saisons, la fatigue et la faim. Il est facile de conclure de là que, si le soldat russe ne peut avoir ni l'élan énergique qu'inspirent la liberté et le sentiment de la dignité humaine, ni l'intelligence qui n'appartient qu'aux peuples éclairés, il possède du moins les qualités constitutives d'une machine parfaite. Aussi, je ne crains pas d'avancer qu'il est supérieur à tout ce que l'Allemagne est en état de lui opposer, et que le soldat français seul, animé par l'honneur et électrisé par l'amour de la patrie, est capable de lutter avec succès contre lui.

Le rôle important que joue l'empire russe, et celui plus important encore qu'il paraît destiné à jouer, me feront pardonner, je l'espère, l'étendue de cette digression ; revenons à l'armée française.

Elle était divisée en neuf corps d'infanterie (le 10ᵉ qui portait le n° 9, n'était pas entièrement organisé) ; chaque corps se composait d'un certain nombre de divisions : ce nombre n'était point fixe, mais tous étaient pourvus d'une nombreuse artillerie et d'une brigade de cavalerie légère. Il y avait en outre une réserve de cavalerie, sous les ordres supérieurs du roi de Naples ; elle était divisée en quatre corps. La Garde faisait, comme à l'ordinaire, un corps à part, composé de trois divisions d'infanterie, d'une division de cavalerie et de huit compagnies de marins. L'Empereur s'en réservait le commandement direct. Le tableau ci-dessous donnera une idée de cette organisation.

GARDE IMPERIALE. — NAPOLÉON.

Trois divisions d'infanterie.

MM. les maréchaux Lefèvre et Mortier.

1re division. — *Vieille Garde.*

Grenadiers. Le général de division Dorsenne, colonel ; plus tard le général Friant.

Chasseurs. Le général de division Curial, colonel.

2e division. — *Moyenne Garde.*

Le général de division Roguet, colonel en 2e des fusiliers-grenadiers.

3e division. — *Jeune Garde.*

Le général de division Delaborde (attaché momentanément à la Garde).

Cavalerie. — Maréchal Bessières.

Un régiment de grenadiers, un régiment de dragons, un régiment de chasseurs et un régiment de chevau-légers lanciers.

Huit compagnies de marins.

1er CORPS. — Maréchal DAVOUST.

20 régiments d'infanterie française.

Cinq divisions.

MM. les généraux Friant, Gudin, Morand, Compans, Desaix.

Deux brigades de cavalerie légère.

2e CORPS. — Maréchal OUDINOT.

6 régiments d'infanterie française, 1 régiment d'infanterie hollandaise, 4 régiments d'infanterie suisse, 1 régiment d'infanterie croate.

Trois divisions.

MM. les généraux Legrand, Verdier, Merle.

Deux brigades de cavalerie légère.

La division de cuirassiers du général Doumerc, du 3e corps de cavalerie, fut attachée à ce corps.

3ᵉ CORPS. — Maréchal NEY.

6 régiments d'infanterie française, 1 régiment d'infanterie portugaise, contingents badois et wurtembergeois.

Trois Divisions, dont une wurtembergeoise.

MM. les généraux Ledru, Razout.

Les Wurtembergeois furent commandés d'abord par le prince héréditaire de Wurtemberg et ensuite par le général Marchand.

Une brigade de cavalerie légère.

4ᵉ CORPS. — Prince EUGÈNE.

8 régiments d'infanterie française, 4 régiments d'infanterie italienne, garde royale italienne (infanterie).

Trois Divisions, dont une italienne.

MM. les généraux Dalzons, Broussier.

Division italienne, le général Pino.

Garde royale italienne, cavalerie.

Une brigade de cavalerie légère.

5ᵉ CORPS. — Prince PONIATOWSKI.

Composé d'infanterie polonaise.

Trois Divisions.

MM. les généraux Dombrowsky, Zayonscheck, Fischer.

Cavalerie légère polonaise.

6ᵉ CORPS. — Général SAINT-CYR.

Composé d'infanterie bavaroise.

Deux Divisions.

MM. les généraux de Roy, de Wrède

Cavalerie légère bavaroise.

7ᵉ CORPS. — Général REYNIER.
Composé d'infanterie saxonne.
DEUX DIVISIONS.
MM. les généraux Lecoq, Zeschau.
Deux brigades de cavalerie légère saxonne.

8ᵉ CORPS.
Composé d'infanterie westphalienne.
Au commencement de la campagne le roi de Westphalie, ayant sous ses ordres le général Vandamme ;
Plus tard le duc d'Abrantès.
DEUX DIVISIONS.
MM. les généraux Ochs, Darcau.
Cavalerie légère westphalienne.

CORPS AUTRICHIEN. — Prince de SCHWARTZEMBERG.
TROIS DIVISIONS.
MM. les généraux Sieghenthal, Trautenburg, Bianchi.
Division de cavalerie. — Le général Frimont.

10ᵉ CORPS. — Maréchal MACDONALD.
Composé de 3 divisions d'infanterie, dont 2 prussiennes.
DIVISION GRANDJEAN.
5ᵉ, 10ᵉ et 11ᵉ régiments polonais, 13ᵉ régiment bavarois, 1ᵉʳ régiment westphalien ; deux compagnies d'artillerie polonaise, une légère et une à pied; une compagnie de sapeurs.
CONTINGENT PRUSSIEN. — Général GRAWERT.
Deux divisions.
MM. les généraux Kleist, York.
Cavalerie prussienne. — Général Massenbach.

LÉGION DE LA VISTULE. — Général CLAPARÈDE.
Venue d'Espagne.— Environ 2,600 hommes.

9ᵉ CORPS. — Maréchal duc de BELLUNE.
Non organisé au commencement de la campagne.
Ce corps fut composé des 5ᵉˢ ou 6ᵉˢ bataillons français, de Badois, de troupes du duché de Berg et d'autres petits contingents, mais tous jeunes soldats.

TROIS DIVISIONS D'INFANTERIE.
MM. les généraux Partouneaux, Daendels, Girard.

DIVISION DE CAVALERIE.
M. le général Fournier.

RÉSERVE DE CAVALERIE.

Composée des 1ᵉʳ et 2ᵉ corps, sous les ordres du roi de Naples.

1ᵉʳ CORPS. — Général NANSOUTY,
TROIS DIVISIONS.
MM. les généraux Bruyère, Saint-Germain, Valence.

2ᵉ CORPS. — Général MONTBRUN.
TROIS DIVISIONS.
MM. les généraux Watier, Sébastiani, Defrance.

3ᵉ CORPS, attaché au vice-roi. — Général GROUCHY.
SIX DIVISIONS.
qui reçurent diverses destinations dans le cours de la campagne.
MM. les généraux Kellermann, Lahoussaye, Chastel, Doumerc (détaché au 2ᵉ corps d'infanterie), Rosnictzky (polonais), Thielmann (cuirassiers saxons).

4ᵉ CORPS, attaché au roi de Westphalie.
Général LATOUR-MAUBOURG.

Malgré ces données générales, je crois impossible d'évaluer avec quelque justesse la force numérique de l'armée. Le nombre des corps, des divisions, des brigades et des régiments ne saurait être d'un grand secours, leur force ayant toujours été arbitraire. Sans doute chaque division se composait assez généralement, dans cette campagne, de quatre régiments; mais chaque régiment avait plus ou moins de bataillons présents, et, si chaque bataillon était toujours composé de six compagnies, la force de ces compagnies variait aussi à l'infini.

Au commencement des guerres de la Révolution, les divisions se composaient à la fois d'infanterie, de cavalerie et d'artillerie, et rarement elles étaient au-dessous de 10 à 12,000 hommes; la réunion de ces différentes armes était heureuse. Sous le règne de Napoléon, au contraire, on en sépara la cavalerie, qui fut réunie en grands corps. Les avantages de cette innovation ne me semblent pas en compenser les inconvénients. Sans doute, dans certaines circonstances rares, ces masses de cavalerie rendirent de grands services et donnèrent de brillants résultats, mais bien plus souvent cette réunion permanente ne servait qu'à détruire la cavalerie, par l'impossibilité de la nourrir, et à la rendre moins familière avec l'ennemi et moins utile, en privant l'infanterie de ce puissant auxiliaire; tandis que la méthode précédente, tout en la maintenant d'ordinaire dans de meilleures conditions d'existence et d'utilité, offrait l'avantage de la réunir momentanément en grands corps, un jour d'action ou lorsque le besoin le requérait. A dater du changement que je viens de rappeler, les mêmes mots ne signifièrent plus les mêmes choses ; on comptait toujours par bataillons, régiments, brigades et divisions, mais les bataillons n'étaient plus que de six compagnies, les brigades étaient quelquefois réduites à un régiment, et le terme moyen des divisions ne dépassait pas 5 ou 6,000 hommes. Il est vrai que, dans cette campagne, les divisions furent généralement au-dessus de cette force, cependant comme elles variaient infiniment entre elles, cette donnée n'en est pas moins défectueuse.

Ceux qui ont connu Napoléon savent qu'un de ses moyens favoris de puissance était l'exagération de ses forces aux yeux de l'Europe ; il savait quelle est l'influence de l'opinion sur les hommes, et il la mettait en œuvre le plus qu'il pouvait, mais il finit par être lui-même dupe de ce système, qui le jeta dans des erreurs souvent funestes. Il cherchait à exercer ce prestige envers ses propres lieutenants quand il leur confiait des commandements, et plusieurs fois on l'a vu compter comme formées des armées dont le premier soldat était encore à la charrue; aussi l'estimation de ses forces fut elle toujours très-difficile, et ceux qui prendraient uniquement ses bulletins pour guides n'auraient que des documents fort erronés.

Je ne crains pas d'avancer, toute paradoxale que puisse paraître cette assertion, que, bien que l'Empereur s'occupât journellement de la situation de ses armées et qu'il en passât des revues fréquentes, il n'eut le plus souvent qu'une connaissance imparfaite de l'effectif présent le jour d'une bataille. Il était trompé de la manière la plus grossière : depuis le maréchal jusqu'au capitaine, on eût dit que tout le monde s'était ligué pour lui cacher la vérité, et, quoique tacite, cette ligue existait réellement ; l'intérêt personnel en était le lien. L'expérience avait appris qu'il ne voulait recevoir que des rapports satisfaisants, et qu'un chef de corps, qui aurait présenté des pertes considérables, provenant de toute autre cause que du feu de l'ennemi, aurait infailliblement encouru sa disgrâce : de là, des mensonges continuels. Les corps, obligés de pourvoir à leur subsistance, avaient toujours des détachements en campagne pour chercher des vivres, et moins le pays où l'on était offrait de ressources, plus on perdait d'hommes ; la longueur et la rapidité des marches épuisaient promptement les forces des soldats qui n'étaient pas très-robustes, nouvelle source de traîneurs ; cependant ces hommes figuraient toujours comme présents sur les états de situation ; ils étaient toujours comptés au nombre des combattants, et on profitait de la première action pour les faire disparaître, au moins en partie. Je pourrais m'étendre sur ce sujet et signaler d'autres causes de réduction beaucoup plus honteuses, mais ce serait inutile : tous les anciens militaires les connaissent et ils en ont vu des exemples répétés dans nos nombreuses campagnes.

L'ensemble de ces faits, dont on ne saurait douter,

fera concevoir aisément combien sont défectueux tous les éléments de calcul dont on peut appuyer l'estimation de nos armées sous Napoléon. Il faudrait en outre, dans la campagne qui nous occupe, préciser le moment dont on parle, car la force de l'armée était bien différente sur l'Oder, sur le Niémen ou devant Smolensk. Après tout ce que je viens de dire, je peux me dispenser de réfuter ce que les Russes ont publié à cet égard; les documents que Czernitchew, aide de camp d'Alexandre, avait obtenus d'un nommé Michel, commis aux bureaux de la guerre et fusillé pour cette trahison, ne peuvent servir que de données générales sur ce que l'armée devait être et non sur ce qu'elle était réellement. Je suis donc persuadé que ceux qui se sont basés sur les états de situation, ont commis de grandes exagérations, et je me trouve confirmé dans cette manière de voir par les éléments certains et positifs que je possède sur une partie importante de l'armée : je veux parler de la Garde.

On a dit et répété, avec une entière confiance, que la Garde faisait un corps de 50,000 hommes (1). Que ces 50,000 hommes aient figuré sur les situations, c'est fort possible; mais qu'ils aient été présents sous les armes, c'est de toute fausseté! Je suis bien certain que l'effectif de la Garde ne s'est jamais élevé, dans cette campagne, au delà de 25,000 hommes, dont

---

(1) L'effectif, d'après sa composition, devait être de 55,946 hommes.

16,000 d'infanterie, 5,000 de cavalerie, et le reste d'artillerie et de marins. Ce chiffre se divisait à peu près comme il suit, quant à l'infanterie et à la cavalerie :

Infanterie.	5 régiments de Vieille Garde...	6,000 hommes.
	4 régiments de Moyenne Garde..	4,200
	6 régiments de Jeune Garde...	5,400
Cavalerie.	Grenadiers à cheval.......	800
	Dragons............	1,200
	Chasseurs...........	1,200
	Lanciers rouges.........	1,200
	Lanciers polonais........	600

Une des plus grandes causes d'erreur, au sujet de la Garde, venait de l'ignorance où l'on était de son organisation intérieure, car cette organisation était un mystère pour quiconque n'en faisait pas partie. On calculait d'après le nombre des régiments, sans savoir que ces régiments n'avaient que deux bataillons, de quatre compagnies chacun, et que ces compagnies, qui auraient dû être de 200 hommes, n'étaient jamais au complet. J'en avais un sous mes ordres, le 4ᵉ régiment de tirailleurs, qui n'avait que 400 hommes.

On n'a pas fait un calcul moins erroné sur les contingents étrangers : ainsi, on a porté le corps bavarois à 24,000 hommes, tandis qu'il n'était que de 11,000 à son arrivée à Polotsk. Il me semble qu'il n'y aurait qu'une manière de juger approximativement la force de l'armée : ce serait d'évaluer l'effectif des régiments français, à leur arrivée sur le Niémen, au taux moyen de 2,500 hommes pour l'infanterie, et de 650 pour la cavalerie (1). Ce calcul, quoique trop fort peut-être, ne s'éloignerait cependant pas beaucoup de la vérité. D'après ces bases, et en y ajoutant les contingents étrangers, l'armée, tout compris, infanterie, cavalerie, artillerie, génie, gendarmerie et administrations, se serait élevée au moins à 325,000 hommes (2).

Dans cette armée, encore immense malgré ces réductions, le corps de Davoust se distinguait entre tous; il en était comme le nerf. Entièrement composé de troupes françaises, et en grande partie de vieux soldats, il eût fait à lui seul, en d'autres temps, une belle armée. Il ne pouvait être estimé à moins de 65,000 combattants (3). Formé depuis longtemps par un des plus habiles lieutenants de l'Empereur, commandé par des généraux qui avaient la confiance des

---

(1) Je compte les régiments de grosse cavalerie à 500 hommes et ceux de cavalerie légère à 800, en moyenne 650. Quant à l'infanterie, les régiments croates, hollandais et suisses, bien qu'au service de la France, étaient beaucoup plus faibles que les nôtres; mais leur nombre était si peu considérable, que je les ai regardés comme étant de la même force.

(2) J'ai lu, longtemps après que ceci a été écrit, dans un ouvrage qui a été fait sur des matériaux irrécusables, que l'armée se composait, au passage du Niémen, de 325,900 hommes, dont 155,400 français et 170,500 alliés, pourvus de 984 bouches à feu. Mon calcul me donnerait 153,000 hommes d'infanterie et de cavalerie française, la Garde comprise, auquel nombre il faut ajouter l'artillerie.

(3) Le général d'Albignac m'a assuré depuis que, sur la Vistule, il était de 60,000 hommes d'infanterie et 4,000 hommes de cavalerie.

troupes, composé de régiments habitués à combattre ensemble, animé d'un excellent esprit, accoutumé à une discipline exacte et sévère, pourvu de tous les objets dont il avait besoin, organisé intérieurement avec plus de méthode pour se procurer des subsistances, et beaucoup moins fatigué par la longueur de la route, ses pertes devaient être infiniment moins grandes que celles des autres corps ; c'est aussi ce qui arriva et ce qui m'a engagé à ne pas le soumettre au même calcul.

A la fin d'avril, une grande partie de l'armée était déjà sur le territoire prussien ; en mai et en juin, elle traversait ce pays dans tous les sens. Le corps d'Oudinot ayant été dirigé sur Berlin (1), il s'éleva quelques difficultés pour l'occupation de cette ville et de la forteresse de Spandau, mais elles furent bientôt aplanies, et le roi de Prusse, qui n'était guère en état de nous opposer un refus, consentit à livrer ces places, dont la possession nous assurait un débouché indispensable. Quelques jours après, il passa la revue du 2ᵉ corps. Dans notre marche à travers la Prusse, ce pays souffrit considérablement. Malgré la précaution que l'on avait prise de faire accompagner les colonnes

---

(1) On a écrit avec assurance que la Prusse n'était entrée dans notre alliance que lorsque le 2ᵉ corps était parvenu aux portes de Berlin. Or, le traité d'alliance est du mois de février, et ce corps ne traversa la Prusse qu'en avril. Voilà comment certaines gens écrivent l'histoire !

par des commissaires prussiens, les vivres et les fourrages ne pouvaient être distribués régulièrement dans une contrée stérile, où l'on n'avait établi par avance aucun magasin, et les habitants foulés se plaignaient, surtout de nos alliés et des Suisses à notre solde. On faisait en outre des levées de chevaux pour l'artillerie, de bestiaux pour l'approvisionnement des troupes, et de voitures pour le transport des équipages.

C'est ici le lieu de remarquer avec regret l'énorme quantité de bagages dont l'armée était embarrassée, et qui devint pour elle une source de malheurs. Dès l'époque où Napoléon se fut emparé du pouvoir, les mœurs militaires s'altérèrent rapidement, l'union des cœurs disparut avec la pauvreté, et le goût du bien-être matériel et des commodités de la vie pénétra dans nos camps, qui se remplirent de bouches inutiles et de nombreux équipages. Oubliant l'heureuse expérience qu'il avait faite dans ses immortelles campagnes d'Italie, de l'immense supériorité que donnent l'habitude des privations et le mépris des superfluités, l'Empereur crut de sa politique de favoriser cette corruption. Il la regarda comme avantageuse à ses desseins et propre à mettre l'armée tout entière dans sa dépendance. Sans doute il se croyait assez fort pour arrêter ce débordement à sa volonté, mais il se trompa ; ses règlements sur un objet si important restèrent inexécutés, et, dans la campagne de Russie, le luxe ne connut plus de bornes. Un sentiment secret et vague des privations qu'on aurait à y souffrir s'était emparé de tous les esprits; chacun faisait des provisions et augmentait ses bagages, en raison des craintes qu'il éprouvait et de celles qu'il voyait éprouver, sans réfléchir que ces provisions elles-mêmes, par les charrois qu'elles nécessitaient, augmenteraient notre disette. La cour (car l'Empereur en avait une nombreuse et brillante au milieu des camps) donnait l'exemple de cette funeste manie. On peut, sans être taxé d'exagération, porter à plusieurs milliers le nombre des chevaux appartenant à la maison impériale; c'était un fléau qui dévorait sur son passage une bonne partie des ressources qui eussent servi à la cavalerie.

Ce n'était malheureusement ni le seul, ni le plus important des points sur lesquels on avait à déplorer la décadence des mœurs militaires. Le temps était déjà bien loin où chacun, content de la place qu'il occupait, n'avait qu'une seule pensée, celle de concourir au bien général, et qu'un seul désir, celui d'obtenir, comme la plus douce des récompenses, l'estime de ses camarades. Un essaim de jeunes gens, des anciennes et des nouvelles familles, souvent sans capacité et à coup sûr sans modestie et sans expérience, en s'introduisant dans l'armée, y avaient apporté un tout autre esprit. Avides de grades et de distinctions, leur soin était plutôt de les obtenir que de les mériter, et trop souvent on les vit s'élever et laisser bien loin derrière eux les bons services et les talents que ne recommandaient ni la naissance ni la protection. Les maréchaux, et surtout le major général, ne furent plus entourés que d'hommes de cette classe, et leurs états-majors devinrent une fabrique de généraux et de colonels. Les régiments de cavalerie légère échurent en partage à ces brillants officiers, qui leur donnaient la préférence à cause de l'élégance et de la richesse des costumes, et peut-être à cause d'un préjugé ridicule de supériorité; aussi, ces corps dégénérèrent-ils rapidement. Quant à l'infanterie, la simplicité de son uniforme, et surtout la nature pénible de ses travaux, la préservèrent d'une semblable irruption, et de là vient que, jusqu'à la fin, elle s'est conservée plus digne d'elle-même.

L'armée continuait sa marche vers le Niémen. En passant à Wehlau, où l'on avait réuni de grands approvisionnements de farine, de riz et de biscuits, elle reçut des vivres pour une quinzaine ; c'était beaucoup trop : outre la difficulté de transporter cette grande quantité de provisions, l'insouciance du soldat, peu en peine de l'avenir, les lui fit consommer en peu de jours ; aussi éprouva-t-il les effets de la disette en traversant la forêt de Pilwiski. Cette distribution fut, à ma connaissance, la dernière que les troupes reçurent des magasins. J'en fais l'observation pour ne plus revenir sur cet objet. Pendant toute la campagne, elles furent obligées de pourvoir comme elles purent à leur subsistance ; cependant il ne faut pas en conclure que, dans cette partie, tout se faisait avec désordre et comme au hasard ; je vais dire la manière dont on procédait : chaque corps d'armée, chaque division et chaque régiment avait quelques vivres dans ses fourgons et un parc de bœufs à sa suite. On y avait recours lorsque le pays n'offrait point de ressources, et on remplaçait, quand l'occasion s'en présentait, les quantités qu'on avait absorbées. Après que tous ces approvisionnements se trouvèrent épuisés, chaque régiment, et souvent chaque bataillon, envoyait des détachements, commandés par des officiers, afin de faire des vivres; ces détachements rejoignaient le soir au bivouac, où l'on distribuait ce qu'ils avaient pu ramasser. On comprend aisément tout ce que cette méthode offrait et d'incertain de précaire, et de combien de privations les troupes durent souffrir, dans un pays aussi pauvre et aussi faiblement peuplé. J'ajouterai seulement que l'administration, au lieu de s'occuper d'un objet aussi important, parut le regarder comme étranger à ses fonctions, et que les ordres, donnés par l'Empereur, pour transporter les approvisionnements de Wehlau à Kowno et à Wilna, ne reçurent qu'une exécution imparfaite. Que d'hommes pourtant on aurait conservés! Que de malheurs on aurait prévenus, au moyen de ces immenses dépôts !

Arrivé à Wilkowiski, Napoléon fit à son armée la proclamation suivante (22 juin 1812):

« Soldats, la seconde guerre de Pologne est com-
« mencée; la première s'est terminée à Friedland et
« à Tilsit. A Tilsit, la Russie a juré éternelle alliance
« à la France et guerre à l'Angleterre. Elle viole au-
« jourd'hui ses serments; elle ne veut donner aucune

« explication de son étrange conduite, que les aigles
« françaises n'aient repassé le Rhin, laissant par là nos
« alliés à sa discrétion.

« La Russie est entraînée par la fatalité ! Ses destins
« doivent s'accomplir. Nous croirait-elle donc dégéné-
« rés ? Ne serions-nous donc plus les soldats d'Auster-
« litz ? Elle nous place entre le déshonneur et la
« guerre ; le choix ne saurait être douteux. Marchons
« donc en avant ! passons le Niémen ! portons la
« guerre sur son territoire. La seconde guerre de Po-
« logne sera glorieuse aux armées françaises comme la
« première : mais la paix que nous conclurons, portera
« avec elle sa garantie et mettra un terme à la funeste
« influence que la Russie a exercée depuis cinquante
« ans sur les affaires de l'Europe. »

De son côté, Alexandre adressa une proclamation à ses troupes, dès qu'il connut le passage du Niémen ; la voici :

« Depuis longtemps nous avions déjà remarqué, de
« la part de l'empereur des Français, des procédés
« hostiles envers la Russie, mais nous avions toujours
« espéré les éloigner par des moyens conciliants et
« pacifiques. Enfin, voyant le renouvellement conti-
« nuel d'offenses évidentes, malgré notre désir de con-
« server la tranquillité, nous avons été contraint de
« compléter et de rassembler nos armées. Mais alors
« encore, nous nous flattions de parvenir à une récon-
« ciliation, en restant aux frontières de notre empire,
« sans violer l'état de paix et étant seulement prêt à

« nous défendre. Tous ces moyens conciliants et pa-
« cifiques ne purent conserver le repos que nous
« désirions. L'empereur des Français, en attaquant
« subitement notre armée à Kowno, a, le premier,
« déclaré la guerre. Ainsi, voyant que rien ne peut le
« rendre accessible au désir de conserver la paix, il ne
« nous reste plus, en invoquant le Tout-Puissant, té-
« moin et défenseur de la vérité, qu'à opposer nos
« forces aux forces de l'ennemi. Il ne m'est pas né-
« cessaire de rappeler aux commandants, aux chefs de
« corps et aux soldats leur devoir et leur bravoure ;
« le sang des valeureux Slaves coule dans leurs veines!
« Guerriers, vous défendez la religion, la patrie et la
« liberté ! Je suis avec vous ! Dieu est contre l'agres-
« seur ! »

Ces deux pièces sont curieuses et dignes de l'attention du lecteur : elles offrent une nouvelle preuve de la valeur différente que peuvent avoir les mêmes mots, suivant la bouche où ils sont placés. Ou je me trompe fort, ou Napoléon parle bien plus dignement qu'Alexandre ; quoi qu'on en ait dit, il n'y avait point de jactance à rappeler à l'armée ses hauts faits d'armes, et, quant au style prophétique, il lui avait si bien réussi jusques-là, qu'il pouvait lui être permis de l'employer encore, quand il se voyait appuyé sur 300,000 baïonnettes. Je trouve, au contraire, une extrême jactance dans cette expression d'Alexandre : « Je suis avec vous ! » opposée à la suivante : « Dieu
« est contre l'agresseur !.....» Et que de réflexions ne

fait pas naître le ton général de son manifeste? Le tzar autocrate de toutes les Russies invoquant les noms sacrés de patrie et de liberté! Le fils de Paul Ier, qui comblait d'honneurs les assassins de son père (1), voulant rendre la religion et le ciel complices de sa cause! La plume tombe des mains. La lecture de cette pièce me suggère encore une observation importante. On voit qu'Alexandre cherche à faire d'une guerre politique une guerre de religion. Je ne l'en blâme pas; chez un peuple esclave et superstitieux, la politique ne peut, sans se compromettre, chercher un autre point d'appui. Mais aussi, qui aurait pu blâmer Napoléon, s'il eût fait usage d'un levier encore plus puissant, s'il eût appelé à la liberté ces mêmes peuples qu'on voulait fanatiser? Autant que j'en peux juger d'après ce que j'ai vu, ce langage eût été mieux entendu que celui d'Alexandre.

Avant de commencer le récit des opérations, il est essentiel de voir quelle était la position respective des armées.

L'armée russe, que l'on portait à plus de 250,000 hommes, sans compter les troupes irrégulières, était établie depuis longtemps déjà sur les frontières de l'Empire, et s'étendait de la Baltique à la Wolhinie (2).

---

(1) Ce prince pieux avait l'un d'eux, le général Bennigsen, dans son armée.
(2) Butturlin dit, dans son Histoire de cette campagne, que, dès

Elle comprenait deux armées, dites de l'Ouest; une armée de réserve et un corps d'observation.

La première armée de l'Ouest, sous les ordres de Barclay-de-Tolly, se composait de six corps d'infanterie et de trois corps de cavalerie, non compris les troupes irrégulières; elle était placée de la manière suivante : le 1er corps d'infanterie, aux ordres de Wittgenstein, à Rossiena et à Keydany; le 2e, sous Baggawout, à Kowno et à l'embouchure de la Vilia ; le 3e, sous Toutchkow, à Novi-Troki ; le 4e, sous Schouwalow, à Olkeniki ; le 5e, Garde et réserves de grenadiers, commandé par Lawrow, à Wilna et Sventziany, et le 6e, aux ordres de Doctorow, à Lida ; le 1er corps de cavalerie, devant Wilna ; le 2e, vers Kowno, et le 3e, vers Grodno.

La deuxième armée de l'Ouest, commandée par le prince Bagration, était composée de trois corps d'infanterie et de trois corps de cavalerie, sans compter les troupes irrégulières : généraux Rousky, Barasdin, Gortschakow; elle s'étendait de Wolkowisk à Kobrin.

L'armée de réserve, commandée par le général Tormassow, était établie entre Lutzk et Kovel, en Wolhinie, et le corps d'observation, sous les ordres du général Hertel, était posté à Mozir. Dans ces

---

1810, Alexandre réunit ses armées sur les frontières du grand-duché de Varsovie, et, qu'à Tilsit même, il pensait aux moyens de réparer ses défaites.

forces ne sont pas comprises les garnisons de Riga et de Bobruisk (1).

L'armée française s'était rapprochée des frontières russes par des mouvements successifs : en mai, elle était concentrée sur la Vistule; au commencement de juin, elle se porta en avant et s'étendit de la Pregel à Pultusk, menaçant ainsi également la droite et la gauche de l'ennemi. Pour augmenter son incertitude, Napoléon répandit le bruit qu'il se rendait à Lemberg, et y fit préparer ses logements. A la mi-juin, l'armée continua son mouvement vers le Niémen, dans l'ordre suivant : la Garde, vieille et jeune, les 1er et 2e corps, par Pilwisky; le 3e corps, par Marienpol; les 4e et 6e corps, par Oletzko et Kalwary; les 5e, 7e et 8e corps, par Nowogorod, se portant sur Grodno. Le corps autrichien marcha de Lemberg sur Lublin, il faisait l'extrême droite de l'armée; le 10e corps se dirigea

---

(1) Voici la force qu'un auteur donne à ces différentes armées; il a eu dans les mains des documents officiels russes (le général Guillaume de Vaudoncourt) :

	INFANTERIE.	CAVALERIE.
Première armée.	126,000 hommes.	26,000 hommes.
Deuxième armée.	40,000	34,400
Réserve.	32,000	19,200
Corps d'observation. . .	12,000	4,000
Garnison de Riga et division Steinheil.	28,000	5,600
	238,000	89,200

Plus 40,000 hommes de troupes irrégulières.

sur Tilsit, et forma la gauche. La cavalerie, sous les ordres de Murat, faisait l'avant-garde et s'avançait par la forêt de Pilwisky.

Les mouvements des armées furent si rapides et si multipliés, surtout à l'ouverture de la campagne, que j'aurais justement à craindre de paraître obscur, si je voulais faire marcher de front le récit de tous les événements. Pour être plus clair et pour offrir une idée plus distincte des faits, je raconterai séparément les opérations du centre, c'est-à-dire des corps qui agissaient sous les ordres immédiats de l'Empereur, et je les partagerai en trois époques : la première s'étendra jusqu'au moment où Napoléon, arrivé à Witepsk, donna quelque repos à ses soldats : tout y est manœuvre, on n'y trouvera que quelques combats partiels; la deuxième nous mènera jusqu'à Moscou et renfermera les batailles de Smolensk et de la Moscowa ou de Borodino; la troisième enfin comprendra notre retraite, depuis Moscou jusqu'à notre rentrée sur le territoire prussien, c'est-à-dire l'histoire de nos désastres, les combats de Maloïaroslawetz, de Wiasma et de Krasnoï, et le passage de la Bérésina. Des articles particuliers, consacrés aux différents corps agissant isolément, feront connaître leurs opérations à chacune de ces époques; cependant, pour ne pas rompre le fil de ma narration, je ne m'astreindrai pas à les renfermer dans les mêmes limites, et je me guiderai plus naturellement d'après l'ensemble de ces opérations elles-mêmes.

Le tableau ci-après pourra servir à fixer les idées du lecteur sur la composition des différentes parties de l'armée après le passage du Niémen.

EXTRÊME GAUCHE, en Courlande.	GAUCHE, SUR LA DWINA, à Polostk.	CENTRE, ou GRANDE ARMÉE.	DROITE. En Lithuanie et en Wolhinie.
10ᵉ Corps d'infanterie, formé de deux divisions prussiennes et de la division Grandjean, avec sa cavalerie légère.	2ᵉ Corps d'infanterie, 6ᵉ Corps (bavarois), division de cuirassiers Doumerc, cavalerie légère attachée à ces corps.	Réserve de cavalerie du roi de Naples ; Garde impériale ; 1ᵉʳ, 3ᵉ, 4ᵉ, 5ᵉ et 8ᵉ Corps d'infanterie, avec leur cavalerie légère	Corps autrichien ; 7ᵉ Corps d'infanterie (Saxons), sous Reynier ; cavalerie attachée à ces corps.

CORPS DU CENTRE,

SOUS LES ORDRES IMMÉDIATS DE NAPOLÉON.

1ʳᵉ ÉPOQUE.

SOMMAIRE : Passage du Niémen et de la Wilia. — Mouvements des différents corps. — Orage. — L'armée arrive à Wilna. — Enthousiasme des Lithuaniens. — Marche du ro de Naples sur la Dwina. — L'armée russe se retire dans son camp retranché de Drissa. — Davoust marche sur Minsk. — Lenteurs de Jérôme. — Bagration se replie sur le Borysthène. — Combats de Mir et de Romanow. — Davoust arrive à Mohilow. — Le 3ᵉ régiment de chasseurs tombe dans une embuscade. — Bagration attaque Davoust. — Combat de Salta-Naka. — Séjour de Napoléon à Wilna. — Ses occupations. — Il part de Wilna. — Proclamation curieuse d'Alexandre. — L'armée russe évacue le camp de Drissa et se porte sur Witepsk. — Combats d'Ostrowno, les 25 et 26 août. — Les Russes abandonnent Witepsk et se retirent derrière la Kasplia, où ils se réunissent à Bagration. — Napoléon donne du repos à son armée. — Son séjour et ses occupations à Witepsk.

Si l'on fait attention à la disposition des forces françaises et à la manière dont elles se concentraient en approchant des frontières de la Russie, on voit facilement que le but de Napoléon était de se porter sur

Wilna, de couper en deux l'armée russe, ou de rendre au moins sa réunion très-difficile, et de rejeter derrière la Dwina la première armée de l'Ouest, s'il ne pouvait l'amener au combat. C'est en effet ce qu'il exécuta avec autant d'habileté que de bonheur, sans que l'ennemi sût ou pût lui rien opposer.

En partant de Dresde, le 29 mai, l'Empereur s'était rendu à Koënigsberg, après avoir visité Dantzig ; mais il ne fit qu'y passer et se porta rapidement à Wehlau et à Insterburg, pour y voir défiler une partie de ses troupes. Après leur passage, il courut aux avant-postes, vers les débouchés de la forêt de Pilwiski, où étaient déjà réunis la cavalerie du roi de Naples et le 1er corps, et où se rendait la Garde, ainsi que les 2e et 3e corps. Dans la nuit du 23 juin, sur les deux heures du matin (1), s'étant revêtu d'une capote et d'un bonnet polonais, il reconnut lui-même les bords du Niémen, un peu au-dessus de Kowno, et détermina le point du passage, près du village de Poniemon. Toute la journée du 23 fut consacrée à des dispositions préliminaires : la réserve de cavalerie avait pris position au pied des hauteurs d'Alexioten ; le 1er corps s'arrêta au débouché de la forêt ; le 2e corps, la Garde et le 3e corps, s'échelonnèrent à des distances très-rapprochées, et attendirent dans cet ordre le moment de s'élancer au delà du fleuve.

---

(1) Dans ce pays et à cette époque de l'année, il était déjà jour.

A la chute du jour, trois ponts furent jetés par les soins du général Éblé, sous la protection de quelques compagnies de voltigeurs, qui avaient traversé sur la rive droite. Le passage commença immédiatement et ne fut troublé d'aucune manière : à peine aperçut-on quelques Cosaques, qui venaient de loin observer nos mouvements ; bientôt après un bataillon occupa Kowno, où Napoléon fit son entrée. Il s'y arrêta trois jours, y ordonna quelques travaux et y fit établir un hôpital. Par ce mouvement rapide, le corps de Baggawout se trouva coupé de ses communications avec Wilna : il eût été trop dangereux pour lui de vouloir s'y réunir au reste de l'armée russe par une des routes de la rive gauche de la Wilia : aussi se hâta-t-il de mettre cette rivière entre lui et nous.

Le 24, Napoléon fit établir un pont sur la Wilia, près de Kowno. Le 2ᵉ corps passa le 25, pour se diriger sur Wilna, par la rive droite de cette rivière ; il s'avança par Janovo sur Develtovo. Le 3ᵉ corps se porta à Kormelow, pour marcher sur Wilna, par la route qui longe la Wilia. Le 1ᵉʳ corps, la cavalerie du roi de Naples et la Garde suivirent la route de Jijmori. Le maréchal Macdonald, qui formait notre gauche, avait passé le Niémen à Tilsit, le même jour que nous à Kowno, et sans avoir éprouvé plus d'obstacles de la part de Wittgenstein, chargé de la défense de cette partie de la frontière ; il se porta ensuite sur Rossiena.

Les 4ᵉ et 6ᵉ corps étaient restés en position à Kalwary, sur la rive gauche du Niémen, pour servir de réserve. Le 4ᵉ corps passa cette rivière le 29 à Pilony, d'où il se dirigea sur Novi-Troki; il y resta en observation jusqu'au 7 juillet, afin de couvrir la droite de l'armée et de surveiller les mouvements des troupes russes, qui étaient errantes vers Lida. Le 30, les 5ᵉ, 7ᵉ et 8ᵉ corps occupèrent Grodno, où se trouvait l'hetmann des Cosaques, Platow. A notre extrême droite, les Autrichiens passèrent plus tard le Bug à Droghitschin et se portèrent sur Pinsk et Slonim.

Dans toutes les directions nous trouvions l'armée russe en pleine retraite : Baggawout remontait la rive droite de la Wilia par la route de Tschirvinti ; Wittgenstein gagnait la Dwina par Develtovo, où il fut atteint par le 2ᵉ corps ; Schouwalow et Tutschkow se retiraient sur Wilna. Nous avancions donc sans trouver d'obstacles, et à notre grand étonnement, car nous ne pouvions nous persuader que les Russes abandonneraient la capitale de la Lithuanie sans tirer un coup de fusil et sans essayer de défendre les belles positions qu'elle offre : il en fut ainsi néanmoins, et nous y entrâmes le 28, au moment où ils venaient de l'évacuer.

On compte de Kowno à Wilna environ 24 lieues; le pays est pauvre, montueux et couvert de marais et de forêts. L'armée y ressentit les premières atteintes de la faim et de la misère; une pluie glaciale et torrentielle, qui tomba pendant deux jours, dégrada totalement les chemins et rendit les bivouacs meurtriers pour les hommes, et surtout pour les chevaux, car on se doute bien que, dans une contrée aussi misérable, ni les uns ni les autres ne trouvaient d'abri (1). On porta à 10,000 le nombre des chevaux que cet orage fit périr ; les routes en étaient couvertes, et l'on fut obligé d'abandonner plusieurs convois de toute espèce d'approvisionnements.

A notre approche, les Russes, après avoir mis le feu aux magasins de Wilna, étaient passés sur la rive droite de la Wilia ; ils brûlèrent le pont de bois et se retirèrent vers la Dwina, par la route de Nementschin et Swentziani où ils espéraient pouvoir concentrer leurs forces. La rapidité de notre mouvement sur Wilna avait coupé de l'armée de Barclay, le corps de Doctorow posté à Lida, l'armée de Bagration et les Cosaques de Platow. Ignorant ce qui se passait, ils se dirigeaient sur Wilna, où ils avaient ordre de se rendre ; mais Bagration et Platow, primés sur tous les points par le maréchal Davoust, furent obligés de se rejeter vers le Borysthène. Le corps de Doctorow, qui avait moins de chemin à parcourir, tenta de rejoindre Barclay et en vint à bout, en suivant la route d'Ochmiana, Donaschew et Kobouilniki : cette marche hasardée, qui aurait dû entraîner sa perte, ne réussit sans doute que parce

---

(1) Ces orages subits au milieu de l'été ne sont pas rares dans ce pays ; on en trouve plusieurs exemples dans les campagnes de Charles XII. C'est sans raison qu'un auteur a voulu douter de celui qui nous fut si funeste.

qu'il était difficile de supposer qu'un général osât se compromettre aussi gratuitement. Dès qu'elle fut connue, une division du 1er corps et le corps de cavalerie de Nansouty furent envoyés à sa rencontre, sur Mikhailichki; mais il avait tellement précipité sa retraite, que nos troupes n'atteignirent que son arrière-garde à Swir.

A peine les Russes eurent-ils évacué Wilna, qu'une députation, composée des principaux habitants, vint au devant de Napoléon, pour lui présenter les clefs de la ville; il ne fit alors que la traverser et courut aux avant-postes, afin de se rendre compte des mouvements de l'ennemi. Le roi de Naples, avec une partie de sa cavalerie et deux divisions du 1er corps, suivit la route de Swentziani; en même temps, le maréchal Ney passait la Wilia à Souderva et marchait vers Ghedroitsé et Maliaty, où se trouvait Baggawout; Oudinot continuait à suivre Wittgenstein par Wilkomir et Avanta. La cavalerie joignit plusieurs fois les arrière-gardes russes et il y eut quelques escarmouches de peu d'importance; dans l'une d'elles, sur la Disna, un régiment de hussards prussiens se distingua par l'impétuosité de sa charge, les ennemis n'eurent point le temps de couper le pont de cette rivière, et nos troupes arrivèrent à Vidzy.

L'armée russe avait continué son mouvement de retraite, elle avait passé la Dwina à Drouia, le 8, et se trouvait dans son camp retranché de Drissa le 10, à l'exception du corps de Wittgenstein, qui, ayant passé le fleuve à Dünabourg, le remontait par sa rive droite. Le roi de Naples chargé de l'observer s'établit à Opsa ; il était appuyé à gauche par le maréchal Ney, qui s'était avancé jusqu'à Driviaty, et à droite, par le général Nansouty, qui lui avait amené, avec son corps de cavalerie, la 3ᵉ division du maréchal Davoust. Pendant que ces troupes étaient en observation, les Wurtembergeois, qui faisaient partie du corps de Ney, éprouvèrent la funeste influence du climat : une dysenterie contagieuse les enleva par centaines, et le prince royal de Wurtemberg ayant été atteint l'un des premiers, se vit obligé de quitter l'armée, ou plutôt saisit avec empressement cette occasion de s'éloigner. Le véritable motif de sa retraite était le mécontentement que lui avaient causé des reproches de l'Empereur, au sujet de quelques désordres dont ses troupes s'étaient rendues coupables en traversant la Prusse.

Cependant Napoléon, jugeant bien que Bagration, dont l'armée s'étendait des environs de Wolkowisck jusqu'à Kobrin, et l'hetmann Platow, qui était cantonné aux alentours de Grodno, devaient s'être mis en route pour Wilna, où l'empereur Alexandre avait cru pouvoir réunir ses forces, conçut l'espoir de détruire ces deux corps, qu'on évaluait à 50,000 hommes. Pour assurer la réussite de ce projet, il fit avancer à leur rencontre le maréchal Davoust, avec deux divisions d'infanterie, une de cuirassiers, le corps de cavalerie de Grouchy, la division Pajol et les lanciers rouges de la Garde. Ce mouvement, habilement calculé sur la marche des 5°, 7° et 8° corps, devait amener les plus fâcheuses conséquences pour l'armée de Bagration ; il est évident que, si les ordres de l'Empereur eussent été exécutés avec intelligence et célérité, prévenue sur tous les points par Davoust, et pressée en même temps sur ses flancs et sur ses derrières par le roi de Westphalie, cette armée aurait été forcée d'en venir aux mains dans des conditions très-défavorables, et de livrer une bataille qui ne pouvait que lui devenir funeste.

En effet, Bagration, parti de Wolkowisck pour exécuter les ordres qu'il avait reçus d'accourir sur la Dwina par le chemin le plus direct, se dirigeait sur Volojin, lorsque arrivé à Ivié il fut informé que les points de Soubotniki, Traboui, Vichenev et Volojin, étaient occupés par les troupes françaises. Forcé de rétrograder, il pensa qu'il lui serait possible d'atteindre son but, en faisant un détour par Minsk, où il croyait pouvoir se rendre par la route de Novoï-Serjin et Koïdanow, et, le 5 juillet, il se porta à Korelitschi; mais parvenu à Koïdanow, il s'arrêta tout court, en apprenant l'occupation de Minsk par le corps de Davoust. Sa position devenait à chaque instant plus critique ; il ne lui restait d'autre moyen de salut que de gagner Bobruisk, mais pour cela il lui fallait revenir de nouveau sur ses pas et aller chercher la route de cette place par Neswij, au risque de tomber entre les mains de Jérôme : il le tenta et il eut le bonheur d'y réussir. Le roi de Westphalie, par une lenteur inconcevable, ne parvenait avec son avant-garde à Novogrodeck qu'au moment où Bagration atteignait déjà Neswij, de manière que celui-ci eut le temps d'y donner du repos à ses troupes harassées, et d'y demeurer trois jours, couvert par une forte arrière-garde établie à Mir. Le 9, Jérôme arriva à Korelitschi et poussa jusqu'à Mir une avant-garde de cavalerie qui, n'étant pas appuyée, ne put en chasser les Russes. Le 10, le combat se renouvela et eut un succès plus heureux ; mais Bagration était sauvé et désormais rien ne pouvait l'empêcher de continuer sa route sur Bobruisk.

Trompé dans son attente, Napoléon voulut au moins barrer à Bagration la route de Witepsk, et ordonna à Davoust de se porter sur Mohilow par Jghoumen et Bérésino, en même temps qu'il prescrivait à Jérôme de mettre plus de célérité dans ses mouvements. Davoust arriva à Mohilow le 20, et le roi de Westphalie atteignit de nouveau l'arrière-garde russe à Romanow le 14. Mais ce prince ayant été informé qu'en cas de combat Davoust prendrait le commandement, se trouva blessé, et dans un mouvement d'humeur, quitta l'armée le 16, au milieu des circonstances importantes où elle se trouvait ; son départ laissa sans direction les corps placés sous ses ordres et retarda encore leurs mouvements. Dès que Davoust eut pris possession de Mohilow, il renvoya le corps de cavalerie de Grouchy et les lanciers rouges de la Garde, qui avaient été mis à sa disposition et qui rejoignirent l'armée dans sa marche sur Witepsk. Enfin les mouvements des Russes en Wolhinie donnant à craindre qu'ils ne fissent quelque tentative contre Varsovie, le 7ᵉ corps dut rétrograder sur Slonim, où il arriva le 19 et se réunit au prince de Schwartzemberg, afin de couvrir le Grand-Duché.

On a sans doute remarqué le défaut d'ensemble des opérations que je viens de raconter. Ce défaut, je dois le dire en passant, est inhérent à la nature même de ces armées immenses, souvent plus effrayantes en apparence que redoutables en réalité, où l'harmonie est très-difficile à maintenir, où l'unité et la simultanéité d'action sont presque impossibles, où les chances du hasard sont parfois plus puissantes que les plus profondes combinaisons du génie, et où le moindre échec, éprouvé sur un point éloigné, peut neutraliser tout à coup les succès les plus brillants. Au reste, quoique les savantes manœuvres de l'Empereur n'eussent pas eu tous les résultats qu'il devait en attendre, elles nous avaient cependant procuré des avantages considérables. Non-seulement tous les magasins établis à Minsk, à Orcha, etc., étaient tombés entre nos mains, ainsi qu'un grand nombre de traîneurs et un convoi considérable d'artillerie, enlevé par notre cavalerie à Khaloui près de Svislotsch, mais encore, chose bien plus importante, une fraction considérable des forces russes se trouvait refoulée dans l'intérieur et séparée de la grande armée par une distance de cent lieues à travers un pays coupé et difficile.

Le prince Bagration avait passé la Bérésina à Bobruisk, et était arrivé à Starijbiekow, en même temps que Davoust arrivait à Mohilow. L'hetmann Platow se sépara alors de lui, traversa le Borysthène et se dirigea sur Smolensk. Quant au prince, respirant enfin et désormais délivré de toute crainte d'être poursuivi (1), il prit la route de Mohilow dans le dessein de rejoindre la grande armée sur Witepsk. Cependant le maréchal Davoust, voulant avoir des nouvelles de l'ennemi, qu'il supposait n'être pas éloigné, avait envoyé le 3e régiment de chasseurs à cheval en reconnaissance sur Dachkovka, où l'avant-garde de Bagration était déjà parvenue; ce régiment tomba dans une embuscade, une partie fut prise et le reste fut ramené l'épée dans les reins jusqu'à Mohilow. Heureusement que le 85e de ligne, placé devant cette ville, arrêta les Cosaques et les obligea à la retraite; il les suivit jusqu'à Salta-Naka ou Saltaïka, et y prit position sur le ravin

---

(1) On trouve les preuves de la détresse et de l'embarras où il était dans une lettre qu'un officier de son état-major écrivait, le 3 juillet, à son ami le comte de Saint-Priest. Il évalue le corps de Bagration à 40,000 hommes, et celui de Davoust, y compris les Westphaliens et les Saxons, à 120,000 hommes. Il porte aussi la grande armée russe à 120,000 hommes, et supposant qu'il ne reste sous les ordres de Napoléon que 100,000 hommes de fort mauvaises troupes, il se plaint de ce que Barclay ne l'attaque pas, etc. — Cette lettre, trouvée à Witepsk par un de mes amis, le général Rousseau, alors major de la Garde, a paru dans le *Moniteur* du 18 août.

qui coupe la route et va se décharger dans le Borysthène. Mais le prince Bagration, prévenu du voisinage du maréchal Davoust, et sachant bien qu'il ne pouvait être appuyé par les 5ᵉ et 7ᵉ corps, voulut profiter de la supériorité de ses forces pour l'accabler et s'ouvrir un passage par Mohilow ; en conséquence il se décida à l'attaquer à Salta-Naka.

Une petite rivière, dont les bords sont escarpés et forment plusieurs étangs, protégeait le front de cette position ; sa gauche s'appuyait aux marais du Borysthène, mais sa droite, quoique défendue par un ravin qui se prolongeait au loin sur la route, était plus accessible, et d'ailleurs une grande forêt marécageuse couvrait le pays et facilitait à l'ennemi le moyen de manœuvrer hors de notre portée et de nous dérober ses mouvements. Le maréchal Davoust, qui surveillait de près les démarches du général russe, se douta de ses desseins et mit à profit les avantages de sa position, dont il sut augmenter encore les difficultés naturelles ; le pont de Salta-Naka, sur la grande route, fut barricadé et l'auberge crénelée ; on plaça de l'artillerie aux points de Salta-Naka et d'Atowka ; enfin les troupes furent disposées par échelons, de manière à se soutenir mutuellement, à éclairer la lisière de la forêt et à couvrir les deux routes qui, traversant cette même forêt, conduisent de Novosielki à Mohilow.

Le 23 juillet, à la pointe du jour, l'armée de Bagration, qu'on jugea forte de plus de 30,000 hommes, déboucha de Novosielki et se porta en colonne contre

Salta-Naka et Atowka. L'attaque commença par Salta-Naka, où, malgré la plus opiniâtre résistance, le 85ᵉ régiment fut repoussé et forcé de repasser le ravin ; après ce premier avantage, l'ennemi dirigea ses efforts contre Atowka ; là encore nos troupes, accablées par le nombre, furent contraintes à céder du terrain et à se retirer un peu en arrière du ravin. Alors les Russes, protégés par une nombreuse artillerie, passèrent la rivière de vive force auprès du moulin ; mais ils n'eurent pas le temps de s'y établir : attaqués en flanc par un bataillon du 108ᵉ et par les grenadiers du 61ᵉ, après un combat vif et corps à corps, ils furent culbutés et rejetés au delà du ravin. Ce mauvais succès ne rebuta pas le prince Bagration ; la supériorité de ses forces lui permettant de renouveler ses attaques, il essaya de tourner notre droite. Ce mouvement lui réussissait et déjà nos troupes commençaient à s'ébranler, lorsque l'arrivée du 61ᵉ, à la tête duquel marchait le général Compans, arrêta tout court ses progrès et rétablit le combat ; en même temps deux bataillons, conduits par le colonel Achard, et auxquels se réunit le 85ᵉ, franchirent le ravin près d'Atowka et marchèrent sur les hauteurs que couvrait l'artillerie russe : le brave colonel Achard y fut blessé. Ces deux mouvements, exécutés avec calme et vigueur, nous assurèrent la victoire et décidèrent la retraite de l'ennemi.

Le général Compans, chargé de le suivre avec le 111ᵉ, qui servait de réserve, se porta jusqu'à Novo-Sielki, où la nuit mit fin au combat. Les Russes avaient laissé

1,200 morts sur le champ de bataille, et leur perte totale ne peut pas être estimée au-dessous de 3,000 hommes ; la nôtre, quoique moindre, fut considérable, surtout en blessés, on en compta près de 1,500, mais le nombre des tués fut très-petit. Cette journée ouvrit réellement la campagne, car jusque-là il n'y avait eu que des affaires d'arrière-gardes ; elle fut glorieuse pour nos troupes. Pendant plus de douze heures elles avaient lutté contre des forces au moins triples ; quatre régiments seulement avaient pris part au combat, les 61e, 85e, 108e et 111e de ligne, le 57e était resté devant Mohilow, ainsi que la division de cuirassiers de Valence.

Le général russe s'était montré dans cette occasion ou bien ignorant ou bien présomptueux. Si, dès le commencement de l'action, il eût manœuvré sur notre flanc droit, en même temps qu'il nous attaquait de front, ce que ses forces lui permettaient de faire, il est hors de doute que le général français n'eût pas été en mesure d'accepter la bataille, et qu'il eût été forcé d'évacuer bien vite sa position et de se retirer en toute hâte sur Mohilow, pour ne pas s'exposer à une ruine certaine. Si cela était arrivé, on ne saurait dire jusqu'à quel point ce mouvement aurait pu influer sur les opérations de la campagne. Au surplus, le maréchal Davoust avait dû être pleinement rassuré, dès qu'il avait vu les dispositions de son adversaire ; celui-ci, après sa défaite, passa le Borysthène et se dirigea sur Smolensk.

Pendant ce temps Napoléon était resté à Wilna avec sa Garde ; il s'y occupait des mesures militaires et politiques propres à assurer sa nouvelle conquête. Un de ses premiers soins fut d'établir des ponts sur la Wilia ; ensuite il fit tracer un camp retranché sur la rive droite de cette rivière et fortifier le vieux château des Jagellons ; en même temps il fit remplacer ou compléter les attelages de l'artillerie, que la mauvaise saison avait mis hors de service ou simplement endommagés, et s'occupa à pourvoir aux divers besoins de l'armée ; enfin il organisa le gouvernement Lithuanien, à la tête duquel il plaça les familles les plus illustres, et ordonna de lever dans le pays plusieurs régiments d'infanterie et de cavalerie.

Sur ces entrefaites, on vit arriver à Wilna un aide de camp d'Alexandre, chargé d'une mission de la part de son maître. J'ignore au juste quelle en était la nature, mais ce que j'ai appris plus tard du comte de Bruges, qui était en 1812 envoyé de Louis XVIII au quartier général russe, m'autorise à penser qu'elle était relative à un accommodement. Il est vraisemblable qu'Alexandre cherchait sous ce prétexte à gagner du temps, à retarder la marche de nos armées et à se donner le loisir de concentrer ses forces : ces ouvertures n'eurent pas de suite.

Cependant notre arrivée avait réveillé le patriotisme des Lithuaniens ; l'espoir de voir la patrie polonaise renaître de ses cendres et se replacer honorablement parmi les nations de l'Europe dilatait toutes les âmes. En quelques heures, les habitants de Wilna avaient construit spontanément sur la Wilia des ponts et des radeaux, pour faciliter le passage de nos colonnes; de toutes parts les nobles demandaient à mener leurs vassaux à l'ennemi et à combattre pour la liberté. Que ne devait-on pas attendre de ces heureuses dispositions? quel plus puissant auxiliaire pouvions-nous désirer?

Un peuple opprimé, luttant contre la tyrannie et réclamant son indépendance, est toujours si intéressant, que je ne saurais passer sous silence le spectacle mémorable que donnèrent alors les Polonais. Sûrs de l'approbation du roi de Saxe, leur souverain, et pleins de confiance dans la bonne volonté de Napoléon, ils s'étaient réunis à Varsovie en diète générale, sous la présidence du prince Adam Czartorisky. Dans sa séance du 28 juin, après avoir entendu le rapport de son comité, dans lequel étaient éloquemment retracés, d'une part l'état florissant de la Pologne pendant plusieurs siècles, ses malheurs et ses déchirements successifs et enfin son anéantissement, et de l'autre, les projets de la Russie, sa politique astucieuse et les dangers que courrait l'Europe, tant que la Pologne reconstituée n'opposerait pas une barrière solide aux envahissements de cette puissance, la diète prit la résolution de se former en Confédération générale, de déclarer que le royaume de Pologne et le corps de la nation polonaise étaient rétablis, d'inviter toutes les anciennes parties du territoire polonais à se confédérer, de rappeler tous-les Polonais qui se trouvaient au service de Russie, enfin d'envoyer au roi de Saxe une députation pour obtenir son adhésion, et une autre à Napoléon pour lui demander son appui.

Varsovie accueillit avec enthousiasme le résultat des travaux de la diète ; la population entière était dans l'ivresse et se montrait disposée aux plus grands sacrifices, les femmes mêmes, par leurs discours et leur exemple, électrisaient tous les cœurs. Le 14 juillet, Wilna, au nom de la Lithuanie, adhéra à l'acte de Confédération adopté par la diète, et, le 15, arriva dans cette ville la députation qui devait présenter à l'Empereur les vœux du peuple polonais. Le sénateur Wybisky, qui en était le chef, lui adressa un discours plein de patriotisme, dans lequel il exposait : que la nation polonaise n'avait perdu son territoire et son indépendance, ni par des traités, ni par des conquêtes, mais par la perfidie et la trahison ; que ses droits étaient saints et sacrés ; que la Pologne existait de droit, et que la Providence l'avait suscité, lui Napoléon, pour la faire exister de fait : « Dites, Sire, ajoutait-il, que « le royaume de Pologne existe, et ce décret sera pour « le monde l'équivalent de la réalité. » Enfin, après avoir fait remarquer que l'honneur et l'intérêt de la France réclamaient le rétablissement de la Pologne, il terminait par renouveler l'engagement solennel que prenaient les Polonais, de verser, s'il le fallait, tout leur sang pour le succès de cette grande et légitime entreprise.

L'Empereur répondit : qu'il avait entendu avec intérêt ce qu'on venait de lui dire ; que, s'il eût été Polonais, il eût agi comme eux ; qu'il aimait la nation polonaise ; qu'il applaudissait à ses efforts, mais qu'il avait bien des intérêts à concilier, bien des devoirs à remplir, et qu'il devait ajouter qu'il avait garanti à l'Autriche l'intégrité de ses Etats ; que, du reste, les Polonais pouvaient compter sur sa protection, pour seconder leurs résolutions autant qu'il dépendrait de lui. Cette réponse compassée n'était rien moins que propre à inspirer la confiance et à entretenir l'enthousiasme, aussi les Polonais et les Français en furent-ils également mécontents : chacun sentait que le succès de la campagne et le salut de l'armée dépendait de la coopération active de la nation polonaise, et chacun blâmait comme impolitique tout ce qui tendait à l'affaiblir.

Quelque réserve qu'il convienne de garder dans son jugement, lorsqu'il s'agit de prononcer sur d'aussi grands intérêts, je pense encore aujourd'hui, comme je pensais alors, que Napoléon commit une faute capitale et se plaça dans une fausse position, par un ménagement intempestif pour son beau-père. S'il eût déclaré franchement que, forcé de prendre les armes, il ne les quitterait qu'après avoir rétabli les Polonais dans leurs droits politiques et leur avoir rendu une patrie, de quels sacrifices ce peuple généreux n'aurait-il pas été capable ? De quelle énergie son âme n'eût-elle pas été remplie par ces nobles promesses ?

Tous seraient montés à cheval, et notre armée, précédée et couverte par une nuée de troupes légères bien supérieures aux Cosaques russes, aurait retiré de cette coopération les plus grands avantages : aucun des mouvements de l'ennemi ne nous aurait échappé; nos marches auraient été sans cesse éclairées ; nos soldats auraient reposé sans inquiétude dans leurs bivouacs, et l'on aurait pu facilement organiser des convois de vivres et pourvoir à la subsistance des troupes. Mais, bien loin de là, il découragea les Polonais et, par un aveuglement fatal, il paralysa leur bonne volonté, en leur demandant de former des régiments d'infanterie, c'est-à-dire de faire ce qui était le plus opposé à leurs mœurs et à leurs habitudes. Plus on réfléchit sur sa conduite et plus on la trouve étrange. Les articles secrets 5 et 6 du traité d'alliance entre la France et l'Autriche, du 14 mars 1812, avaient prévu le cas du rétablissement du royaume de Pologne; ils réglaient même éventuellement les bases de l'échange de la Gallicie contre les provinces Illyriennes : rien ne devait donc s'opposer à la déclaration de ses desseins, et l'on ne comprend pas les motifs de son silence dans une occasion aussi décisive.

Reprenons le récit de la campagne. On a vu que le premier résultat de nos manœuvres avait été la dispersion de l'armée russe et la perte de ses magasins et de sa première ligne d'opération. La confusion qui régna alors dans ses mouvements prouve que rien de semblable n'avait été prévu et qu'aucune chance de revers n'avait été calculée. Je sais bien qu'après l'événement on a voulu attribuer nos désastres à la prétendue profondeur du plan arrêté par le conseil russe, mais cette prétention est trop ridicule pour la discuter sérieusement; les rigueurs de la saison et surtout le manque de vivres, voilà les vraies causes de la destruction de notre armée.

Il est évident, par la manière dont les magasins avaient été établis, qu'Alexandre voulait faire de Wilna le centre de ses opérations et défendre sérieusement les frontières de son empire. Quant aux fortifications qui avaient été élevées avec tant de soin et de frais sur la Dwina, elles prouvent seulement que les provinces allemandes et Saint-Pétersbourg étaient l'objet de ses craintes particulières. Mais les généraux russes, ignorant sur quel point de cette immense frontière tout entière menacée l'Empereur porterait ses premiers et principaux efforts, restèrent dans l'irrésolution et ne surent rien faire de mieux que d'établir leurs troupes sur une longue ligne de Keïdanij à Wolkowisk et à Kowel.

Dans tout pays la concentration d'une armée ainsi disposée eût été nécessairement très-lente; dans celui-ci elle devenait impossible, par le défaut de routes et à cause des lacs, des marais, des montagnes et des bois qui le coupent et qui rendent les communications extrêmement difficiles. Cette longue muraille de postes que formait l'armée russe était on ne peut pas plus vicieuse et prouve jusqu'à l'évidence que son général, non-seulement ne pénétrait point les projets de Napoléon, mais n'avait pas lui-même de plan bien arrêté. En effet, voulait-il combattre et défendre les frontières? Alors pourquoi disséminer ses forces? Placées comme elles l'étaient, pouvait-il se flatter d'opposer nulle part une résistance efficace? Voulait-il céder, sans coup férir, une certaine étendue de pays, ainsi que nous le contraignîmes à le faire, et concentrer toutes ses forces sur un point donné? Mais alors pourquoi former des magasins si près des frontières? Pourquoi disséminer ses troupes et les exposer aux chances de combats partiels? Il ne devait pas lui être malaisé de comprendre qu'en quelque endroit que l'armée française perçât sa ligne, la retraite de certains corps deviendrait lente et difficile et qu'ils seraient obligés à faire de grands détours pour atteindre les points de réunion qui leur seraient assignés. C'est ce qui ne manqua pas d'arriver à Doctorow et à Bagration, lorsqu'ils voulurent exécuter l'ordre qu'ils avaient reçu de se rendre à Wilna ou sur la Dwina, et qu'ils ne durent leur salut qu'à la lenteur des généraux chargés de les poursuivre.

Justement effrayé du passage du Niémen et de notre marche victorieuse sur Wilna, Alexandre ne put cacher ses craintes, il manifesta même hautement le désir d'un accommodement; le grand-duc Constantin, son frère, l'y excitait par les motifs les plus pressants, et le parti anglais ne trouva d'autre expédient pour le prévenir que d'éloigner le tzar de l'armée : ce fut là le vrai motif de son voyage à Moscou (1). Du reste, ni lui ni ses conseillers ne pouvaient plus s'aveugler sur la grandeur du danger qui les menaçait; il fut résolu qu'il s'adresserait à ses soldats et, par la perspective d'un plus heureux avenir, essaierait de relever leur courage abattu. Il leur dit donc, dans un ordre du jour, qu'ils avaient atteint le but vers lequel leurs regards étaient tournés ; qu'il avait fallu concentrer les forces répandues sur la frontière ; que le champ était ouvert à leur valeur; qu'ils allaient cueillir des lauriers dignes d'eux et de leurs ancêtres ; que l'ennemi connaissait déjà la valeur de leurs bras, etc. « Allez-donc, ajoutait-il, dans l'esprit de vos pères, « et anéantissez l'ennemi qui ose attaquer votre reli- « gion ! Dieu sanctifiera vos bras par sa bénédiction « divine ! »

Il chercha en même temps à intéresser le peuple russe à sa cause, et fit, en quittant son camp de Drissa le 18 juillet, deux proclamations (2), l'une *à son ancienne*

---

(1) M. de Bruges, alors envoyé de Louis XVIII auprès d'Alexandre, me l'a plusieurs fois assuré.

(2) Ces proclamations rappellent celles du tzar Pierre Ier contre son ennemi Charles XII, dans lesquelles les calomnies n'étaient pas épargnées, non plus que les titres de tyran et d'injuste agresseur. Si nous en avions les originaux, nous serions à même de juger si elles pourraient soutenir la comparaison, quoique ce soit difficile à croire; ce que nous en savons suffit pour apprécier l'état moral de la nation aux deux époques.

ville et capitale de Moscou, l'autre *à la grande nation*. Ces pièces sont si curieuses que je ne puis résister au désir d'en citer quelques passages :

..... « L'ennemi, dit-il, avec une perfidie sans
« pareille et des forces égales à son ambition dé-
« mesurée, a pénétré à travers les frontières de la
« Russie.... Les armées russes brûlent du désir de
« se jeter sur ses bataillons et de punir, par leur
« destruction, leur perfide invasion ; mais notre ten-
« dresse paternelle pour nos fidèles sujets ne peut pas
« leur permettre un sacrifice aussi désespéré. Nous ne
« pouvons pas souffrir que nos braves soldats soient
« sacrifiés sur l'autel de ce *Moloch*. La nécessité com-
« mande la réunion de nouvelles forces dans l'in-
« térieur..... Pour assembler ces nouvelles armées,
« nous nous adressons à l'ancienne capitale de nos
« ancêtres, à la ville de Moscou !..... Comme le sang
« coule invariablement vers le cœur des héros, pour
« rappeler la valeur à leur âme énergique, de même
« les enfants de notre patrie s'élancent vers elle des
« provinces environnantes, pour puiser dans son sein
« les leçons du courage avec lequel ils doivent dé-
« fendre leurs enfants sur le sein maternel et sauver
« les tombeaux de leurs pères d'une violation sacri-
« lége !.....

« Puissent les cœurs de notre noblesse et ceux des
« autres ordres de l'État propager l'esprit de cette
« *sainte guerre*, qui est *bénie de Dieu*, et combattre sous
« les bannières de cette *sainte Église !*..... L'ennemi,

« portant la trahison dans son cœur, flatte les oreilles
« crédules et enchaîne les bras ;..... il appelle la
« guerre pour assurer l'ouvrage de la trahison !....
« La Russie oppose aux machinations de son ennemi
« une armée forte en courage et ardente à chasser de
« son territoire cette race de *sauterelles !*..... Le cou-
« rage intrépide de nos guerriers a besoin d'être sou-
« tenu par une ligne intérieure de troupes !..... Le
« but est de renverser le tyran qui veut renverser
« toute la terre !

« Nous appelons toutes nos communautés civiles et
« religieuses à coopérer avec nous à une levée générale
« contre le tyran universel !..... Saint synode ! et
« vous membres de notre Église ! vous avez dans toutes
« les circonstances appelé sur notre Empire la protec-
« tion divine ! Peuple russe !..... Ce n'est pas la pre-
« mière fois que tu as arraché les dents de *la tête du*
« *lion !*..... Portez la croix dans vos cœurs et le fer
« dans vos mains, et jamais la force humaine ne pourra
« prévaloir contre vous ! ! ! »

Le lecteur jugera sans doute que ce pathos hypo-
crite eût mieux convenu à un prêtre fanatique qu'à un
puissant monarque, et que ces épithètes outrageantes
contre Napoléon étaient bien extraordinaires dans la
bouche d'un prince qui naguère à Erfurt, se jetait affectueusement dans les bras de ce *tyran*, de ce *Moloch*.
On verra bientôt à quoi aboutit ce style d'inspiré ; tout
autre commentaire serait inutile. A la suite de ces

actes, Alexandre se rendit à Moscou pour hâter la levée en masse.

Le général Barclay de Tolly, à qui les événements venaient d'apprendre les vices de ses dispositions et les dangers auxquels il avait échappé, se crut trop heureux lorsqu'il eut atteint le camp retranché de Drissa. Il espérait probablement que le prince Bagration saurait l'y rejoindre, et que Napoléon ne pourrait l'y attaquer que de front; cependant, ne comptant tout à fait, ni sur ses retranchements ni sur ses forces, il crut à propos d'y joindre l'arme de la séduction. Il fit répandre parmi les soldats français et alliés des adresses, dans lesquelles il les excitait à la désertion et à la révolte et leur offrait de brillants avantages en Russie. Cette tactique n'était pas nouvelle; les Russes s'en étaient déjà servis dans la première guerre de Pologne, et cette fois comme alors elle ne leur valut que la honte de l'avoir inutilement tentée (1).

---

(1) En 1708, le tzar Pierre se servit, sur le Borysthène, de cette même tactique contre l'armée de Charles XII, et n'eut pas plus de succès. De tels moyens sont bien méprisables, surtout de la part d'un homme qui se charge de civiliser sa nation et de lui donner des idées de ce qui est honnête et juste, mais il est assez curieux de remarquer que ce singulier réformateur regardait comme juste tout ce qui pouvait lui être utile et que le premier il donnait l'exemple de la violation du droit des gens et de la foi jurée. Ainsi, en 1703, il emmène en esclavage les habitants de l'Ingrie et de la Livonie et en pare son

Napoléon, voyant l'armée russe retirée dans son camp retranché, et présumant sans doute qu'elle voudrait y tenter le sort des combats, fit des démonstrations pour lui donner le change sur ses véritables projets. Le 12 juillet, la Vieille Garde quitta Wilna et se porta sur Sventziani, tandis que la Jeune Garde se dirigeait par Michaïliecki et Koboliecky sur Glubokoë. Les 4e et 6e corps, qui, depuis le passage du Niémen, étaient restés entre Wilna et Lida, furent envoyés, l'un sur Glubokoë et Ouchatich, et l'autre sur Dockchitzi et Kamen ; ils y arrivèrent le 20. Quant à Napoléon, il partit le 16 de Wilna pour Sventziani et, de là, prenant à droite, il se rendit à Glubokoë, le 18 au matin.

Soit que cette marche d'une partie de nos colonnes sur Witepsk fît craindre au général russe d'être resserré et affamé dans ses positions, sinon même coupé de Saint-Pétersbourg et refoulé sur le golfe de Riga, soit que l'impossibilité où était Bagration de le rejoindre l'engageât à se rapprocher de lui, il sentit la

---

triomphe à Moscou ; en 1704, il viole la capitulation de Dorpt ; en 1708, il dépouille le château de Varsovie des objets les plus précieux et les emporte à Moscou, ainsi que l'Orangerie. On pourrait citer mille autres traits, qui ne sont pas plus honorables et qu'on chercherait en vain dans le panégyrique *commandé* de Voltaire, intitulé : *Histoire de Pierre le Grand*. Cet illustre écrivain avait, sur la manière d'écrire l'histoire, des principes que je suis loin de partager. Je crois qu'il importe à la morale et à la justice que chacun soit traité selon ses œuvres, et que les hommages et les respects de la postérité soient uniquement réservés à ceux qui les méritent.

nécessité d'abandonner ce camp, retranché à si grands frais et qui avait été, disait-il huit jours auparavant, le but de toutes ses manœuvres ; mais, pour faire son mouvement avec plus de sécurité et pour retarder le nôtre, en nous jetant dans l'incertitude sur ses intentions, il fit passer la Dwina à un corps de troupes, tomba à l'improviste sur le général Sébastiani, qui venait de s'établir à Drouïa, le battit, lui fit des prisonniers, parmi lesquels était le général Saint-Geniez, et le repoussa jusqu'à Slobodka. Après ce coup de main, il se retira précipitamment sur Witepsk, où il arriva le 24; il y franchit la Dwina et prit position sur la Loutchesa, la droite appuyée au fleuve; le corps de Doctorow resta sur la rive droite en face de Bechenkovitschi, et celui du général Ostermann, qui avait remplacé Schouvalow, se porta sur la rive gauche, en avant d'Ostrowno, pour nous observer.

Cependant l'Empereur, qui s'était arrêté quelques jours à Glubokoë, pour voir clair dans les projets du général russe, avait mis son armée en mouvement. Le 2ᵉ corps, après avoir détruit le fameux camp de Drissa, continuait sa marche sur Polotsk, afin de menacer Saint-Pétersbourg, que Wittgenstein était chargé de couvrir. Le 24 juillet, le reste des troupes que commandait Murat atteignait Bechenkowitschi par la route d'Ula, en même temps que le 4ᵉ corps débouchait par celle de Kamen ; l'Empereur et la Garde y arrivèrent le même jour et au même moment : c'était vraiment un beau spectacle que la réunion, sur un point donné et comme à heure fixe, de tous ces corps partis de lieux différents et fort éloignés les uns des autres. Les Bavarois étaient restés dans leur position d'Ouchatich, pour couvrir nos communications et renforcer au besoin le 2ᵉ corps.

L'ennemi occupait encore par des tirailleurs quelques maisons sur la rive gauche de la Dwina, en face de Bechenkowitschi : le Vice-Roi les en chassa et, voulant marcher contre Doctorow qui était sur la rive droite, fit des dispositions pour établir un pont. Les marins de la Garde se jetèrent à la nage, pour aller enlever le bac qui était attaché sur la rive opposée; ils réussirent dans cette entreprise, malgré le feu des tirailleurs russes, et ce bac servit à transporter de suite quelques compagnies de voltigeurs au delà du fleuve, pendant que la cavalerie bavaroise le passait à gué. A l'arrivée de l'Empereur le pont était établi : il passa sans s'arrêter, se mit à la tête de la cavalerie bavaroise et fit une reconnaissance sur l'ennemi, qu'il trouva en pleine retraite. Le lendemain notre avant-garde continua sa route sur Witepsk ; elle rencontra les Russes avantageusement postés en avant d'Ostrowno, et fit de vains efforts pour les forcer dans leur position, jusqu'à l'arrivée d'une division du 4ᵉ corps, qui mit fin à la lutte. Une charge de cavalerie légère culbuta l'arrière-garde ennemie, lui enleva quelques pièces d'artillerie et lui fit plusieurs centaines de prisonniers; les morts et les dépouilles qu'elle laissa sur le champ de bataille attestaient la précipitation de sa fuite et l'impétuosité avec laquelle les 7ᵉ et 8ᵉ régiments de hussards l'avaient chargée.

Les Russes continuèrent à se retirer par la route de Witepsk, et prirent position sur un plateau, en arrière d'un ravin profond et marécageux; leur droite était couverte par quelques bouquets de bois, qui s'étendaient jusqu'à la Dwina ; leur gauche s'appuyait à une forêt, très-épaisse et d'un accès difficile en raison de la nature du terrain inégal et coupé de fondrières ; enfin, sur leur front et en avant des bois, s'ouvrait une plaine assez étroite et défendue par une nombreuse artillerie. Le 26 nos troupes s'engagèrent inconsidérément dans ce défilé. Leur attaque n'eut pas le succès qu'en attendait le Vice-Roi, et fut repoussée, quoique avec plus de désordre que de perte ; l'ennemi voulut profiter de cet avantage pour déboucher sur notre front et sur notre droite, mais il fut culbuté à son tour et forcé de se replier sur sa position. Cette alternative de mouvements offensifs et rétrogades avait duré une partie de la journée, lorsque l'Empereur arriva ; sa présence fit cesser toute irrésolution. Après avoir reconnu avec soin la situation des choses, il ordonna de tourner la gauche et de pénétrer par le centre de la forêt. Cette manœuvre, exécutée avec ordre et rapidité, obligea l'arrière-garde russe à abandonner sa position et à se retirer jusqu'à Dobrika où elle passa la nuit. Notre perte ne fut sensible que par la mort du général Roussel : c'était un brave officier, qui jouissait à juste titre de l'estime et de l'amitié de ses camarades.

Le lendemain l'armée continua son mouvement offensif. Au débouché du bois, elle se forma sur un plateau assez escarpé, au pied duquel se trouve une plaine, qui s'étend le long de la Dwina jusque vers Witepsk; notre avant-garde l'occupa, mais pendant cette opération, un de nos régiments de cavalerie légère fut vivement ramené par une charge de la cavalerie ennemie, soutenue d'une batterie de 12 pièces, et vint se rallier derrière le 53º de ligne. Au milieu de cette bagarre, l'Empereur, qui se trouvait aux avant-postes et près d'un pont qu'il faisait réparer, aurait pu courir un grand danger, si l'escadron de service n'eût repoussé les lanciers russes. Dans ce moment aussi on regarda comme perdues deux compagnies de voltigeurs (1) d'infanterie légère, qui étaient restées isolées dans la plaine, et qui furent enveloppées par une nuée de Cosaques; mais leur sang-froid et leur intrépidité prouvèrent une fois de plus combien sont peu redoutables ces troupes indisciplinées dont on a fait un épouvantail pour les enfants : non-seulement nos voltigeurs repoussèrent tous leurs efforts, mais encore ils leur firent éprouver des pertes considérables ; l'armée applaudit à leur valeur et l'Empereur les récompensa sur le théâtre même de leur gloire.

Dès qu'il eut bien reconnu le terrain et la position

---

(1) Elles appartenaient au 9º léger et étaient commandées par les capitaines Guillard et Savary.

de l'ennemi, il ordonna à ses colonnes de marcher en avant, en se dirigeant sur les hauteurs qui bornaient notre droite. Ce mouvement fit croire à un engagement sérieux; les tirailleurs russes étaient repoussés sur toute la ligne et rejetés derrière la Loutchesa, dont les bords escarpés forment en cet endroit un ravin presque inaccessible; déjà même quelques voltigeurs, après avoir surmonté cet obstacle, s'étaient emparés d'un bouquet d'arbres sur la rive droite, vers l'embouchure de la rivière, et trois divisions du 1er corps, commandées par le général Mouton, aide de camp de l'Empereur, couronnaient les hauteurs à l'extrême droite et parvenaient au point où la rive gauche, dominant sensiblement la rive droite, nous offrait le moyen d'attaquer à revers l'armée russe, lorsque les divers corps reçurent tout à coup l'ordre de s'arrêter et de prendre position. L'étonnement fut grand parmi les troupes, et le bruit courut que le roi de Naples avait inutilement insisté pour qu'on livrât bataille. Il paraît que l'Empereur, dont les forces n'étaient pas réunies, craignit sans doute de compromettre le succès de la journée et qu'il voulut attendre le 3e corps qui, s'étant arrêté à Bechenkowitschi, ne devait arriver que le soir, et qui rejoignit en effet vers les six heures; peut-être aussi pensa-t-il que l'ennemi était trop près de lui pour pouvoir lui échapper. Quoi qu'il en soit, voulant se donner toutes les chances favorables et ne rien laisser au hasard, il fit, dès le soir même, établir quelques redoutes sur le plateau dont nous avons parlé, donna ses instructions aux généraux et distribua les rôles pour le lendemain. Précautions inutiles! Avant le jour on apprit que l'ennemi avait disparu; vers cinq heures du soir il avait envoyé sur ses derrières ses équipages et ses parcs, et n'avait attendu, pour les suivre dans le plus grand silence, que l'instant où l'obscurité lui permettrait de nous dérober ses mouvements. On se mit sur-le-champ à sa recherche, mais ce fut en vain ; on ne savait sur quel point se diriger, on ne trouvait nul indice de sa véritable marche ; sur tous les débouchés on rencontrait des corps de cavalerie échelonnés comme pour la masquer, ce qui ne faisait que redoubler notre incertitude.

Cependant Napoléon, se doutant que le général Barclay de Tolly chercherait à se rapprocher du Dniéper, dirigeait le 3ᵉ corps sur Bielevo et Veliditchi ; le 4ᵉ allait le suivre, lorsque le roi de Naples ayant trouvé une résistance plus sérieuse vers Agaponovchtchina, sur la route de Saint-Pétersbourg, crut avoir joint l'ennemi ; l'Empereur changea alors de direction et se porta sur ce point avec les 3 divisions du 1ᵉʳ corps et la Garde. Mais son espoir fut bientôt déçu, et après deux jours de courses inutiles il revint avec la Garde à Witepsk.

Il me semble que l'avis du roi de Naples de livrer bataille était bon et que son exécution ne pouvait entraîner aucune suite fâcheuse. Nos forces présentes étaient au moins égales à celles de l'ennemi, et l'on peut bien les porter à 80 ou 90,000 hommes (1) ; l'absence du corps de Ney laissait sans doute un grand vide dans nos rangs, mais il est vraisemblable que le canon eût accéléré sa marche de quelques heures, et, dans tous les cas, il nous aurait servi de réserve. Quoique la position de l'armée russe fût forte sur son front, elle n'en était pas meilleure pour cela : nous avons vu qu'un peu au-dessus de la route, la rive droite de la Loutchesa s'abaissait et était dominée par la rive gauche ; d'un autre côté, ce ravin profond, qui nous séparait de l'ennemi et qui faisait la sûreté de sa ligne de défense, lui rendait difficile tout mouvement offensif et par conséquent nous mettait à l'abri de ses entreprises, tandis que, battu, il était pris à revers et acculé sur la Dwina, dont nous occupions la rive droite, vis-à-vis de Witepsk, par un corps de cavalerie.

Nous apprîmes plus tard que Barclay de Tolly, ayant reçu des nouvelles de Bagration, avait saisi cette occasion d'éviter une bataille qu'il redoutait, et s'était dirigé sur Smolensk, pour opérer avec son lieutenant la jonc-

---

(1) Quatrième corps. . . . . . 30,000 hommes.
     Trois divisions de Davoust. 26,000
     Garde.. 16,000
     Cavalerie de Murat. 12,000
     Cavalerie de la Garde. . . . 4,000
                                 ———
                                 88,000

tion depuis si longtemps attendue. Il avait pris position derrière le lac de Kasplia, en s'étendant vers Nadva, qui fut occupée par Bagration après sa jonction. De ce camp, où, en raison des difficultés locales, il n'aurait pu être attaqué de front qu'avec beaucoup de désavantages, il surveillait et couvrait les deux routes de Moscou et de Saint-Pétersbourg; peut-être aussi, en se maintenant dans le voisinage de nos positions, se flattait-il de la possibilité de faire quelque entreprise sur les corps les plus rapprochés de lui, avant qu'ils ne pussent être soutenus. C'est du moins ce que sembleraient indiquer ses manœuvres subséquentes.

Il n'est pas hors de propos de remarquer en passant la diminution effrayante de notre armée; on en pourra juger par le corps de Davoust, qui était certainement le mieux composé et le plus fortement organisé. Dans les trois divisions de ce corps qui étaient devant Witepsk, les régiments ne s'élevaient déjà plus au-dessus de 2,200 hommes chacun, quoiqu'ils n'eussent encore fait aucune perte par le feu de l'ennemi. Cela peut sembler étrange au premier abord; cependant, si l'on réfléchit à la disette des vivres, à la mauvaise qualité des eaux, aux marches longues et pénibles, aux intempéries et aux chaleurs que les troupes avaient dû supporter, on cessera bientôt d'être étonné. Au reste, ces causes de destruction agissaient bien plus puissamment encore sur nos alliés, comme on le verra tout à l'heure.

Le 4ᵉ corps poursuivit sa marche sur la route de

Saint-Pétersbourg, jusqu'à Souraj, où il s'empara d'un convoi de vivres ; et le prince Eugène, ayant appris qu'un autre convoi se dirigeait sur Velij, envoya à sa recherche un détachement de cavalerie italienne, qui l'atteignit et s'en rendit maître, après avoir fait mettre bas les armes à son escorte forte de 4 à 500 hommes. Le 4ᵉ corps s'établit à Souraj et à Janovitschi, occupant Velij comme avant-poste. La cavalerie du roi de Naples, qui formait l'avant-garde de l'armée, prit position dans les environs de Roudnia et d'Inkovo ; le 3ᵉ corps, autour de Liosna, et les trois divisions du 1ᵉʳ corps, vers Babinovitschi, pour se rapprocher de Davoust, qui était placé à Orcha et à Dubrowna avec les 5ᵉ et 8ᵉ corps et les deux autres divisions du 1ᵉʳ corps ; la Garde resta à Witepsk. De cette manière notre armée se trouvait concentrée sur le plateau qui sépare la Dwina du Borysthène.

Vue de loin, Witepsk offre un aspect riant ; ses nombreuses églises et ses couvents immenses annoncent une grande cité, mais on est bien désagréablement surpris quand on y pénètre. Des ravins profonds la coupent d'une façon fort incommode, les maisons y sont jetées pêle-mêle ; petites, basses et construites en bois, elles ont extérieurement la plus mauvaise apparence et n'offrent dans l'intérieur aucune commodité. Les plus riches habitants avaient abandonné la ville, et nous ne trouvâmes plus, chez ceux qui étaient restés, l'esprit des autres provinces polonaises ; envahis les premiers, ils étaient déjà façonnés au joug russe, et le saint nom de patrie ne faisait plus palpiter leurs cœurs avilis.

L'Empereur ne demeura pas oisif pendant son séjour à Witepsk. Il passait journellement en revue, ou les corps de la Garde, ou les détachements venant de France : à ces parades on lui rendait compte des différentes branches de l'administration, ce qui n'empêchait pas qu'il ne fût trompé sur beaucoup de points. Il fit établir une place d'armes devant l'hôtel du gouvernement, qu'il habitait, et ce qui était bien plus important, il fit construire un grand nombre de fours, pour confectionner le pain nécessaire à la subsistance de l'armée : mesure sage et qui donnait à penser qu'il ne voulait pas s'éloigner beaucoup de ce point. Pendant que nous étions dans cette ville, les grenadiers de la Garde reçurent un nouveau colonel. Dorsenne était mort à Paris, en revenant d'Espagne ; le général de division Friant fut choisi pour le remplacer dans ce poste aussi important qu'envié. Napoléon mit de la solennité dans sa réception : toute la Garde était sous les armes, il tira l'épée, et après le ban d'usage, il le fit reconnaître lui-même, et lui donna l'accolade en accompagnant la cérémonie de propos flatteurs et honorables, qui rendirent cette faveur encore plus précieuse. Friant alla reprendre ensuite le commandement de sa division, où sa présence était plus nécessaire qu'auprès d'un corps d'élite qui ne quittait jamais l'Empereur.

Maintenant revenons un peu sur nos pas, et voyons

les opérations des corps détachés (1). Nous commencerons par celles du 2ᵉ corps, comme étant les plus importantes et se liant plus immédiatement à celles du centre.

---

(1) Napoléon apprit à Witepsk l'évacuation de Dünabourg par l'ennemi et son occupation, le 1ᵉʳ août, par la division Grandjean, du 10ᵉ corps.

OPÉRATIONS DU DEUXIÈME CORPS

JUSQU'AU 20 AOUT.

SOMMAIRE : Marche de ce corps sur la Dwina. — Tentative folle sur Dünabourg. — Occupation de Polotsk. — Mouvement sur Sebej. — Combat de Jacoubowo. — Retraite derrière la Drissa.— Wittgenstein la passe. — Combat de Sivochina. — Retraite sur Polotsk. — Oudinot se porte de nouveau sur la Drissa. — Combat de Swolna. — Seconde retraite sur Polotsk. — Combat et victoire du 18 août. — Wittgenstein se retire sur la Drissa.

Après le passage de la Wilia, le 2ᵉ corps s'était dirigé sur Develtovo. Il y arriva le 28 juin, au moment où Wittgenstein l'évacuait. Pour l'obliger à précipiter son mouvement, on détacha en toute hâte contre lui quelques bataillons d'infanterie ; il ne résista que juste assez pour n'être pas pressé dans sa retraite, et après un combat d'une heure, dans lequel on lui tua à coups de canon une soixantaine d'hommes et on en prit une centaine, il abandonna Wilkomir. Cet avantage fut exagéré ; on le présenta à l'Empereur comme un beau succès d'ouverture de campagne. De Wilkomir, le 2ᵉ corps se dirigea sur Dünabourg et arriva le 13 juillet devant cette place. Quoiqu'on n'ignorât pas qu'elle avait été fortifiée, quoiqu'on sût que Wittgenstein y était passé en se retirant, et que dès lors elle devait être occupée par une bonne garnison, Oudinot, sans prendre aucune précaution, sans avoir aucune raison bonne ou spécieuse pour s'aventurer ainsi, fit attaquer de vive force la tête de pont. Cette folle tentative eut le sort qu'elle méritait ; après avoir fait briser des bataillons entiers contre les batteries de la place, il lui fallut se mettre en retraite. Le cœur saigne quand on voit sacrifier aussi mal à propos de braves soldats, dont le courage mieux dirigé aurait rendu à leur pays de si utiles services.

Oudinot s'était porté d'abord à Drouïa, où il avait été mis momentanément sous les ordres de Murat. Le 26, il arriva à Polotsk, sans que l'ennemi eût cherché à inquiéter sa marche ; il y remplaça la cavalerie du roi de Naples, que l'Empereur attirait à lui. Les provisions que l'ennemi avait laissées dans cette ville furent très-utiles à nos troupes, et elles l'auraient été bien davantage, si une sage économie avait présidé à leur distribution. Après deux jours de repos, le 2e corps se mit en marche sur Sebej. Ce mouvement, dont le but était de nettoyer les deux rives de la Dwina, en menaçant Saint-Pétersbourg, aurait eu le succès le plus complet, s'il eût été exécuté avec décision et convenablement appuyé par les troupes du 10e corps, qui avaient passé la Dwina à Jacobstadt. Assurément Wittgenstein ne se serait pas exposé à perdre ses communications avec l'intérieur et à se laisser acculer à une rivière, sur laquelle il n'avait plus de point d'appui. Mais, quoiqu'il n'eût aucun ennemi à combattre, le 10e corps ne fit rien, et c'est là ce qui arrivera toutes les fois qu'on divisera en deux un commandement qui, par sa nature, doit être concentré dans une seule main.

La route qui conduit à Sebej est mauvaise, et le pays est couvert de forêts et de marécages. Le 2e corps passa la Drissa à Sivochina, où il laissa une division pour garder le gué, et parvint jusqu'à Jakoubowo, sans avoir aucune nouvelle certaine de Wittgenstein. Mais celui-ci, qui le surveillait attentivement, sentit qu'il n'avait pas de temps à perdre pour éviter les conséquences fâcheuses qu'aurait pour lui le mouvement d'Oudinot sur Sebej, et qu'il fallait à tout prix lui en barrer le chemin. En conséquence il quitta sa position centrale d'Osveïa, passa la Svoïana et se dirigea sur Kliastitsy par Jakoubowo. Trois officiers de son état-major, qui furent pris par nos éclaireurs, nous firent connaître qu'il marchait sur ce point et ne tarderait pas à y paraître. En effet, notre avant-garde qui, sur cet avis, s'était portée au delà du village, l'avait à peine dépassé, qu'elle annonça qu'un corps de troupes se montrait sur la gauche. Le 26e léger courut à sa rencontre, et bientôt toute la division Legrand fut engagée : l'ennemi cherchait à la déborder et à déboucher du bois qui règne le long du bassin où le village est situé, mais ses tentatives furent inutiles ; cependant le développement toujours croissant de ses forces parut nécessiter l'appel d'une autre division : on la fit avancer, et cette accumulation de troupes entassées sur un terrain étroit, où elles ne pouvaient pas se déployer, ne servit qu'à rendre notre perte plus considérable.

Le combat fut vif, meurtrier et sans résultat ; chacun resta comme il était et bivouaqua, sans feu, sur le champ de bataille. On s'attendait à une affaire générale pour le lendemain ; mais pendant la nuit, Oudinot fit ses dispositions pour se replier sur Bieloë, derrière la Drissa. Tout le monde en fut surpris, et le général russe plus que tout autre sans doute. On ne saurait en effet concevoir la raison de ce mouvement rétrograde. L'armée s'était avancée pour combattre, et dès qu'elle rencontre l'ennemi, elle se retire ! Si on supposait que ses forces fussent trop considérables pour oser continuer un mouvement offensif, au moins convenait-il de garder la position de Jakoubowo, qui était difficile à attaquer sur le point où l'on avait combattu, car les Russes ne pouvaient y arriver par la route de Sebej qu'en faisant un long détour, en défilant devant nous et en nous laissant voir tous leurs mouvements. Mais le maréchal Oudinot, toujours brave de sa personne, toujours intrépide au milieu du feu, manquait totalement de sang-froid à la tête d'une armée ; accablé par le sentiment de son insuffisance, il restait irrésolu et se laissait diriger par les conseils timides de quelques amis, qui avaient plus d'esprit que de cœur. La retraite se fit précipitamment ; l'ennemi nous suivit de près, nous harcela et nous prit quelques bagages. Wittgenstein présenta cette affaire comme une victoire éclatante : si l'emphase de son rapport ne s'expliquait naturellement par le système de mensonge adopté par son gouvernement, ce rapport serait indigne d'un officier à qui l'on ne saurait refuser du mérite.

Le 1ᵉʳ août, il passa hardiment la Drissa et y établit un pont. Cependant nos officiers généraux se résignaient avec peine à dévorer la honte d'une retraite aussi précipitée ; le général de brigade Albert ouvrit l'avis de faire une contre-marche et de tomber à l'improviste sur les Russes, au moment où la rapidité de leurs mouvements et leur extrême confiance devaient avoir mis du désordre dans leurs colonnes. Le maréchal goûta cet avis, et, comme il était juste que son auteur eût la gloire de le mettre à exécution, sa brigade fit volte-face la première, et, suivie par toute la division Legrand, fondit à coups de baïonnettes sur l'ennemi, à l'instant où il débouchait d'un bois : vainement mit-il 15 pièces de canon en batterie, pour soutenir son infanterie et en protéger le déploiement, le général Albert marcha au pas de charge sur ces canons ; il les atteignait et allait les enlever, lorsque le 23ᵉ de chasseurs à cheval, conduit par le général Castex, le prévint et lui ravit ce trophée ; l'infanterie russe fut enfoncée, poursuivie et jetée dans la Drissa. L'action avait été impétueuse et brillante ; le soldat avait à venger l'injure de la veille et à réparer les fautes de son général : il y réussit glorieusement. 14 pièces de canon attelées, 1,100 prisonniers et 800 morts sur le champ de bataille, tels furent les résultats de ce beau fait d'armes. La division Legrand, qui avait souffert, fut alors relevée par celle de Verdier : ce général, voulant prendre sa part du succès de la journée, passa à son tour la Drissa et s'aventura sans être soutenu. Mais l'ennemi, qui avait eu le temps de prendre position et de se reformer, l'attaqua avant qu'il ne fût déployé, et, après lui avoir mis beaucoup de monde hors de combat, le ramena sur la rivière et le força à la repasser. Le pont fut rompu, quelques maisons de Sivochina furent brûlées et le combat finit là. Si la bravoure du grenadier avait pu suppléer aux talents du général, Oudinot n'eût rien laissé à désirer ; tant que dura l'action, il fut constamment sur les points où le danger était le plus grand, et son exemple ne contribua pas peu à soutenir l'élan des troupes.

Malgré ce succès brillant, que plus d'ensemble dans les dispositions aurait rendu plus complet, le 2ᵉ corps n'en continua pas moins sa retraite sur Biéloë et Polotsk, où il arriva le 2 août. Quant à Wittgenstein, rendu plus circonspect par la leçon qu'il venait de recevoir, il ne chercha pas à nous troubler, et se porta derrière la Svoïana, sans doute pour être plus à portée de surveiller le 10ᵉ corps et de pouvoir l'attaquer avec avantage , s'il se rapprochait trop du 2ᵉ. Comme l'amour-propre ne perd jamais ses droits, on eut soin, dans la relation adressée à l'Empereur, de lui cacher l'échec de la division Verdier et de lui représenter cette marche rétrograde après un succès comme un piége tendu à l'ennemi. Une victoire et une retraite parurent à l'Empereur deux choses trop contradictoires ; il ne concevait pas qu'on se retirât devant des troupes que l'on venait de battre. Il demanda d'un ton sévère à l'aide de camp du maréchal, qui était porteur du rapport, si on lui en imposait, ajoutant qu'il voulait savoir décidément si on était vainqueur ou vaincu, et sur la réponse de l'aide de camp que le contenu du rapport était vrai, il ordonna de reprendre l'offensive et de marcher contre Wittgenstein.

On s'avança donc encore une fois, on franchit de nouveau la Drissa et l'on poussa jusqu'à Walentsouï et Swolna, qui furent occupés. L'ennemi était en position derrière la Svoïana : il se prépara à en défendre le passage et déploya de nombreuses troupes ; malgré cela Oudinot entreprit, en plein jour, de la passer de vive force. L'affaire fut malheureuse : le canon russe fit de grands ravages dans nos rangs, sans qu'on pût lui répondre ; le 11ᵉ léger fut presque détruit et perdit son colonel Casabianca, qui emporta les regrets de l'armée entière (1). Étonné d'une résistance qu'il au-

---

(1) Le colonel Casabianca donnait les plus grandes espérances : il avait rendu ce régiment, tout composé de Corses, excellent et parfaitement discipliné, mais avec lui s'évanouit une bonne partie de ces

rait certainement dû prévoir, informé que Wittgenstein avait reçu des renforts, qui étaient sans doute moins grands qu'on ne le proclamait, et se laissant encore guider par des conseils pusillanimes, le maréchal se regarda comme étant dans une position critique et se hâta de retourner à Polotsk, pour y attendre l'arrivée des Bavarois, qui lui était annoncée. Cette espèce de jeu de barre, ces marches et contre-marches, exécutées sans plan et sans talent, se jugent d'elles-mêmes et sont au-dessous de la critique.

Les Bavarois, sous les ordres du général Gouvion-Saint-Cyr, venaient se réunir au 2ᵉ corps et le renforcer; l'ordre de l'Empereur enjoignait au maréchal Oudinot de ne rien entreprendre sans consulter Saint-Cyr. Étrange contradiction! Napoléon reconnaissait dans ce général plus de capacité, et pourtant il ne lui confiait pas le commandement suprême! Il compromettait sciemment et de propos délibéré la vie de ses soldats, l'honneur de ses armes et le succès de la campagne! Le général Saint-Cyr avait précédé ses troupes; il trouva le 2ᵉ corps en retraite. Consulté sur le parti qu'il convenait de prendre, il répondit qu'il ne fallait pas trop se laisser resserrer et qu'il était important de garder Bieloë; il ajouta qu'il se chargerait volontiers de défendre ce point avec quelques bataillons : mais,

---

avantages. Ses soldats le pleurèrent et lui élevèrent à Polotsk un mausolée, avec cette épitaphe : *Dulce et decorum est pro patriâ mori!*

malgré son avis, on continua à rétrograder jusqu'à Polotsk. Vers le 12 août, les Bavarois y arrivèrent; mais, affaiblis par une dysenterie affreuse qui les faisait périr dans les bivouacs et sur les routes, au lieu de 22,000 hommes, ils étaient réduits au nombre d'environ 11,000.

Il était tout simple de penser que l'ennemi, dont l'audace devait s'accroître de toute notre pusillanimité, allait reprendre l'offensive et ne tarderait pas à paraître devant Polotsk : aussi fit-on quelques préparatifs de défense pour le recevoir. Bientôt il s'avança fièrement, et avec une confiance qui donnait la mesure de son mépris pour nos manœuvres, encore plus que celle de ses forces. Déjà il avait jeté quelques partis sur la rive gauche de la Dwina, et l'on devait s'attendre à être attaqué, si l'on ne se hâtait de le prévenir. L'approche de ce moment critique redoublait l'inquiétude du maréchal : les résultats d'une affaire qui lui paraissait devoir être décisive l'épouvantaient tellement que, ne sachant plus à quel parti se résoudre, il convoqua un conseil de guerre et lui soumit ces deux questions : Polotsk est-il tenable ? Doit-on s'y battre pour le défendre ?

Dès qu'on met en question si l'on doit se battre, il est décidé d'avance qu'on ne se battra pas; les avis furent partagés et, comme de coutume, le plus timide l'emporta. A l'instant l'artillerie et la cavalerie reçurent l'ordre de passer sur la rive gauche : leur mouvement dura toute la nuit, et, pendant ce temps, on se mit à préparer l'évacuation de la ville, qui devait s'effectuer la nuit d'après.

L'ennemi avait fait, dès le 16, une reconnaissance ; il la continua le 17 au matin, mais sans montrer l'intention d'attaquer : il paraissait plutôt vouloir nous acculer sur la rivière et prendre des dispositions. Quoi qu'il en soit, il déboucha par les deux routes de Drissa et de Nevel, et forma son armée dans la plaine qui est entre Polotsk et la ferme de Prismenitza, la droite à la Dwina et la gauche à la Polota. Ses tirailleurs ne tardèrent pas à insulter nos postes ; il fallut bien les écarter et prendre des mesures en cas d'attaque sérieuse. A cet effet, le 6ᵉ corps fut placé sur la rive gauche de la Polota, et le 2ᵉ à l'embranchement des routes de Sebej et de Nevel ; le village de Spas était occupé par une forte avant-garde. La fusillade ne tarda pas à commencer ; mais, comme nous ne pouvions pas répondre aux canons des Russes, leur audace s'en accrut : ils avancèrent, et l'action devint générale et sanglante. L'ennemi attaqua plusieurs fois le village de Spas et fut toujours repoussé avec de grandes pertes par les Bavarois; son centre ne fut pas plus heureux : la division Legrand, chargée de le recevoir, le fit avec tant d'intrépidité qu'il fut forcé à la retraite ; enfin, l'attaque qu'il tenta sur notre gauche ne lui réussit pas mieux : nos troupes, soutenues de ce côté par des batteries placées près d'Ekimania, sur l'autre rive du fleuve, l'obligèrent à reculer. Il était environ trois heures, le feu s'était sensiblement ralenti et les armées avaient l'air de reprendre haleine; le maréchal saisit ce moment pour s'approcher à portée de pistolet de la ligne ennemie et la parcourir au pas, de la droite à la gauche; accueilli par un feu roulant, comme il devait bien s'y attendre, il n'en continua pas moins sa bravade, fut blessé à l'omoplate et tomba entre les bras de ses aides de camp. Cependant Wittgenstein, ne pouvant se décider à perdre le fruit des sacrifices qu'il avait déjà faits, réunit ses réserves, renforça son centre et tenta une dernière attaque; mais tous ses efforts vinrent expirer contre les baïonnettes de nos soldats, et, quoique nous eussions un désavantage extrême à combattre sans artillerie et sans cavalerie, nous maintînmes notre position, sans lui laisser gagner un pouce de terrain. Enfin, après de grandes pertes des deux côtés, il se retira et s'établit à Prismenitza.

Oudinot avait regardé sa blessure comme un heureux coup de fortune : en effet, elle lui permettait de déposer avec honneur le fardeau dont il était accablé : quels que fussent désormais les résultats du combat, la responsabilité n'en pesait plus sur sa tête, et sa faveur ou sa réputation n'en pouvait plus recevoir d'atteinte. L'armée dut aussi se féliciter de cet événement; tout en admirant l'intrépidité de son chef, elle avait trop souffert des effets de son incapacité, pour qu'elle pût le regretter. Elle allait éprouver combien est grande la distance qui sépare le soldat du capitaine; sa bravoure et sa patience n'allaient plus être inutilement diverties; les talents de son nouveau général lui répondaient de l'usage qu'il en saurait faire, et leur favorable influence allait se faire sentir jusqu'au centre de la Grande Armée, en rendant les mouvements de l'Empereur plus assurés et plus libres.

Le général Saint-Cyr succédait au maréchal Oudinot; à l'instant même il donna l'ordre à l'artillerie et à la cavalerie, qui étaient déjà à Semenetz et à Roudnia, sur la rive gauche de la Dwina, de repasser sur la rive droite, et il annonça le dessein formel de reprendre l'offensive ; mais, pour que l'ennemi ne pût deviner ses intentions, il chercha à lui donner le change et fit défiler sous ses yeux les bagages et une partie des troupes, avec injonction expresse de laisser voir le mouvement. Cette ruse réussit complétement. Ceux qui la veille avaient entendu dans le conseil de guerre le général Saint-Cyr opiner pour l'évacuation de Polotsk ne pouvaient revenir de leur surprise et se sentaient prêts à l'accuser de déloyauté; un tel jugement eût été injuste et irréfléchi. Il est incontestable que Saint-Cyr avait reconnu tout d'abord la possibilité de se maintenir sur la rive droite de la Dwina, mais il aurait voulu naturellement être maître des moyens d'exécution, et que rien ne vînt les modifier ou les contrarier; on conçoit facilement que cela n'était pas possible, tant qu'il restait en sous-ordre : l'amour-propre de son supérieur s'y serait opposé, et cette opération faite ainsi, en partie d'après ses idées, en partie d'après celles d'autrui, aurait été dans le cas d'entraîner la perte de l'armée : il n'avait donc pu raisonnablement conseiller que ce qui était faisable sous la direction de son prédécesseur.

Le 18 août au matin, il appela les généraux et les chefs de corps et les prévint de se tenir prêts à attaquer les Russes. Effrayés en entendant cet ordre, ils lui représentèrent que, depuis plus d'un mois, les soldats avaient été constamment sous les armes, en marche ou aux prises avec l'ennemi, qu'ils étaient exténués de fatigues, que la faim et la chaleur les avaient entièrement affaiblis, que les corps se fondaient à vue d'œil et qu'il fallait penser à faire reposer les troupes et non à les faire combattre. En réponse à ces observations, Saint-Cyr leur démontra la nécessité de prévenir Wittgenstein et de l'éloigner à tout prix, afin de s'assurer la sécurité indispensable pour que l'armée pût se reposer, et il consentit à retarder l'attaque jusqu'à midi, pour n'avoir qu'une demi-affaire ; nouvelles objections tirées de l'état d'épuisement et de faiblesse des hommes, qui ne pourraient pas rester sur pied une demi-journée. Convaincu de la justesse et de la vérité de ce qu'on lui disait, mais inébranlable dans sa résolution, il se réduisit à n'exiger qu'un effort de quatre heures, et après en avoir obtenu la promesse, il renvoya les généraux à leurs postes.

Cependant l'artillerie, qui était passée sous le commandement d'un homme résolu et actif, le général Aubry, exécutait avec célérité et dans le plus grand silence l'ordre qu'elle avait reçu de revenir sur la rive droite, tandis que la cavalerie, ses chevaux chargés de fourrages, semblait ne se rapprocher des ponts que pour escorter nos convois en retraite. Enfin, toutes les dispositions étant prises, les colonnes formées et les points d'attaque désignés, sans que l'ennemi se fût aperçu de rien, 70 bouches à feu, dirigées sur le quartier général de Wittgenstein, donnèrent le signal à l'armée de prendre les armes et de fondre sur les Russes. Ceux-ci étaient au bivouac, occupés des soins qui précèdent et suivent un jour d'action, lorsque les Bavarois, appuyés à la Polota, débouchèrent sur leur gauche par le village de Spas, et que Legrand attaqua leur centre de l'autre côté de ce village ; sa division se liait à la division Verdier, commandée par le général Valentin, qui s'étendait vers la Dwina et devait tenir en échec la droite de l'ennemi, tandis que le général Merle restait en réserve sur la rive gauche de la Polota pour parer aux entreprises qu'il pourrait faire contre cette partie de notre position. Cette attaque fut si impétueuse, que les premières troupes russes, prises au dépourvu, se replièrent en désordre et abandonnèrent 40 pièces d'artillerie. Mais bientôt, revenu de sa surprise et plein de confiance dans ses forces, Wittgenstein (1) rétablit l'ordre dans ses rangs, fit avancer ses réserves, mit en batterie sa nombreuse artillerie, s'éle-

---

(1) Il croyait à notre retraite et fut si surpris et si étourdi de notre attaque, qu'il laissa dans son quartier général son chapeau et son épée.

vant à plus de 100 pièces de canon, reprit une partie de celles que nous lui avions enlevées, tenta de forcer notre gauche et, pour nous prendre en même temps à revers, fit passer la Polota à un corps de troupes, vers Iamkovo, au-dessus de Gromewo; cette dernière manœuvre eut d'abord quelque succès, mais il fut de courte durée, et ce corps, repoussé par la division Merle et ramené avec perte par la brigade de cavalerie du général Castex, ne pensa plus qu'à se défendre.

Cependant un événement imprévu vint jeter le trouble à notre gauche. Un régiment de dragons de la Garde russe, ivre d'eau-de-vie, ayant pénétré à travers les marais et le défilé de Ropno, était tombé sur une brigade de cavalerie légère, dont les chevaux se trouvaient débridés; celle-ci, surprise, faiblit et se retira en désordre sur nos batteries. Le général Saint-Cyr, qui avait été blessé la veille et qui ne pouvait monter à cheval, était dans la mêlée sur une Droschka; il envoya vainement l'ordre aux batteries de tirer sur cette cavalerie débandée, qui masquait leur feu; il fut lui-même renversé et presque foulé sous les pieds des chevaux, au milieu de la confusion, et l'on ne sait quelles eussent été les suites de ce désordre, si 50 hommes d'infanterie, qu'il avait placés d'avance et par surcroît de précaution dans un cimetière, n'eussent arrêté l'élan des dragons russes et ne les eussent forcés à la retraite. Nous reprîmes bientôt nos avantages; la gauche de l'ennemi fut enfoncée par les Bavarois et forcée de se retirer, partie au débouché du bois de

Gromewo et partie sur Prismenitza, en même temps que son centre était mis en déroute par la division Legrand. Enfin, malgré son opiniâtreté et ses efforts, il se vit contraint à abandonner des positions qu'il avait défendues avec acharnement, à se replier sur les bois qui sont en arrière de Prismenitza, et à nous laisser le champ de bataille couvert de ses morts et de ses blessés. La nuit et surtout l'épuisement extrême des soldats ne nous permirent pas de le poursuivre longtemps ; 1,000 prisonniers, 20 pièces de canon et deux étendards furent les trophées de cette victoire, que nous achetâmes par la perte de beaucoup de braves, au nombre desquels on eut à regretter les généraux bavarois Deroi et Sierbein.

Si la division de cuirassiers placée en réserve, avec ordre de faire attention à ce qui se passerait sur sa droite où se faisaient nos plus grands efforts, eût profité de la belle occasion qui lui fut offerte, un corps de 6 ou 8,000 hommes qui fuyait à la débandade eût été écharpé et pris, avant d'atteindre la forêt en arrière de Prismenitza ; mais cet instant rapide fut manqué (1). Nous remarquerons à cette occasion combien il est important pour un chef d'armée de connaître les officiers qu'il a sous ses ordres, afin de pouvoir les

---

(1) Les ordres que Saint-Cyr avait donnés au général Doumerc ne furent pas exécutés avec toute l'intelligence convenable ; cet officier manqua de coup d'œil et de décision.

employer de la manière la plus convenable à leurs talents et la plus utile au bien du service : si le général Saint-Cyr eût commandé le 2ᵉ corps depuis le commencement de la campagne, il eût mieux connu son monde et n'eût pas couru les hasards auxquels il fut exposé. En récompense de son beau succès, et par décret impérial daté de Slakovo le 17 août, Napoléon l'éleva à la dignité de maréchal : toute l'armée se réjouit de cet acte de justice, quoiqu'il fût bien tardif et bien incomplet.

Parmi les nombreux traits de bravoure qui mériteraient d'être cités dans la bataille de Polotsk, je ne saurais passer sous silence le suivant. Le lieutenant-colonel d'artillerie Brechtel, qui portait une jambe de bois, deux fois fracassée pendant la campagne, ayant été renversé de cheval dans une charge de cavalerie, s'était relevé et se battait à pied, le sabre à la main, contre deux Russes, lorsqu'un soldat du train, qui était aux prises avec quatre dragons et qui les mettait en fuite, l'appelle et lui dit : « Mon colonel ! voyez comme on « se bat pour sa patrie ! » ; sentiment noble et doux à la fois, et qui seul pouvait le rendre capable de tant d'héroïsme ! Le nom de ce brave soldat ne m'est point parvenu et je le regrette vivement, car j'aurais voulu consacrer sa mémoire et l'offrir en exemple à tous les défenseurs de mon pays.

Outre la gloire dont la journée du 18 août couvrit les 2ᵉ et 6ᵉ corps, ils en retirèrent l'avantage inappréciable de goûter deux mois de repos. Saint-Cyr en profita pour établir son campement de manière que les troupes eussent la facilité de se délasser de leurs fatigues. Il réunit des approvisionnements, fit réparer l'artillerie et reformer ses attelages ; enfin, par une juste distribution des villages environnants entre les divisions, il pourvut d'une manière efficace à leur subsistance et sut intéresser les corps à la tranquillité des habitants et à la conservation des propriétés. Pendant ces deux mois on jouit à Polotsk de la plus profonde sécurité; plus d'alertes au camp, plus de ces prises d'armes si fatigantes, si décourageantes pour le soldat, et qui auparavant se répétaient si souvent à l'apparition de quelques Cosaques. Saint-Cyr, fort de son expérience et de son habileté, ayant toujours soin d'être instruit des mouvements et des moyens d'attaque de son ennemi, ne les redoutait pas, parce que d'avance il avait calculé ses propres moyens de résistance. Quant au soldat, plein de confiance en son chef, il se reposait entièrement sur lui et vivait sans inquiétude de l'avenir : « le maréchal n'ordonne rien « pour demain, disait-il, nous serons tranquilles ! » Cependant on ne voyait pas Saint-Cyr, au premier coup de fusil, traverser le camp au galop et se porter sur la ligne des vedettes; au contraire, quand il paraissait devant les troupes, il allait froidement au pas. Il portait ses précautions à cet égard plus loin encore : « Messieurs, disait-il à ses aides de camp, n'ayez pas « l'air effaré, l'ennemi se sert de ses jambes pour ar- « river, n'allons pas plus vite que lui, nous arriverons

« assez tôt ; le soldat est inquiet, il est préoccupé,
« quand il aperçoit un aide de camp passer comme
« l'éclair ; il s'impatiente, il jure, et la discipline en
« souffre, quand il se voit inutilement couvert de boue
« ou de poussière. » Les lecteurs militaires me sauront gré de ces détails ; ils ne les trouveront pas trop minutieux, car ils n'ignorent pas qu'on n'apprend l'art si difficile de la guerre qu'auprès des généraux sages et expérimentés, ou tout au moins en étudiant soigneusement leur conduite.

Après la bataille du 18 août, le général Wittgenstein se retira derrière la Drissa et prit position en avant de Sakolichtchi, laissant à Bieloë une arrière-garde pour le couvrir ; mais Saint-Cyr ne lui permit pas de garder une position qui avait quelque chose d'offensif : le 20, il fit attaquer cette arrière-garde par le général de Wrède, qui la refoula sur la Drissa. Pendant le cours de cette campagne, la conduite du général de Wrède, qui commandait les Bavarois, ne parut pas bien nette au maréchal Saint-Cyr, et sa fidélité lui devint même tellement suspecte, qu'il crut devoir en rendre compte à l'Empereur (1). Il est probable que dès lors ce général, comblé des bienfaits de Napoléon, préludait à sa défection ; la campagne suivante le vit au nombre de nos ennemis les plus acharnés.

---

(1) Je tiens le fait du maréchal Saint-Cyr lui-même.

DIXIÈME CORPS.

SOUS LES ORDRES DE MACDONALD.

SOMMAIRE : Ses mouvements. — Combats d'Eckau, de Graffenthal et de Schlockhoff. — Retraite des Russes. — Position du 10ᵉ corps.

Les opérations du 10ᵉ corps se réduisent à peu de chose. Fort de plus de 30,000 hommes, il se borna à observer Riga, dont la garnison se composait de dépôts et de soldats de nouvelle levée. « Toute cette campagne, « m'écrivait un officier général (1) digne de foi et qui « commandait une des divisions de ce corps, toute « cette campagne s'est passée en mouvements, n'ayant « contre nous, dans Riga, que des dépôts observés par « les Prussiens, et contre la division Grandjean, que « quelques hussards détachés en partisans de l'armée de « Wittgenstein. Voilà en quatre mots l'historique du « 10ᵉ corps. »

Après avoir passé le Niémen à Tilsit, le maréchal

---

(1) Le général Grandjean.

Macdonald se porta sur Rossiena, capitale de la Samogitie, pour menacer la droite de Wittgenstein, tandis que le 2ᵉ corps opérait sur sa gauche ; de là il poussa les Prussiens sur Telch et Chawli, et une partie de la division Grandjean sur Poneviej, afin de se saisir des magasins établis dans ces différents endroits. L'expédition contre Poneviej réussit complétement ; sur les autres points les Russes eurent le temps de détruire leurs magasins : on accusa les généraux prussiens d'avoir mis de la lenteur dans l'exécution de leurs mouvements. Comme on ne trouvait aucune résistance, on continua à marcher en avant ; les Prussiens envoyèrent un parti sur Mittau et occupèrent Bauske, au confluent de la Memel avec l'Aa, ainsi que les postes de Kauken et Draken, sur la route de Herbergen à Riga ; la division Grandjean se concentra à Jacobstadt.

Dès que le gouverneur de Riga avait appris la marche de nos troupes sur Poneviej et Chawli, il avait fait brûler les faubourgs de la ville et avait mis le général Lewis en campagne pour éclairer nos mouvements ; ce général vint prendre position à Eckau et fit tâter notre gauche à Bauske. Cependant le maréchal Macdonald, afin d'assurer les communications du corps prussien avec Jacobstadt, lui donna l'ordre d'occuper Eckau et de rejeter le général Lewis vers Riga. En conséquence le général Grawert commanda aux troupes établies à Kauken et Draken de se porter sur le flanc d'Eckau, tandis qu'il s'avançait lui-même directement sur cette ville. Le 19 juillet, les Russes furent attaqués dans leur position ; après un engagement assez vif, ils se retirèrent sur Dahlenkirchen ; les Prussiens occupèrent la ligne de la Miss et de l'Aa jusqu'à Schlock. Il leur eût été facile d'enlever le corps de Lewis, ou au moins de lui faire souffrir de grandes pertes ; il eût suffi pour cela que, tandis que les forces venant de Bauske l'abordaient de front, celles qui étaient à Kauken et Draken, se fussent portées rapidement sur ses derrières à Grünwald. Cette manœuvre si simple ne se fit point : doit-on l'attribuer à l'impéritie, à la timidité ou à la trahison ? Si l'on pouvait tirer quelque induction de ce qui arriva plus tard, on dirait que les généraux prussiens, préludant à leur défection, ne voulaient faire que ce qui était strictement nécessaire pour cacher la trahison qu'ils méditaient et ne pas dévoiler les instructions secrètes de leur Gouvernement.

Le 1ᵉʳ août, la division Grandjean, qui avait passé sur la rive droite de la Dwina à Jacobstadt, se porta sur Dünabourg et l'occupa sans coup férir ; l'ennemi avait évacué la place, on y trouva une certaine quantité d'artillerie et des magasins considérables : les fortifications furent détruites. Vers la même époque, le petit bourg de Schlock, sur l'Aa, fut attaqué et pris par une flottille, dans laquelle on remarqua quelques bâtiments anglais ; mais les Russes ne le gardèrent pas longtemps. Après ces affaires insignifiantes, les Prussiens reprirent la ligne de la Miss et de l'Aa, ayant une avant-garde à Dahlenkirchen, sur la Dwina. Le 23 août, le gouverneur de Riga, voulant détruire notre parc de siége qu'il savait établi près de Mittau, fit attaquer le corps prussien, à la fois sur la route d'Eckau et sur Schlock, pour le jeter dans l'incertitude sur ses véritables intentions. Le général Grawert se retira par Bauske sur Mittau; il fut poursuivi jusqu'à Graffenthal, mais là il tint ferme et reprit l'offensive; le 26, les Russes attaqués à leur tour furent obligés de repasser l'Aa; ils furent encore joints le 27 à Schlockhoff et battus. Enfin une brigade de la division Grandjean s'étant portée au secours des Prussiens, le général Lewis se vit forcé à une retraite précipitée, et passa les deux bras de la Dwina à Dahlenkirchen; il avait perdu bon nombre de prisonniers, et un régiment de hussards prussiens avait fait mettre bas les armes à trois bataillons russes. Quant à la fausse attaque qui avait été dirigée sur Schlock, afin de diviser nos forces, elle n'eut aucune suite. Après ces divers mouvements, qui méritent à peine d'être remarqués, les troupes du 10ᵉ corps reprirent leurs positions.

FIN DU TOME PREMIER.

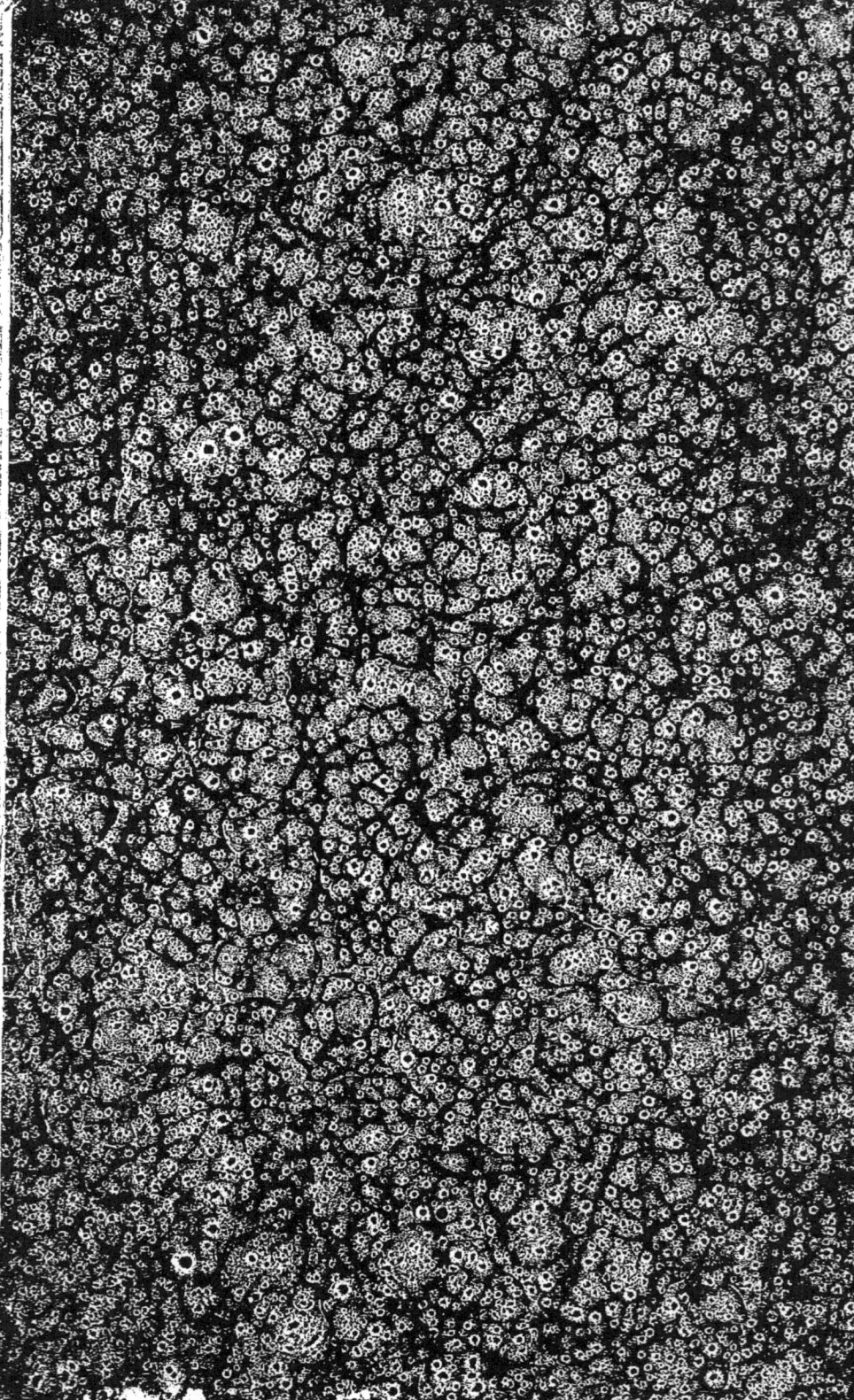

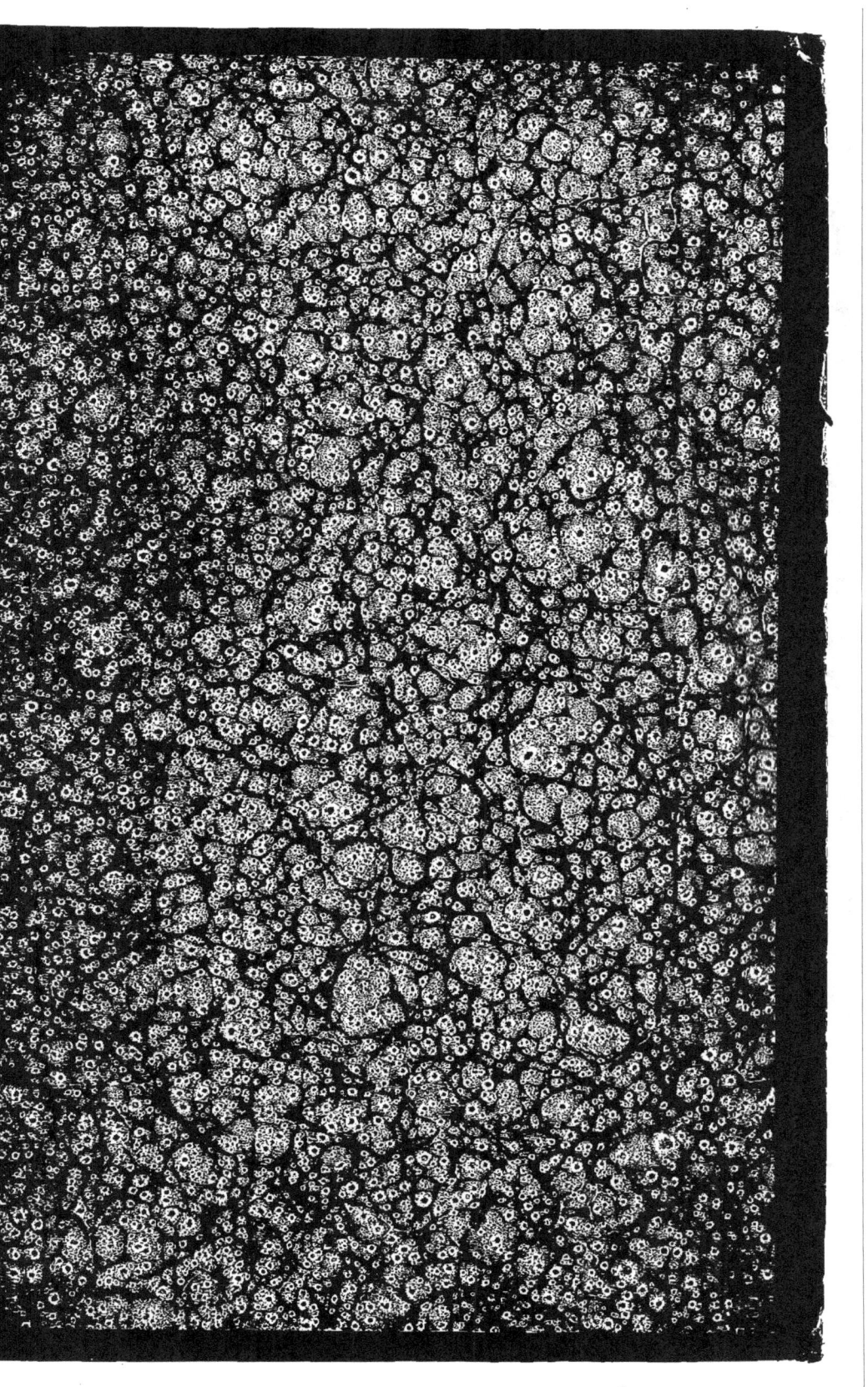

www.ingramcontent.com/pod-product-compliance
Lightning Source LLC
Chambersburg PA
CBHW060545230426
43670CB00011B/1695